200X년 해양사 수업

열린수업의 실제

문희주 지음

200X년 해양사 수업

열린수업의 실제

한국학술정보㈜

謝　辭

　　본 수업을 진행함에 있어 협력하여 준 학장님과 이하 동료 교수 님들, 그리고 본교 기관학과 교환교수로 지난 일 년간 함께했던 한 국해양대학 김춘식 교수님께도 감사를 드린다.

　　본서 출간으로 연변해양대학과 연변선원학교를 졸업하고 오대양을 항해하고 있는 졸업생들, 지난 한 학기 동안 해양사 수업을 함께했 던 사랑하는 5기생 제자들과 함께 추억을 나누고자 한다.

　　또한 본서를 책으로 출판하여 준 한국학술정보(주) 채종준 사장님 께 깊은 감사를 드리며 늦게까지 본서를 교정하는 데 함께해 준 아 내 이성조, 5기생과 더불어 영어교수로 사역했던 문혜림과 고윤섭 군에게도 감사를 드린다.

　　마지막으로 본서를 출판하기까지 모든 자료를 입력하고 정리해 준 배길도 군에게 감사를 드린다.

200×년 7월 20일
연변해양대학 문희주 교수

그리운 바다

내가 돈보다 좋아하는 것은 바다
꽃도 바다고 열매도 바다다
나비도 바다고 꿀벌도 바다다
가까운 고향도 바다고
먼 원수도 바다다
내가 그리워 못 견디는 그리움이 모두 바다가 되었다.
끝판에는 나도 바다 되려고
마지막까지 바다에 남았다.

내가 가장 좋아하는 것은
바다가 삼킨 바다
나도 세월이 다 가면
바다가 삼킨 바다로 태어날 것이다.

새로운 역사를 위하여

담당교수 문 희 주

　모든 학문을 연구함에 있어서 그 학문에 대한 역사를 배우는 것은 지극히 당연한 일이다. 그러므로 그 역사의 발전 과정은 현재를 파악할 뿐 아니라 미래를 전망하고 새로운 역사를 창조해 나가는 전공 학문의 길잡이가 될 것이다.

　철학을 하는 이는 철학사를, 법학을 하는 이는 법학사를, 정치를 하는 이는 정치사를, 경제를 하는 이는 경제사를, 의학을 하는 이는 의학사를 배우듯 해양인은 당연히 해양사를 배운다. 그러나 한국해양대학에서는 국제해양사를 배우지 않고 한국해운사를 배우지만 중국해양대학에서는 아예 해양사(해운사)가 학과과정 중에 없다. 연변해양대학에서 해양사 수업을 시작함에 있어서 문제점은 해양사 수업의 방향을 정하는 문제와 해양사 수업의 방법과 교재를 제정한 것이다.

　본 교수는 해양사의 방향을 해양, 해운, 항해, 선박, 해전 등과 같이 해양을 무대로 이루어지는 활동사들을 중심으로 하되 어느 나라에 국한되지 않는 국제해양 활동의 역사를 그 방향으로 정하였다. 이는 해양인은 한 나라에 속한 사람이 아니라 적어도 2－3개 이상의 나라와 관계가 있기 때문이다. 예를 들어서 본교 출신 졸업생들의 경우는 한국 선박회사의 선원 송출로 한국, 일본, 미국 등의 선박에 승선하게 되는데 그 배의 국적은 파나마, 라이베리아, 그리스 등인 경우가 많고 선원들은 한국, 중국, 동남아인들로 이루어졌으며 이 선박들의 기항지는 세계 각지에 흩어져 있는 항구들이다. 그러므로 해양인은 곧 국제인이라고 할 수 있다.

해양사 수업방법에 있어서는 교수의 강의를 가능한 배제하고 비디오자료, 인터넷 자료, 도서자료 등을 이용하여서 시청보고서, 독서보고서, 주제별보고서 등을 제출토록 수업 첫 시간에 수업방법을 충분히 소개(오리엔테이션)했으며 이에 따라서 비디오를 시청할 때 시청자료 문제지를 배포하여 줄거리를 정리하고 자신의 감상과 의견을 제시하는 한편 인터넷을 검색하고 도서자료를 제공하여 연구토록 하였다. 또한 각자가 제출하는 보고서에 대하여 100% 고찰한 후 보고서의 형식과, 내용과, 보고하고자 하는 내용에 대한 자신의 입장을 역사 속에서 평가하고 더 나아가 새로운 역사를 전망할 수 있는 역사의식을 고취시켜 나갔다. 아직까지 국제 해양사 교재를 구할 수 없는 입장에서 2년 전부터 「국제해양사」 교재를 집필 중에 있는데 앞으로 본교생의 입장에 가장 합당한 교과서를 제작하여 사용하고자 하는 것이 본 교수의 바람이다.

본서에서는 차례에서 보듯이 Ⅷ파트로 이루어졌는데 크게 나눈다면 세 부분으로서 첫 번째는 텍스트(교재)적인 강의계획서 부분과 두 번째는 그에 따른 학생들의 보고서 부분과 세 번째는 학생과 교수가 함께한 수업에 대해 학생들에게 강의 평가서를 받은 뒤 이에 대해 자세히 분석 검토하였다.

본 수업을 진행함에 있어서 비록 부족하고 허술한 점이 있겠지만 본서를 통하여 앞으로 많은 교수들이 교육의 참된 의미를 따라서 학생들의 달란트를 끄집어내고 창의력을 향상시켜 나가는 열린수업으로서 본교 교수들의 수업연구 및 방법에 한 방편을 제시하고자 하는 마음이다. 아울러 학생들에게는 리포트, 논문작성법을 강의한 후 글쓰기에 대한 기본을 익히고 각종 자료를 찾고 연구하고 작품을 만들어 나가는 연구 자세를 가르쳐 주고 싶은 작은 욕심이 있었으며, 주어진 문제를 교수와 충분히 대화하고 풀어 나감으로 해서 새로운 역사를 창조해 나가는 역사의식을 고취하고 싶었다.

마지막으로 본 저서를 통하여 후학들의 더욱 발전적인 연구 자료들이 나타날 수 있도록 본보기가 되길 바라는 마음이다. 이제 학습을 마치고 열린 세계를 향해 나가는 5기생 제자들의 앞길에 축복을 기원하는 바이다.

200×년 7월10일

해양사 담당교수 문 희 주

I. 강의 계획서　　　　　　　　　　17

Ⅲ. 조별 리포트   105

I

강의 계획서

강의 계획서

200×년도 봄학기

공통 학과 4학년 (5기)　담당과목명 / 해양사　　총 시수 / 18×2＝36

담당교수명 / 文熙周　　제출 연월일 / 200×. 3. 5　접수확인

강의 성격 및 방침	강의를 통하여 시대적으로 변해 온 해양활동의 변천에 대하여 알고, 비디오 등의 시청자료를 통하여 역사를 새롭게 이해할 뿐 아니라. 각종 도서나 인터넷 자료 등을 통하여 개인적으로 해양사의 한 부류를 연구하고 조별 활동을 통하여 공동 또는 분반하여 하나의 문제를 해결함으로 역사에 함께 동참하는 훈련을 해 나간다.
교 재 및 참고도서	1. 金在瑾 배의 역사 정우사: 1993·서울 2. 金聖昊 중국진출 백제인의 해상활동 천오백 년(上, 下)맑은소리1996·서울 3. SHIONO NANMI STORIADIUNACITTADIMARE(Ⅰ, Ⅱ) P.H.PCOLTL 4. 채수종 배 이야기 도서출판지구촌 1993서울

평가방법	시험(과제물)						합계
	출석사항	소계	시청보고서	개인보고서	조별보고서	토론참여	
	20%	70%	(20)	(30)	(20)	10%	100%

주	월 일	강의요목	학습내용	참고도서
1	03.05─09	오리엔테이션	1. 수업방법에 대한 소개 2. 개인별 조사 연구과제 소개 3. 조별 조사연구발표소개 4. 리포트 작성법 지도	1. 오리엔테이션자료 2. 개인별 제목표 3. 조별 제목표 4. 논문작성법 도서
2	12─16	해양서의 서론	1. 해양의 생성 2. 해양학과 해양사의 관계 3. 해양사와 기타 학문의 관계	VIDEO자료시청 바다는 살아 있다
3	19─23	고대인들의 해양활동	1. 고대인의 해양활동 2. 그리스로마의 선박과 해양활동 3. 이집트와 패니키아의 해양활동 4. 해상실크로드 활동	VIDEO자료시청 로마의 해전 「벤허」

주	월 일	강의요목	학습내용	참고도서
4	03.26−30	동서양의 해상교류(I)	1. 바울의 항해와 난파기 2. 십자군전쟁과 동서교류 3. 동양삼국의 해상활동	VIDEO자료시청 발해는 왜 동해를 건넜는가?
5	04.02−06	동서양의 해상교류	1. 당나라와 통일신라의 활동 2. 마르코폴로의 중국견문 3. 헨리네가토의 해도제작	VIDEO자료시청 해상왕 장보고
6	09−13	지리적 발견과 대항해	1. 콜럼버스의 미대륙 발견 2. 바스코다가마의 항해 3. 마젤란의 세계일주	조별 분과토의
7	16−20	중세기 기선의 발명	1. 3분마스트 선 2. 갈레온선 3. 군용범선 4. 상용범선	조별 분과토의
8	23−27	19세기 기선의 발명	1. 동력선의 탄생 2. 외륜기선의 발전 3. 프로펠러의 발달	
9	03.30−04	1. 2교시・조별 연구 및 분과토의		
10	05.07−11	해상세력의 신장과 군함	1. 제1대전 시의 전함 2. 제1. 2차 대전 전후의 항공모함 3. 잠수함의 개발과 원자력선	조별분토의
11	14−18	현대 해운의 발달과 상선	1. 여객선과 화물선 2. 미국의 표준형 상선 3. 각종 특수선의 발달	VIDEO자료시청 「타이타닉호의 비극」
12	21−25	조별 연구발표(I)	조별 연구발표 및 토론 1. 사례발표 2. 사례에 대한 토의(질의 및 답변) 3. 연구 및 발표에 대한 평가	제1조. 제2조 제7조. 제4조
13	28−01	조별 연구발표(II)		제5조. 제6조 제7조. 제4조
14	06.04−08	개인별 발표(I)	1. 신청순서에 따라서 2. 10분 동안에 발표 3. 질의에 대한 답변	

주	월 일	강의요목	학습내용	참고도서
15	11−15	개인별 발표(II)		
16	18−22	주제별 분과토의(I)	1. 주제별 분과토의 2. 토의자료의 정리 3. 주제별 연구사례발표 4. 발표사례에 대한 토의(질의 및 답변)	1. O.H.P자료 2. 비디오 자료 3. 연구지작성발표
17	25−29	주제별 분과토의(II)		
18	07.02−06	학기 말 고사 실시		

해양사 수업방법 오리엔테이션

200×년 봄학기 4학년 항해학과, 기관학과

	시행 및 제출방법	평가방법
1. 개 인 별 조 사 연 구 과 제	1. 개인별 각자에게 제비뽑기에 의하여 연구 주제를 분배한다(첨부물1). 2. 연구주제는 각종 도서 인터넷 등의 자료를 근거로 작성한다. 3. 리포트 작성법에 따라서 작성하되 A4용지로 5매 이상을 출력하고 디스켓과 함께 제출한다. 4. 글자크기는 12%로, 줄간격은 150으로 글자체는 신명조체로 통일한다. 5. 제출 기간은 5월 말까지로 하되 3월 30일 작성지도를 받는다.	1. 리포트를 형식에 따라서 작성했는가? 2. 주제에 따라서 다양한 서적, 인터넷 자료, 비디오자료, CD자료 등을 이용하였는가? 3. 내용이 잘 짜여 있으며 주제를 잘 파악하고 접근하여 연구하였는가? 4. 제출과정에서 지도교수로부터 성실하게 지도를 받았는가?
II 조 별 조 사 연 구 발 표	1. 각 조를 항해학과, 기관학과를 합쳐서 8개조를 구분하여 각 조별 주제를 분배한다(첨부물2). 2. 연구주제는 조원들이 함께 모여 교재를 분석하고 참고자료를 분담하여 교재를 중심으로 정리 작성한다. 3. 리포트 작성법에 따라서 작성하되 1-3. 4과 동일한 방법으로 하되 10매 이상으로 한다. 4. 제출 기간은 강의계획서와 같이 해당일에 제출, 발표, 토론토록 한다.	1. 리포트 형식에 따라 작성는가? 2. 주제에 따라서 각 조원들이 협력하거나 분담하거나 종합하는 과정에 잘 참여하였는가? 3. 주제를 정확히 파악하고 접근하여 연구하였는가? 4. 발표력과, 반원들의 질의에 올바르게 대답하는가?
III 시 청 각 자 료	자료시청 및 보고서 제출 1. 선정된 비디오를 시청한다. 2. 준비된 보고서에 따라서 시청에 따른 각자의 소감과 비평을 가한다. 3. 제출한 보고서에 따라서 성적을 평가한다.	1. 시청한 내용을 바로 파악했는가? 2. 준비된 보고서에 따라서 정확한 비평 또는 자신의 소감(의견)이 제시됐는가?

개인별 조사연구 과제제목 및 명단

연 번	과제제목	학 과	성 명
1	해류와 인간의 관계 연구		
2	교통도로로서 바다에 관한 연구		
3	중국의 해상 무역과 발달에 관한 연구		
4	미국 무역의 역사적 변천과정		
5	한국의 해상활동과 변천과정		
6	고대 이집트의 해상활동		
7	고대시대의 유명해전의 비교와 분석		
8	중세 북유럽 바이킹의 활동		
9	십자군 전쟁과 해양사의 관계 연구		
10	산업혁명이 해양사에 끼친 영향		
11	선박톤수와 변천과정		
12	선박자동화의 개발과 변천에 관하여		
13	어로활동과 어선의 변천사		
14	선박제조 기술과 발달과정		
15	항해계기의 역사와 발달과정		
16	태평양환경과 각국의 이해관계		
17	해양환경의 보호와 보존		
18	대륙붕의 개발과 이용		
19	해양법의 제정과 발달에 관하여		

연 번	과제제목	학 과	성 명
20	심해저와 자원의 개발		
21	해양기상의 관측과 일기도의 역사		
22	디젤기관의 발명과 발전에 관하여		
23	증기관의 발명과 발전과정		
24	가스 터빈과 선박활용에 관한 연구		
25	냉동의 역사와 선박에서의 활용		
26	스크류의 개발과 변천과정		
27	해양의 분쟁과 평화적 해결방법		
28	콜럼버스와 신대륙 발견 항해		
29	마젤란과 세계일주에 관하여		
30	쿡 선장과 남태평양 항해		
31	바스코다가마의 항해활동		
32	에스파냐와 포르투갈의 해양활동 비교		
33	베네치아와 해상무역활동		
34	발전기의 발명과 선박에서의 이용		
35	고대 그리스 선박과 해양진출		
36	영국의 극동진출과 해상활동		
37	해도의 역사와 변천에 관한 연구		

각 조별 조사연구 발표제목 및 명단

조 별	발표일	발표주제	조장 및 조원명단
제1조	5.21−25	원시시대의 해양활동	서강, 조영민, 김일광, 리성, 박춘호
제2조	5.21−25	고대시대의 해양활동	김은철, 마성원, 최일B, 함철관, 박철욱
제3조	5.21−25	중세시대의 각국의 배	리성국, 윤문걸, 황철남, 김명수, 김해광
제4조	5.21−25	지리탐험시대의 항해활동	권철, 렴세준, 박광일, 김학철, 최상룡
제5조	5.28−01	해양전성기의 범선	박경송, 김파, 리영학, 림청송
제6조	5.28−01	19세기 기선의 출현과 변화	김영무, 박호남, 김광, 최일A
제7조	5.28−01	20세기 해상세력의 신장과 군함	김길원, 림송범, 김문걸, 천경철
제8조	5.28−01	현대 해운의 발달과 상선	박수철, 한청걸, 리택송, 김명철

VIDEO 시청자료(1)

제목 [바다는 살아 있다]

학과 4학년　　번　　성명:

1. 인간과 바다는 언제부터 만나게 되었는가? 답:_____

2. 인간과 바다에 접근하여 먹을거리를 얻는 방법들 중 알맞은 답을 쓰라.

한반도	고기 잡는 방법	
서해	돌을 제방처럼 쌓아서	
남해	대나무로 부챗살 모양으로 박아서	
동해	육지에서 양쪽으로 그물을 끌어당겨서	

3. 문어잡기 배들이 연안에 있는 산을 바라보면서 어장으로 항해해 나가는 항법을 무슨 항해라고 하는가? 답:_____

4. 40년 동안 문어를 잡으며 계속해서 배를 타는 이유는 무엇인가?
   (1) 청정해역에서 고기 잡는 재미 (2) 고기를 잡고 파는 재미
   (3) 큰 밑천을 잡는 재미　　　　 (4) 가족을 부양하는 재미

5. 여자일지라도 비디를 훤히 읽고 알 수 있게 된 것은 무엇인가? 답:_____

6. 동해에서는 창경바리 방법을, 서해에서는 맨손을 이용해서 남해에서는 뻘배를 타고 바다를 만나게 된 이유는 무엇인가? 답:_____

7. 인간들이 바다를 만나게 될 때 그 환경에 따라서 성격을 만든다고 하는데 다음의 지역적 특성은 무엇인가?

한반도	환경에 따라 나타나는 현상	성격특성
제주도	거친 파도와 바람과 싸우면서 생겨남	
선재도	물때에 따라서 자연의 순리를 따름	
동해안	동력선을 이용하여 좋은 어장을 차지하려 함	

8. 바다의 사람들은 바다로부터 먹을거리를 얻는 풍요를 얻는 반면 배 밑이 저승이라는 말을 하는 이유는 바다의 무엇을 보기 때문일까? 답:_____

9. 바다의 사람들은 오히려 태풍을 기다린다고 하는데 그 이유는 바다의 어떤 운동들을 기대하기 때문인가? 답:_____

10. 서해안에서는 오구굿이 있고 제주도에서는 영등굿이 있는가 하면 동해에는 영신제가 있다. 이처럼 바닷사람들이 굿을 하는 이유는 무엇인가? 답:_____

VIDEO 시청자료(2)

제목 [벤허] 중에서

학과 4년   번   성명

1. 벤허가 끌려간 곳은 어떤 곳인가? 답:_____

2. 로마군선의 추진력의 두 가지는 무엇인가? 답:_____

3. 벤허가 타고 있는 배의 노잡이에 대하여 알아보라.

   1) 노잡이_____ 명, 2) 교대자는_____명

   3) 합계_____명, 4) 노잡이에게 필요한 것은?____과____이다.

4. 노잡이들이 배에 오기 전의 신분은 어떠한가? 답:_____

5. 로마군선에서 속도를 올리는 방법의 세 가지는 무엇인가?

   1) _____2) _____3) _____

6. 벤허가 로마군선에서 존재할 수 있게 하는 두 가지는 무엇이라 하는가?

   1) _____2) _____

7. 로마군선의 모양을 살펴보고 답하시오.

   1) 선수의 모양_____

   2) 홀수선이 있는 선수 중간 점에____같이 뾰족하게 돌출되었다.

   3) 깁판에는_____를 쏠 수 있게 되었다.

8. 로마군선들의 전쟁의 방법에 대하여 답하시오.

1) 선수 전면에서_____하는 방법

2) 멀리서도_____를 쏘는 방법

3) 가까이에서_____를 쏘는 방법

4) 접전하여_____과_____으로 싸운다.

9. 로마군선이 침몰하게 되는 두 가지 이유는

1)_____로 인하여 침몰하거나_____로 인하여 침몰한다.

10. 배가 침몰하기 전에 구생하는 방법들에 대하여 기록하시오.

1) 배가 침몰하기 전에_____에서 하여야 한다.

2) _____을_____야 한다.

3) _____같은 것을 구해_____해야 한다.

VIDEO 시청자료(3)

제목: 지구는 둥글다

학과 4년   번   성 명

1. 지구가 둥글다는 사실은 주전 2세기(215-195BC)에 주장한 알렉산드리아의 도서관장이었던 학자는?

   1) 지구의 모양은 어떤 형인가?

   2) 태양 빛은 지구에 비치게 될 때 어떻게 비치는가?

   3) 기하학적으로 알렉산드리아에서 시에네까지의 거리를 900km로 보고 360도의 지구의 50도로 보고 지구의 거리를 50×900=__km로 봄

2. _____(90-168AD) 유명한 천문학자로서 지구가 둥글다는 사실을 증명하였다.

   1) 달은 어떤 행성의 둘레를 도는가?

   2) 프톨레마이우스는 지구의 둘레를 얼마로 보았는가?

   3) 현재 지구는 북극에서 파리를 지나 적도까지 이르는 최단 거리를 10,000km로 규정하였는데 이렇게 적도를 지나 남극, 남극-적도, 적도-북극에 이른다고 보면 몇 km인가?

3. 육식을 주로 하는 서양인들이 귀하게 여겼던 인도의 향료는 무엇이었는가?

4. 향료를 찾아서 회교도의 나라를 지나지 않고 아프리카를 돌아서 이르게 되었다.

   1) 이 항로의 이름은 무엇인가?

   2) 아프리카 대륙의 최남단을 지나며 붙여진 이름은?

   3) 이 항로를 제일 처음으로 발견한 나라는?

5. 이탈리아 출신으로서 스페인의 이사벨라 여왕에게 청원하여 후추를 찾기 위해 서쪽으로 항해하게 되었다.

   1) 이 사람은 누구인가?

   2) 그가 발견하여 붙여진 이름은?

   3) 그가 여기에서 만난 사람을 무엇이라 했는가?

6. 이탈리아 사람으로서(1454-1512) 유럽인에게 알려지지 않은 신대륙임을 여행기로 썼다.

   1) 이 사람은 누구인가?

   2) 그의 이름으로 생겨난 이 땅의 이름은 무엇인가?

7. 1480-1521까지 살았지만 1522년에 그의 후계자들에 의해 최초로 세계일주가 이루어졌다.

   1) 이 사람은 누구인가?

   2) 남미대륙의 끝을 지나며 생긴 해협의 이름은?

   3) 위 해협을 지나서 마주치게 된 큰 대양의 이름은?

   4) 필립 왕에게 하사한다는 이름에서 생긴 섬나라의 이름은?

8. 인도 항로, 서인도 항로, 세계일주 항로가 가능하다고 본 까닭은 무엇인가?

9. 중세기에 최초의 항로를 발견하려는 사람들의 의도는 무엇인가?

10. 동양에서도 지구가 둥글다는 것과 회전한다는 사실을 증명하였다.

   1) 지구라는 말을 제일 처음으로 쓴 사람은?

   2) 지구가 돈다는 사실을 증명한 조선시대 사람은?

   3) 지구가 둥글다는 사실을 증명한 조선시대 사람은?

VIDEO 시청자료(4)

[제목] 해상왕 장보고

학과   번 성명

1. 장보고는 일본과 중국에서까지 역사적으로 잘 알려져 있고 신으로 모셔지고 있다.

   1) 다음 중 장보고의 영정의 모셔진 곳은 어떤 곳인가? 당시 일본의 서울인_____와 중국의 룽칭시에_____이다.

   2) 역사서들은 어떤 책인가? 한국의,____중국의,____일본의,____

2. 장보고는 한국의 서남해안에 위치한 완도에 무역기지인 청해진을 설치했는데 이곳에 진을 설치한 세 가지 이유는 무엇인가?

   1) 많은 암초들이 있으나 물길을 아는 이는_____가 되었다.

   2) 완도를 중심으로 둘려 있는 섬들이_____역할을 했다.

   3) 동을 일본, 서로 중국, 북으로 내륙, 남으로는 탐라국(제주도)과 류구국(일본 오키나와)이 있는_____이 좋았기 때문이다.

3. 완도에는 청해진과 장보고에 얽힌 이야기들과 유적들이 전해진다. 다음의 유적들에 대하여 살펴보자.

   1) 청해진 해안에 있는 원목 열은____의 방지와____이 되었다.

   2) 장도토성의 군사시설, 망루, 사당은_____이 전초기지와 같다.

   3) 장터가 있었던 장좌리에 객관이 있었는데 이는 곧 오늘날의____

과 같다.

4. 장보고는 신라 흥덕왕 때 청해진 대사라는 칭호를 받았고 일본의 정창원에는 당시의 유물들이 보관돼 있다는 관점에서 다음 문제를 고찰해 보자.

  1) 장보고의 신라, 당, 일본을 묶는다는 의미에서_____이다.

  2) 당나라, 신라, 일본이 장보고의 무역으로 서로 이익이 된다고 칭찬한 것은 장보고에 대한 일본의_____을 나타낸다.

5. 장보고의 무역이 동아시아뿐 아니라 서역의 물품을 일본에 전한 사정을 살펴보자.

  1) 서역의 물품을 중국에서 사서 일본에 팔고 일본의 물건을 중국과 서역에까지 파는 무역을 무엇이라 하는가? 답:_____

  2) 장보고 당시에는 국가가 무역품을 엄격한 관리하에 행해졌는데 이 무역을 무슨 무역이라 하는가? 답:_____

  3) 당시 장보고가 행하던 무역은 국가의 통제를 받지 않았다는 뜻에서 무슨 무역이라 할 수 있는가? 답:_____

6. 청해진의 해무리굽자기가 양저우에서 발견된 점에 대하여 살펴보자.

  1) 청해진 인근의 강진 가마터에서 중국 월주요(越州窯)와 비슷한 자기가 발견된 것은 무엇을 의미하는가? 답:_____

  2) 본래 중국은 자기 생산을 독점하고 있었는데 신라 자기가 오히려 중국에서 발견됨은 무엇을 의미하는가? 답:_____

7. 장보고의 무역을 가능케 한 무역선단에 대하여 살펴보자.

  1) 장보고로 인해 입당구법순례를 하고 일기를 쓴 이는

누구인가? 답:_____

2) 당시 중국 회안시(옛 초주) 운하 변에 있었던 장보고 선단의 규모는 선박_____척, 항해사_____명이 되었다.

8. 장보고의 국가적 활동과 당의 황제가 신라로 보낼 사신이 마련 됐다는 정보의 입수방법에 대하여 알아보자.

1) 장보고가 운하 주변에_____구축하고 있었다.

2) "엔닌이 일본에서 보낸 체재비를 신라인의 집에 보관돼 있 다."는 말은 장보고가_____을 병행한 것이다.

3) 장보고가 구축한 1)의 기지와 2)의 업무를 병행한 것은 오늘 날의_____상수와 같은 것이다.

9. 절강성 백수향에 거주했던 신라인들의 정체에 대하여 알아보자.

1) 이들이 거주했던 곳을_____했으며 7개소가 있었다.

2) 이들이 이곳에 거주한 지리적 여건은_____강 _____강과 가깝고_____과 _____로 나가기 쉬웠기 때문이다.

3) 신라 배들이 정박하던 데서 생긴 지명은? 답:_____

10. 당나라의 무역업에 대하여 알아보자.

1) 신라인들의 당나라 무역업의 삼박자는____,____,____이다.

2) 당나라가 외국인들이 정착 시 10년간 세금을 면제하고 자치 권을 행사케 한 것은_____정책이다.

3) 장보고가 국제세력을 키울 수 있었던 세 가지 이유는 무엇인가? ㄱ) 재당, 재일 신라인_____ㄴ) 시대를 읽는_____ㄷ)_____

VIDEO 시청자료(5)

제목 [발해는 왜 동해를 건넜는가]

학과 4년　　번　성명

1. 구소련 연해주에 있었던 니꼴라예프까성(정리부)은 발해의 어느 부에 있는가?
2. 발해가 외국으로 통하는 5개의 길인 일본도, 신라도, 압록도, 영주도, 거란도가 있었다.
   1) 이 5개의 길 중에 바닷길은 어느 것인가?
   2) 발해에서 출항하는 바닷길의 출항지는?
   3) 발해의 동해 출항지인 현재 익스베디찌야 만의 뜻은?
3. 발해인들이 동해에서 배를 띄웠다.
   1) 발해인들이 배를 띄운 계절은 언제인가?
   2) 발해인들의 배를 띄운 계절의 의미는 무엇인가?
4. 발해인들이 배를 띄워서 도착하게 되는 일본에 대해서 알아보라.
   1) 발해인들이 동해에서 출항하여 도착하게 되는 일본 항구는?
   2) 일본 서해 지역에서 겨울을 피하는 방법 중 하나는?
   3) 일본 서해에 부는 바람은 어떠한가?
5. 발해인들이 거친 바람에 맞서서 어떻게 항해하였는가?
   1) 발해인들이 항해했던 동절기 바람은 어느 정도인가?

2) 초속 15-20m의 바람에 생기는 파도의 높이는 어느 정도인가?

3) 거친 바람에 맞서는 발해선의 특징은?

6. 발해인들이 동해를 항해하여 일본에 이를 때 어떻게 하였는가?

1) 발해인들의 동해횡단에 사용된 항법은?

2) 발해인들이 항해 시에 제사를 드렸다는 증거는 무엇인가?

3) 제사를 드린 이유는 무엇인가?

7. 발해가 일본과 관계를 맺기 위해 항해하는 관계에서 알아보자.

1) 교역, 발해사 등이 쓰여 있는 목간서나 외교문서를 보아 알
수 있는 것은?

2) 발해인들이 일본에 파견한 외교인단은 몇 명인가?

3) 발해가 일본사절 파견 항해 시 포함된 천문관측자를 무엇이
라 했는가?

8. 발해가 일본에 사신을 파견한 이유는 무엇인가?

1) 일본으로 하여금 신라를 견제토록 하고 당과 말갈의 어떠한
관계를 깨려 했는가?

2) 발해의 대수령인 지방호족이 동행해서 무엇을 했는가?

9. 발해가 일본에서 귀국할 때까지를 알아보라.

1) 귀국의 때와 그 이유는 무엇인가?

2) 일본이 발해와의 심각한 무역역조에도 불구하고 발해를 대접
한 까닭은 무엇인가?

10. 역사상 발해의 존재는 어떻게 나타나 있는가?

1) 신당서에서 발해를 무엇이라 했는가?

2) 해동성국의 뜻은 무엇인가?

II

시청 보고서

바다와 인간의 만남

5기 기관학과 박경송

최초의 인간은 신석기시대부터 바다를 만났다고 알려져 있다. 인간은 바다와 공존하며 바다가 가져다주는 고기를 먹으며 인간은 바다와 만나게 되었다.

바다와 만나는 인간의 첫 번째 단계는 인간이 바다를 바라보는 단계라고 말할 수 있을 것이다. 예를 들어서 서해 부근에 살고 있는 주민들은 돌을 쌓는 방법으로, 즉 바닷물이 줄어들 때까지 기다리며 바다가 고기를 가져다준 것을 잡으며 사는 것이었다.

이렇게 인간은 마치 다시 오실 주님을 기다리며 사는 것과 같다고 본다. 인간이 기다린다는 것은 자기의 방법과 수단을 따르지 않고 그저 전적으로 자연에 의지하는 것같이 보일지는 모르지만 죽방렴이나 석방렴을 만들고 기다리는 그들에게서 우리는 자연과 공존하면서 자연이 인간에게 주어지는 것들을 바라보는 그들이야말로 아름다운 신앙인처럼 보인다.

바다와 만나는 인간이 두 번째 단계는 시간이 흐름에 따라 인간은 기다리는 단계에서 배를 만들어, 즉 마주치는 단계에 이르게 되었다. 문어 습성을 알게 된 인간은 문어 단지를 만들어 바다에 던져 문어를 잡는 것을 볼 수가 있다. 이렇게 인간은 주님 맞을 준비를 하듯이, 즉 지혜로운 다섯 처녀가 등잔 기름을 준비하듯이 더욱 발전해 나가는 것을 알 수가 있다.

신랑을 기다리던 신부(처녀)가 신랑을 만나게 되었을 때 그 기쁨은 아마도 내가 주님을 기다리다가 주님을 만나는 것만큼이나 기쁘고 감격하지 않을까 생각해 본다. 아직껏 나는 바다를 보지 못했다. 바다로 나가서 바다를 만나고 그 바다에 파묻혀 보고 싶다. 그리고 신부가 신랑을 만나 행복을 캐내듯 나도 바다의 행복을 캐보고 싶다.

인간은 점점 바다를 인식함에 따라 정복하는 단계에로 나아가게 된다. 동해에서는 창경바리 방법을, 서해에서는 맨손을 이용하는 방법을, 남해에서는 뻘배를 만들어 고기 잡는 것을 볼 수가 있다. 이것을 바라보며 죄인 된 인간이라 할지라도 하나님이 창조한 바다이기에 풍성히 살아 있음을 알 수가 있다. 이렇게 인간은 하나님의 다양한 창조의 법칙을 바라보며 쉬지 않고 땀 흘려 생계를 유지하는 것을 알 수 있다.

신부를 맞은 신랑이 놀면서 신부를 먹일 수 없는 것처럼 인간은 자기에게 주어진 환경을 개척하며 창조의 순리를 따라서 생육하고 번성하고 정복하고 다스려 나가는 역할을 발휘해야 한다고 본다. 그러나 그것은 바다를 짓밟는 것이 아니라 개척하여 그 역할을 감당할 뿐 아니라 바다와 상부상조해 나가야 된다고 본다.

나도 바다를 바라보며 생각해 본다. 바다를 바라보며 사는 어민들과 같이 바다와 같은 넓은 마음을 지니고 기다릴 줄 알 뿐만 아니라 찾고, 만나고, 바다와 더불어 살아갈 것이다.

바다가 인류에 대한 영향

5기 기관학과 박수철

인류는 구석기시대, 즉 3000천 년 전부터 바다와 접촉하고 많은 수산물과 바다의 풍부한 물고기로써 생활을 누려왔고 또 지금까지 우리가 바다를 알게 되었다.

진정 바다의 좋은 점과 나쁜 점들이 각각 어떤 것들로 이루어졌는지, 우리가 분석해 보자. 우선 좋은 점부터 고려하자.

한국에 면하여 있는 바다는 각각 서해, 남해, 동해로서 고기잡이로 생활하는 어부들이 고기잡이하는 방법도 다종다양하다. 서해의 석방렴은 돌을 제방처럼 쌓아서 물이 들어온 다음 물이 나가기를 기다리는 방법이 있는데 소극적으로서 주로 젓새우를 잡는다. 남해의 죽방렴은 대나무를 부챗살 모양으로 박아서 고기를 잡는 방법인데 가까이에서 잡는 단계로서 주로 멸치를 잡는다. 동해의 지인망은 육지에서 양쪽으로 그물을 당겨서 잡는 방법으로 그 관계는 먼 바다로 나가는 적극적인 관계이다.

위에서 보다시피 바다가 그 지방 어민들의 생활방식을 고쳐 놓았다. 또 한 가지는 문어잡이도 할 수 있다. 방문에 따르면 어민 최천문 씨와 정금자 씨는 40년 동안 바다에서 3000개의 문어단지를 뿌리면서 생활을 유지해 왔다. 그들이 배를 계속 타는 이유는 무엇인가? 곧 바다가 그들에게 청정해역에서 고기 잡는 재미, 고기를 잡고 파는 재미, 가장 중요한 것은 가족을 부양하는 재미를 주었기 때문이다.

태풍 하면 누구나 무서워하지 않을 수 없다. 그러나 태풍은 나쁜 점만 있는 것이 아니라 좋은 점도 있다. 태풍은 흙을 갈아 바다를 기름지고 풍부하게 한다. 다시 말해서 태풍은 한 가지 순환운동으로써 많은 해산물을 해안으로 보내준다. 그러나 태풍에 대한 지식과 인식이 없다면 목숨을 잃거나 집을 잃을 수 있다. 바다를 만남에 따라 인간의 성격도 변화됐다.

제주도는 거친 파도와 바람과 싸우면서 생겨난다. 그들의 성격 특징은 어릴 적부터 단련한 탓으로 목소리 강하고, 강한 의지력을 지녔으며, 욕심을 부리지 않는다. 선재도는 물때에 따라서 자연의 순리를 따른다. 그들의 성격 특징을 말한다면 넉넉한 열의와 기다리는 마음이라고 할 수 있다.

동해안에서는 동력선을 이용하여 좋은 어장을 차지하기 위하여 일찍이 바다로 들어가는데 그 성격이 급하고, 부지런하면서도 작은 물건이라도 같이 향수를 누린다.

과연 어민들의 성격이 끝없는 바다로써 많이 변했다는 것을 더한층 느낄 수 있다. 다만 바다에 살아 있는 생명체를 생각하여야만 같이 생존할 수 있다.

　미래의 선박에서 근무하게 될 우리로서, 해양지식을 배우는 것은 책임으로, 바다에 대해 더 깊은 요해가 있어야만, 오직 좋은 점들만 이용하고, 개척하고 발전시킬 수 있다.

생명체로서의 바다와 인간

5기 기관학과 김길원

인간과 바다는 여태껏 공존해 왔다. "인류문명의 발전은 바다가 준 것이다."고 말해도 무리하지 않은 만큼 바다는 인류 역사에 큰 공헌을 해 왔다. 어제 오늘뿐만 아니라 내일도 계속하여 좋은 미래를 창조할 것이다.

인류가 최초로 바다를 향해 진출한 것은 신석기시대 이전의 일이었다. 그때 당시의 인간들은 생활에 있어서 가장 중요한 음식을 해결하기 위하여 바다로 향하였을 것이라고 생각한다. 오늘날에 있어서 바다는 사람들에게 무지한 부를 가져다주고 있다. 그리하여 연해 도시를 놓고 보면 가난한 도시가 없다. 아래에서 바다가 그들에게 준 지혜를 이용하여 고기를 잡는 몇 가지 방법에서 바다와 인간의 만남을 살펴보자.

석방렴은 한반도 서해안 사람들이 고기를 잡는 방법으로 돌을 제방처럼 쌓아서 고기를 잡는다. 그런가 하면 죽방렴은 남해안 사람들이 고기를 잡는 방법인데 대나무를 부챗살 모양으로 깎고 박아서 고기가 들어오기를 기다리는 것이다. 또한 지인망은 동해안에서 사용하는 고기잡이 방법으로서 몰려오는 고기들을 육지에서 양쪽으로 그물을 끌어당겨서 잡아 올리는 방법이다. 그들은 육지에서 성질을 지혜롭게 이용한 것이다.

바다는 다양한 모습을 지니고 있다. 그래서 동해에서는 창경바리 방법, 서해에서는 맨손을 이용해서, 남해에서는 뻘배 등 다른 방법을 이용해서 고기를 잡았다. 그들은 왜 서로 다른 방법을 이용해서 고기를 잡았을까? 그들은 바다의 수심, 특성 등을 잘 파악하고 있었던 것이다.

그렇다면 바다는 사람들의 성격을 어떻게 바꿨는가? 여자들을 생각하면 부드럽고 여성다운 그런 모습이 떠오르기 마련이다. 하지만 제주도 여성들은 그런 모습을 전혀 찾아볼 수 없다. 거친 파도와 바람과 싸우면서 강하고 능력 있는 해녀로 거듭났던 것이다.

동해안 사람들은 아침 일찍 일어나 보다 좋은 바다의 어장을 차지하기 위하여 동력선을 이용하고 있다. 이로 인하여 그들의 성격은 부지런하게 되었다. 이과 같이 바다는 사람들의 성격을 만들고 있다. 사람들은 바다에서 많은 고기 등 재부를 찾아낸다. 하지만 바다는 물이 집 앞까지 올라오기도 한다는 사실이다. 항상 온순하지는 않다. 태풍만 불면 물이 집 앞까지 올라오고 있는 것이 사실이다.

그리하여 사람들은 많은 굿을 하고 있다. 서해안에서는 오구굿, 제주도에서는 영동굿, 동해안에서는 영신제 등이 있다. 그들은 태풍과, 바다의 무서움을 알고 있었다. 얻는 것만 아니라 함께 공존하자는 뜻으로 바다와 같이하고픈 마음을 행동으로 표현한 것이었다.

이와 같이 바다는 살아 있다. 바다는 사람들의 심경을 움직인다. 바다는 사람들의 생활수준을 제고시킨다. 바다는 경제를 좌지우지한다. 바다는 생명력이 있다. 하지만 비참하게 그 생명력을 파괴하고 있다. 많은 바다가 오염으로 인하여 울부짖고 있다.

인간들의 각성이 필요하다. 계속 이렇게 행하다가 계시록에 예언된 세계 모든 물이 핏물이 되는 그날(종말)이 다가올는지도 모르기 때문이다. 바다를 살아 있는 생명체로 보고 인간이 이와 공존하겠다는 의식만이 하나님 안에서 지구를 살리는 길이라 믿는다.

바다는 인간에게 무엇을 가져다주는가?

5기 기관학과 윤문걸

나는 인간이 바다로 접근하게 됨에 따라서 가지게 되는 세 가지 점에 대하여 말하여 보고자 한다. 인간과 바다의 만남은 신석기 시대로부터라고 하는데 "왜 인간은 바다를 접근하였을까?"라는 생각을 가지게 되었다.

첫째로 바다는 인간에게 먹을거리를 가져다준다는 것이다. 한반도를 놓고 보자. 먹을거리를 얻는 방법이 여러 가지가 있다. 서해에서는 돌을 제방처럼 쌓아 기후의 변화에 따라 고기 잡는 석방렴, 동해에서는 바다의 소리를 듣고 육지에서 양쪽으로 그물을 끌어당겨서 고기 잡는 지인망 등 여러 가지 방법이 있는데 먹을거리를 얻는 동시에 지혜도 얻게 되고 바다에 대한 믿음이 생긴다.

바다가 가진 특성에 따라 고기 잡는 것도 다르다. 동해에서는 창 경바리 방법, 서해에서는 저녁에 손전등을 들고 맨손으로 줍는 것, 남해에서는 진흙이 깊으므로 뻘배를 타고 뻘을 밀며 바다로 나가서 조개를 잡는 방법 등이 그것이다. 이처럼 인간은 여러 가지 방법을 따라서 바다와 만나게 되고 또한 그렇게 찾아온 인간들에게 바다는 풍요롭게 자신을 열어서 먹을거리를 가져다주었다고 본다.

둘째로 바다는 인간의 성격을 변화되게 하였다. 인간의 성격을 변화하게 하는 것은 유전적인 것이 있고 환경적인 것이 있다고 한다. 그렇다면 한반도의 경우 바다라는 환경으로 인해서 나타난 다양한 성격의 변화는 어떻게 나타나고 있는가?

제주도엔 파도가 거칠고 바람이 많으므로 이런 환경들이 해녀들의 성격을 강하게 만들었다고 한다. 그런 반면에 선재도에서는 물때에 따라 자연의 순리대로 곳배라고 하는 배를 만들어서 물때를 기다리는 성격을 가지게 되었다. 동해안에서는 해안선에서 바로 깊은 바다가 나타나기 때문에 동력선을 이용하여 좋은 어장을 차지해야 하므로 아침 일찍 일어나야 하고 부지런하게 그물을 다듬고 그물을 던지고 거둬들여야 하기 때문에 부지런한 성격을 만든 것이다. 이와 같이 바다는 그의 다양한 모습처럼 인간들의 성격을 다양하게 변화시키고 있다고 본다.

셋째로 바다는 인간에게 위험을 가져다준다. 태풍이라면 사람들이 위험하게 생각하는데 바닷사람은 오히려 태풍을 기다린다. 그 이유는 태풍이 일어나게 될 때 바다는 일종의 순환활동이 일어나기 때문이다. 바다의 더러운 것들은 날아가 버리고 태풍이 지나간 후 고기가 잘 잡히기 때문이다.

그러나 위험도 있다. 바닷물로 인하여 태풍을 맞아 죽은 사람들도 많다. 그래서 제주도에서는 영등굿, 동해안에서 영신제가 있다. 이는 한 해의 풍어를 위해 하는 것이기도 하지만 이러한 종교적 활동이 위험을 가져다주는 바다에 대해서 유한한 인간의 한계를 보여주는 단적인 모습이라 본다.

바다는 이처럼 인간에게 풍요함과 위험을 동시에 가져다준다. 그러나 인간과 바다는 서로 공존해야 하며 인간은 환경과 사고에 대한 대책을 세우며 아래 세대에 전해 가므로 바다의 성격을 닮아가야 한다고 본다. 인간에게 주는 것만큼 인간도 바다를 위해 일해야 한다고 생각한다.

바다와 인간의 관계

5기생 항해학과 천경철

바다는 지구가 생겨나면서부터 지각의 변화, 그리고 장기간의 지구 내부운동을 통하여 바다와 육지라는 것이 만들어졌다. 그러면 바다와 인간은 어떤 관계가 있는가?

인간과 바다는 불가분리적인 산물이라고 할 수 있다. 인간과 바다는 구석기시대부터 만나게 되었는데 그때부터 인류가 바다를 정복하기 시작하였으나 지금까지 정복하지 못했다. 그러나 바다는 이용할 수 있었다. 바다는 말하자면 많고도 많지만 오늘은 우리나라와 가장 가까운 나라 한국을 놓고 말해 보자. 한반도는 세 면이 바다로 싸여 있다. 그러면 한국사람들은 어떻게 바다와 더불어 지금까지 살아 왔는가?

한국 본토는 자원이 아주 적은 곳이라 바다를 이용하지 않으면 먹고살 수 없다고 말해도 과언이 아닐 것 같다. 서해에 사는 사람들은 돌을 제방처럼 쌓아서 석방렴을 만들어 젓새우를 잡는데 파도로 인하여 물이 들어온 다음 물이 빠져나가기를 기다리면서 젓새우를 잡는다. 남해에서는 대나무를 부챗살 모양으로 막아서 죽방렴을 만들어 고기를 잡았는데 이것도 마찬가지로 남해에서 아주 많이 쓰는 방법이다. 동해에서는 서해나 남해에서처럼 바다의 규율을 지켜서 새우나 고기를 잡는 것이 아니라 육지에서 양쪽으로 그물을 끌어당겨서 지인망이란 것을 이용하여 고기를 잡는데 이미 이 방법을 400여 년이나 써 왔다고 한다.

어떤 바닷사람들은 태풍을 기다린다고 하는데 그 이유가 여기에 있다. 비록 태풍은 사람들에게 많은 재난을 가져다주지만 바닷사람들에게 가져다주는 복은 수없이 많다. 바다의 여인들도 노래하면서 바다로 나가는 이유는 바다를 그만큼 사랑하고 그만큼 후히 들여다볼 수 있기 때문이다.

바닷사람들은 굿을 많이 한다. 서해안에서는 오구굿이 있고 남해 제주도에서는 영등굿이 있고 동해에는 영신제라고 하는 것이 있다. 이처럼 바다의 사람들이 굿을 하는 이유는 바다의 풍요를 비는 것과 바다에 나갈 때 안전을 위한 것이라고 한다.

위에서 설명한 것은 사람들이 먹을거리를 위하여 바다를 이용한 것이다. 그러나 지금은 모두 자국의 바다가 있어 침범도 못 하고 자기 나라에 소속되는 바다에서만 고기를 잡지만 이전에는 바다를 차지하기 위하여, 그리고 자기의 영토를 넓히기 위하여 바다에서 많은 전쟁을 일으켰다. 우리가 잘 알고 있는 스페인, 네덜란드, 그리고 로마제국 때 로마 군선들을 말해 보기로 하자.

로마제국 때 로마 군선은 보통 인력과 풍력을 이용하여 추진하였다. 그때의 노잡이들은 모두 사형수거나 전쟁포로거나 노예들이었다. 로마 군선은 전쟁에 임할 때 속도가 세 가지나 되었다. 전진속도, 공격속도, 충돌속도가 그것이다. 그럼 이 세 가지 속도는 어떻게 높이고 낮추고 하는가.

노잡이 앞에 한 사람이 있어서 북을 천천히 치면 전진속도이고 좀 빨리 치면 공격속도이고 제일 빨리 치면 충돌속도인데 이것은 상대방의 군선이 약하거나 우리 군선이 더는 싸울 수 없을 때 쓰는 방법이다. 이렇게 바다는 사람들로 하여금 많은 것을 잃게 하기도 한다. 그러므로 바다가 인류에게 주는 영향은 아주 크다.

우리 인류는 아직도 바다를 정복하지 못했다. 바다를 정복하는 사람은 세계를 정복한다고 해도 과언이 아닐 정도로 바다는 인간에게 있어서 아주 중요한 위치를 차지한다. 우리 이 세대 사람들은 바다를 정복할 수 있도록 노력해야 한다.

해양사는 곧 바다를 정복하고 바다에서 살아온 사람들의 삶의 역사라고 하는 것을 생각해 볼 때 바다를 사랑하므로 그 삶의 역사를 되돌아보게 되고 여기에서 우리의 역사 의식을 찾게 된다.

영화 「벤허」와 로마군선에 대하여

5기 항해학과 최일B

　서기 26년, 로마제국시대, 유다 벤허의 집안은 많은 노예를 거느
린 예루살렘의 부호이며, 벤허는 예수그리스도와 같은 시대의 유대
인이다. 로마 지배의 예루살렘에 신임 총독 클레이투스가 로마군의
호위를 받으며 도착한다. 사령관 메살라(스테판 보이드)는 어렸을 때
친구인 벤허(찰턴 헤스톤)와 기쁘게 만난다. 신임 총독 취임식 날 화
려한 행진을 구경하던 누이 티르자의 발치에서 기와 한 장이 떨어져
나가 공교롭게도 신임 총독의 머리에 맞았다. 뜻하지 않은 사건으로
벤허 일가는 총독에게 위해를 가하려 했다는 반역죄로 몰려 어머니
미리암(마사 스코트)과 누이는 로마군에게 끌려가고 벤허는 노예가
되어 갤리선의 노를 젓는 중노동을 하게 된다. 메살라는 벤허 일가
의 억울한 사정을 알고 있었으나 권력에 도취되어 옛 친구의 일가가
몰락하는 것을 보고민 있다.

　한편 벤허는 누이의 죄를 대신하여 죄수의 몸으로 잡혀가게 되고

로마군선의 노잡이가 된다. 그런데 벤허는 자신이 타고 있던 선단이 습격을 받아 사령관인 아리우스(잭 호킨스)가 바다에 떨어져 위기에 처했을 때 구해 준 일이 인연이 되어 자유인이 되고 그의 양자로 입적된다. 그러나 어머니와 누이를 만난다는 희망을 안고 예루살렘으로 돌아온다. 그런데 어머니와 누이가 죽었다는 소식을 듣고서 재회의 기대는 사라지고 에스터를 만나 옛 사랑을 확인한다. 이때 메살라는 벤허가 왔다는 소식을 듣고 감옥에서 문둥병을 앓고 있는 모녀를 문둥병 마을 골짜기에 버리라고 지시한다. 벤허는 그때 마침 예루살렘에서 열리는 전차경주에 출전하여 메살라와 경쟁하게 된다. 메살라는 전차를 전복시켜 그를 죽이려는 음모를 꾸민다. 그러나 이 경주에서 전복된 것은 메실라의 전차였다 그는 숨이 끊어지기 직전에 벤허의 가족이 문둥병 마을 골짜기에 있다고 알려준다. 그의 말을 듣고 달려간 벤허는 몰라보게 변한 어머니와 누이를 보고 슬픔에 잠긴다.

한편 나사렛에서 예수의 설교를 듣고 감동받은 에스터는 기적을 일으킨다는 예수에게 어머니와 누이를 데리고 가자고 권한다. 벤허는 가족들을 데리고 예루살렘의 예수에게로 간다. 그날 예수가 골고다 언덕에서 십자가에 못 박혀 처형되는 날이었다. 목말라 하는 예수에게 물을 주다 채찍으로 맞기도 한다. 예수는 십자가에 매달려 숨을 거둔다. 바로 그때 어머니와 누이에게 기적이 일어나 문둥병이 씻은 듯이 낫는다. 벤허는 예수에 대한 믿음을 갖게 된다. 특히 전차경주 장면은 훌륭한 연출과 편집으로 강력한 박진감을 보여준다. 미국 영화를 대표하는 영화라고 생각된다.

지금으로부터 약 기원전 2세기에 로마제국은 아시아와 아주 빈번한 해상무역을 가졌다. 그러나 마케도니아 사람들이 해상에서의 저해로 로마제국에서는 로마군선을 만들기 시작했다. 아래 로마군선에 대해서 상세하게 알아보자. 로마군선은 갤리선으로 대개 노를 많이 설치하기 위하여 선체를 길게, 속력을 얻게 하기 위하여 폭은 좁게, 노역은 효과 있게 하기 위하여 선체를 낮게 꾸민 것이 바로 군용 갤리선이다. 노를 증가하기 위하여 배의 길이를 늘이는 데에는 한계가 있어 노를 2단 또는 3단으로 두는 이른 바 2단 갤리선, 3단 갤리선 등 다단 갤리선이 등장하였다.

갤리선은 그리스, 로마시대에 전성하고 그 뒤 17세기까지 다단 갤리선이 활용되었는데 그 시조는 페니키아 군선으로 볼 수 있다. 페니키아 군선은 기원 706년경의 아시리아 부각 그림에 나타나 있듯이 선수 하부에 예리한 충각을 가지고 있다. 고대 해전은 배를 서로 맞붙어 놓고 적선에 기어올라 백병전으로 하든지, 적선의 옆구리를 충각으로 찔러 침몰시키는 두 가지 전술밖에 없었다. 그러므로 고대 군선은 모두 선수 충각을 가지고 있었는데 이것은 페니키아 배로부터 유래되었으며 근세 군함을 보더라도 수면하 선수 끝은 뾰족하게 되어 있는데 이는 충각(ram)의 형태가 퇴화하여 그대로 남아 있다.

지중해 전역에 갤리선을 보급시킨 것은 바로 그리스이며 그리스의 배는 노를 쓰는 갤리선으로 상징된다. 그리스의 갤리선은 선수부에 예리한 충가을 두고 눈을 그려 넣으며 선미부는 물고기꼬리 모양으로 꾸미고 있다. 선수부의 의장으로 눈 모양과 선미부의 물고기 꼬리는 그리스 배만의 독특함이며 그 모양이 잘 조화를 이루어 배 전체가 사나운 물고기 형상을 나타내고 있다. 그리스의 전형적인 군선은 2단, 3단 갤리선이다. 이와 같은 그리스 갤리선은 뒤이어 세계 대제국이 된 로마 해군의 갤리선에 적용되었다고 본다.

로마시대는 그리스 갤리선을 계승, 단수를 크게 늘였으며 용골과 일정한 간격의 늑골을 뚜렷이 하고 외판을 비롯한 구조 부재의 결착은 네모난 촉꽂이를 써 튼튼하게 만들었다. 이처럼 로마시대에는 용골과 늑골 등 골조를 먼저 세우고 그 위에 외판을 붙여 나가는 frame first 조선법을 확립하였다는 기록이 나타나 있는데 벤허 영화는 이러한 조선역사를 잘 파악하여서 로마시대 군선의 모양과 로마군선의 동작과 로마해군 아리우스를 구조하고 망망대해에 떠 있던 벤허가 다시 로마군선에 의하여 구조될 때까지의 과정을 선박 해난사고 시 구조나 해상안전에도 우리들에게 좋은 자료를 제공해 주었다고 본다. 이러한 선조들의 해상활동의 역사가 오늘날 해양 활동의 발전을 가져왔다고 믿는다.

영화 「벤허」의 한 편을 보고서

5기 항해학과 김은철

　서기 26년, 로마제국시대, 유다 벤허 집안은 많은 노예를 거느린 예루살렘의 부호이며 벤허는 예수그리스도와 같은 시대의 유대인이었다. 로마 지배하의 예수살렘에 신임총독 클레이투스가 로마군의 호위를 받으며 도착한다. 사령관 메살라(스테판 보이드)는 어렸을 때 친구인 벤허(찰턴 헤스톤)와 기쁘게 만난다.

　신임총독 취임식 날 화려한 행진을 구경하던 누이 티르자의 발밑에서 기와 한 장이 떨어져 나가 공교롭게도 신임총독의 머리에 맞았다. 뜻하지 않은 사건으로 벤허 일가는 총독에게 위해를 가하려 했다는 반역죄로 몰려, 어머니 미리암(마사 스코트)과 누이는 로마군에게 끌려가고 벤허는 노예로 된다. 누이 죄를 대신하여 죄수의 몸으로 잡혀가게 되고 로마군선의 노잡이가 된다. 메살라는 벤허 일가의 억울한 사성을 알고 있었으나 권력에 도취되어 옛 친구의 일가가 몰락되는 것을 보고만 있었다.

기원전 2세기에 로마제국은 아시아와 아주 빈번한 해상무역을 가졌다. 그러나 마케도니아 사람들이 해상에서의 저애로 로마제국에서는 로마군선을 만들기 시작했다. 로마군선은 갤리선으로 대개 노를 많이 설치하기 위하여 선체를 길게, 속력을 얻기 위하여 폭은 좁게, 노역은 효과 있게 하기 위하여 선체를 낮게 꾸미였으며 이것을 로마군선의 특징이라 할 수 있다.

　　당시 벤허가 끌려간 로마군선은 노잡이가 200명이었고, 교대자가 50명이었다. 군선의 추진력으로는 사형수 혹은 노예 신분으로 노를 잡는 노잡이들의 인력과 풍력이었다. 노잡이에게 있어서 힘과 건강은 홀시할 수 없는 것으로 인정되었다. 왜냐하면 이것은 군선의 생명과 풍력이 없을 때의 추진력 및 적선 진공 시의 가속 추진력에 큰 역할을 감당하고 있기 때문이었다.

　　갤리선은 그리스, 로마시대에 전성하고 그 뒤 17세기까지 다단 갤리선들이 보급되었는데 그 시조는 페니키아 군선으로 볼 수 있다. 페니키아 군선은 기원전 706년경의 아시리아 부각 그림에 나타나 있듯이 선수 하부에 예리한 충각(ram)을 가지고 있다. 고대 해전은 배를 서로 맞붙여 놓고 적선에 기어올라 백병전으로 하든지, 적선의 옆구리를 충각으로 찔러 침몰시키는 두 가지 전술밖에 없었다. 벤허가 탄 로마군선을 보더라도 선수에 뾰족하게 갈고리형처럼 위로 튀어나와 있는 것을 볼 수 있는데 이것이 충각인 것이다. 고대 군선은 모두 선수충각을 가지고 있었는데 이것은 페니키아 배로부터 유래되었으며 근세 군함을 보더라도 수면하 선수 끝은 뾰족하게 되어 있는데 이는 ram의 형태가 퇴화하여 그대로 남아 있는 것이다.

이 밖에 로마 군선들의 해전술을 본다면 선수 전면에서 충돌하는 방법, 멀리서 불덩어리(폭탄)를 쏘는 방법, 쇠사슬에 묶인 채 지휘자의 명령과 북소리에 의해 노를 저었으며 힘들 때는 되레 채찍의 단맛을 보았다. 이런 환경에서도 벤허는 절대 절망을 버리고 믿음과 삶에 의지로 어려움을 극복해 나갔다.

어느 날 갑자기 벤허가 타고 있는 군선이 선단의 습격을 받는다. 잠잠하던 바다 위에서 큰 전쟁이 벌어졌다. 다행히도 벤허의 발목 쇠사슬은 사령관의 명령으로 말미암아서 풀어져 있어서 적선이 충돌하는 위험 속에서 목숨을 건졌다. 치열한 싸움 속에서 벤허는 사령관 아리우스(잭 호킨스)가 바다에 떨어져 위기에 처하게 된 것을 보고 구해 준다. 싸움은 끝나고 벤허와 사령관을 망망대해에서 로마군선을 만나 목숨을 건지게 되었으며 사령관을 구해 준 일이 인연이 되어 벤허를 자유인으로, 자기의 양자로 입적시키다. 벤허는 해군제독 아리우스의 신임을 받고 어머니와 누이를 만나려고 다시 예루살렘으로 돌아간다.

이 영화에서 우리는 로마시대의 군선의 모양과 군선의 동작과 로마해군의 해전의 상황에 대해서 잘 알 수 있다. 영화에서 벤허가 망망대해에서 해군제독이며 군선의 사령관이었던 아리우스를 구조하고 다시 로마군선에 의해 구원될 되는 장면에서 우리는 또한 구조와 해상안전에 대한 지식의 필요함을 찾아볼 수 있다. 이렇듯 선조들의 해상활동의 역사는 오늘날의 해양활동의 발전에 심원한 영향을 끼쳤다는 것을 나타내고 있다.

세상을 정복하려면 바다를 정복해야 한다

5기 기관학과 조영민

옛적부터 세상을 정복하려면 바다를 정복해야 된다는 말이 있다. 그렇다. 이 말은 어느 누가 근거 없이 주워 붙인 말이 아니다. 전 지구의 3 / 4의 면적을 가진 바다의 중요성을 너무나도 잘 말해 주고 있다. 역사를 거슬러 보더라도 세계의 주인 역할을 감당하는 나라는 바다를 지배하여 왔다고 말할 수 있다.

로마제국의 경우에는 당시 근 500년 동안이나 아시아, 유럽, 아프리카 그리고 주위의 많은 섬들을 로마제국에 굴복시킨 것을 보더라도 세상을 정복하려면 바다를 정복해야 한다는 사실을 알 수 있다. 로마제국의 경우에는 바다를 큰 교통수단으로 삼고 여러 나라들과 무역 등을 하고 있었다. 하지만 얼마 못 가서 주위 여러 섬들, 즉 작은 나라 해적들의 침입을 받기 시작하였다. 그들은 몰래 숨어서 로마제국의 상선을 약탈해서 그들의 생계를 유지하였다. 물론 큰 제국의 로마가 이런 문제로 해상 진출을 멈출 수는 없다.

바로 그들은 이와 같은 이유로 하여서 군선과 상선을 같이 동행하는 방법으로 해적들의 침입을 대체하는 것이다. 그런데 군선들을 움직이려면 많은 배를 끌 수 있는 동력이 필요했었다. 왜냐하면 그때 당시의 배들은 사람들의 젓는 노와 바람을 이용하는 돛으로 항행을 하는 배이기 때문에 노를 젓는 많은 인력이 필요했다. 하지만 그때 당시 많은 나라들을 통치하고 있는 로마제국에 대해서는 아무런 문제가 되지 않았다. 왜냐하면 많은 노예들이 있고 또 많은 죄인들이 있기 때문이다. 그들은 또 아무 죄인이나 노예들을 배의 동력으로 쓰는 것은 아니었다.

예를 들면 첫째는 언제나 바다에서 그들의 생명들을 좌우지할 수 있어야 했었다. 왜냐하면 만약 두 배가 격전을 벌일 때, 즉 위급상태에 있을 때 그런 노예들과 죄인들의 안위를 돌볼 겨를이 없었다. 그래서 먼저 그들의 발목에 쇠고랑을 서로서로 묶어서 배에 묶어놓고 그들이 자리를 뜨지 못하게 했다. 만약 위급상태에 이르게 되면 죄인들과 노예들은 배를 이탈하게 될 것이다. 그러면 배의 동력이 상실되고 그 배는 아무 의미가 없는 폐물이 되기 때문이다. 그래서 그들은 쇠고랑으로 묶을 필요가 있었다.

둘째로 또 건강해야 하고 힘이 있어야 했다. 건강하지 못하여 병에 걸렸다면 옆에 많은 노를 젓는 인력들에게 전염시키기 때문에 건강해야 하고 또 힘이 있어야 하는 것은 배가 항행할 때에 언제나 같은 속도로 천천히 달리는 것이 아니라 정지, 전진, 쾌속, 출동 등 여러 가지 속도이 단계가 있었는데 힘이 없이는 그런 변화가 많은 속도의 절차에 맞출 수가 없었다.

그러면 로마제국 배들의 구조를 보도록 하자. 로마군선의 선수는 현악기처럼 말아 올렸고 홀수선이 있는 선수 중간점에는 충돌무기가 뾰족하게 있어 그것으로 언제든지 적군과 충돌하여 적군의 배에 큰 구멍을 내게 되어 바로 침몰시키는 충돌무기가 있는가 하면 갑판 위에는 불덩이를 쏠 수 있는 발사기가 있다. 그들이 멀리에 있을 때에는 이런 발사기로 상대군함의 갑판에 적군을 소멸하는 것이다. 그들이 일단 접전하고 두 배가 접근할 때에는, 즉 단거리에서 서로 활과, 칼로써 싸울 수 있도록 배의 주위도 그렇게 만들어졌다.

그들은 이렇게 강대한 군선의 호위하에서 세계의 주인역할을 남김없이 과시하였다. 이렇게 바다를 지킴으로써 그들의 경제, 정치, 군사가 강대해질 수 있었고 또 그들이 바다의 중요성을 알고 바다에서 그들의 패권을 정복했기에 그들에게는 그 어떤 적수가 될 만한 나라들이 없다고 외칠 수도 있었던 것이다.

지금 우리에게 남은 과제는 바로 바다의 비밀들이다. 로마제국이 바다에서 승리할 수 있었기에 세계의 주인역할을 하는 것처럼 우리들도 해양대학 학생들로서 바다의 중요성을 인식해야 할 것이다. 그리고 해양지식의 우월성을 더욱 두드러지게 나타내기 위해서는 항해나 기관 등에 주어진 학문을 더욱 열심히 다져 나가야 하겠다.

그래서 오대양을 항해하는 해기사로서 높은 자질을 갖추어야 한다. 바다를 정복하는 자가 세상을 정복한다는 사실은 옛날 로마제국에서부터 에스파냐, 영국, 미국에 이르기까지 변함이 없다고 본다. 그러나 지금은 군함을 앞세운 무력의 시대는 지났다. 훌륭한 항해실력만이 바다를 정복할 수 있다. 하나님 안에서 평화를 사랑하며 기술로써 승부를 겨루는 해양인이 되어야 하겠다.

로마해군과 해상활동

5기 기관학과 이영학

로마인은 기원전 수백 년 경부터 이탈리아 반도 테베레강 유역에 작은 공동체 취락을 만들어 생활해 오다가 얼마 후 그리스의 폴리스와 같은 도시국가로 발전하였다. 기원전 4세기 초부터 점차 인근의 도시국가와 종족을 정복하여 기원전 3세기 지중해 서부의 중심국가가 되고 기원전 2세기에는 이미 지중해 동부까지 그 지배하에 둘 정도로 대제국을 만들어 냈다. 이와 같은 해외 영토의 획득을 기원전 2세기에서 기원후 2세기 초에 이르기까지 끊임없이 계속되어 기원전 117년에는 최대 판도를 구현하였다.

영화 벤허는 로마제국이 만들어질 때의 사실을 잘 보여준다. 벤허는 새로 부임한 총독을 보러 온 집식구들이 지붕 위에서 보다가 낡은 기왓장을 살짝 손댄 것이 떨어져 총독의 말 앞에 떨어졌다. 이 일로 하여 곧바로 벤허는 잡히고 이 집 식구들은 감옥에 들어가게 되었는데 벤허는 자기가 한 일이라고 변명하였다. 로마법에 총독을 해친 것은 사형죄로 다스리는데 먼저 로마군선으로 끌려가서 노잡이가 되었다. 그가 갈망하는 것은 항상 가족과 함께하려는 소망을 가지고 자신의 아름다운 내심을 가져 군선에서 끈질기게 살아간다.

로마인들은 무역을 중시하여 왔으며 다른 나라를 침입하여 그 나라의 재물을 약탈하여 왔고 로마인들이 생산하는 것과 무역으로 횡재하였다. 또한 로마인들은 바다를 침입하는 것, 사람을 죽이는 것, 다른 나라가 무역을 하여 횡재하는 것을 용인하지 않았으며 육로로 무역을 하면 물품을 가지고 가는 도중에 경비가 많이 드므로 해상을 이용하였다.

해상으로 무역을 하려면 해적들이 있으므로 해적들이 있는 곳에는 상선들이 자유롭게 무역을 하지 못하였다. 이 상선들을 위하여 군선이 필요하고 군선이 있음으로 노잡이가 필요하였다. 노잡이들은 벤허와 같은 사형죄가 있는 사람을 군선에서 노예로 취급하며 노 젓는 일을 하게 하였다. 노잡이는 200명, 교대 50명으로 모두 해서 250명인데 벤허가 탄 배는 로마의 무역상선대 앞에 서서 상선들을 보호하며 해적들을 만나면 싸우는 군선이다. 노잡이들이 필요한 것은 노를 젓기 위한 건강과 힘이 필요하였다. 이것이 있음으로 배가 빠르게 달릴 수 있고 상선들이 무사히 도착하여 무역을 하는 것을 돕는 것이 군선의 의무이며 직책이었다.

이 로마군선이 항행하다가 맞은편 상선들을 쳐부수고 무역하는 재물을 가져가는 해적들을 만나게 되는데 이것이 해상전쟁이 시작이다. 로마군선의 선수 모양은 마치 현악기처럼 생겼고 이것이 충돌 시 하나의 좋은 무기가 된다. 해상전쟁에서 속도는 매우 중요한 것이다. 로마군선의 전투속도는 북소리, 쾌속속도, 채찍질할 때에는 충돌속도를 낸다. 해상전쟁이 일단 일어나면 홀수선에서 불덩이 화살을 쏘며 싸우는 중에 벤허가 탄 군선이 옆에서 오는 적함의 선수와 충돌하여 구멍이 나고 물이 들어가게 되고 위에는 칼로 싸우며 창으로 찌르는 것이 있는가 하면 육박전을 벌이는 것도 있었다.

이 배에 로마의 해군사령관이 앉았는데 위급하니 올라와 칼을 빼들고 싸웠다. 그전에 벤허는 사령관이 위급하다는 소리를 내어 돌아보니 이미 선장은 적한테 맞아 물에 빠진 상태였다. 그 사령관을 창으로 대항하여 죽음에서 구원하여 주었다. 벤허는 뛰어들어 사령관의 무거운 옷을 벗겨 주고 나무토막을 찾아 나무토막 위에 올라가 건져주어 구생하였다. 벤허는 이렇게 표류하다가 뒤에서 오는 로마군선에 의해 사령관과 함께 구원되었다.

로마시대 때는 무역을 하려면 반드시 군대가 필요하고 군대가 있자면 그 군대를 먹여 살리는 돈이 있어야 한다. 이 돈은 무역에서 오며 정치를 지배하는 것이 칼인 것처럼 로마군에 있어 해상을 정복해야만 세계를 지배하며 자유무역을 할 수 있었다. 영화 벤허는 그 당시 로마 함대의 역사에 대한 이해가 있었다. 벤허처럼 가족과 함께하려는 소망과 살아남으려는 생존의식이 노잡이로서의 삶에서 살 수 있는 유일한 희망이었다.

로마는 하루아침에 이루어진 것이 아니듯이 오랜 세월동안 싸우며 정복하고 이루어진 것이 로마제국이다. 오늘날 고대군선이 위험을 떨쳐 해양을 지배했던 것보다도 오늘날은 해기사의 능력과 무역의 역할이 나라를 새롭고 부요(富饒)하게 하리라고 믿는다.

삶의 욕망에 대하여

5기 기관학과 마성원

나는 나의 삶의 욕망이 어느 정도인지 잘 몰랐다. 그리고 또 내 삶의 욕망이 무엇이냐 하는 질문으로 깊이 고민해 본 적도 없었다. 조용히 안온하게 살아갈 때는 자신의 삶에 대한 욕망의 강약이 어느 정도인지 잘 모르는 것과 마찬가지로 나도 아직까지 그렇게 살아왔다. 그러나 나의 목숨을 걸 만큼 사랑해야 할 가치가 있는 그분이 주신 정말로 소중하고 아름다운 선물임을 피부로 느끼지 못하고 있었다.

삶에 대해서 사람마다 나름대로의 욕망이 있을 것이다. 벤허 영화를 보면서 삶을 사랑하기에 그 어떤 고난도 두려워하지 않고 모두 씩씩하게 감당해 내는 주인공의 삶을 보면서 나는 정말로 부끄러웠다. 과연 나는 저 정도의 삶을 사랑하고 있는 사람인가 하고 되묻게 되었고, 짧은 삶이라도 살아왔던 내 생활들을 돌이키게 된다.

주인공은 하나님을 진심으로 사랑했기에 하나님이 주신 자신의 삶도 사랑했고 또 최선을 다해서 살아간다. 노예의 신분으로 살아가는 자신이지만 하나님의 뜻이 있다고 생각하기에 감사하고 뜨거운 마음으로 삶을 살아가며 삶에 대한 욕망이 강렬했기에 모든 고난과 아픔과 슬픔을 이겨내면서 꿋꿋이 견뎌내었다.

"사랑은 오래 참고 사랑은 온유하며 투기하는 자가 되지 아니하며 사랑은 자랑하지 아니하며 교만하지 아니하며 무례히 행치 아니하며 자기의 유익을 구치 아니하며 성내지 아니하며 악한 것을 생각지 아니하며 불의를 기뻐하지 아니하며 진리와 함께 기뻐하고 모든 것을 참으며 모든 것을 믿으며 모든 것을 바라며 모든 것을 견디느니라."

주인공 벤허는 삶을 사랑했다. 사랑이 얼마나 중요하고 위대하고 강한지 누가 알랴. 하나님은 우리를 그토록 사랑하셨기에 독생자를 십자가에 못 박히게 하심으로써 죄인인 우리 인간들을 구원하셨다. 우리는 그러한 사랑을 받기에 택함을 받은 사람으로서 이 세상에 태어났으며 또 주어진 삶을 살아가게 된다. 하나님만을 바라보면서 산다는 것이 정말 쉽지 않은 일이다.

유혹이 너무나 많은 세상에서 우리가 하나님이 주신 선물(삶)을 주님의 뜻대로 아름답게 살아가기는 정말 쉽지 않을 것이다. 하지만 삶은 한 번뿐이고 다시 돌아오지 않으며 우리에게는 현재밖에 없다. 주어진 삶을 정말 죽기까지 사랑하고 최선을 다해서 산다는 것이 얼마나 보람 있고, 가치 있는 일인지 이제야 조금 깨닫게 되는 것 같다.

내가 지금 걷고 있는 길이 정말 인생의 마지막 길이라 해도 하나님 품 안에서 안식을 누리며 담대하게, 나를 힘들게 하고, 짓누르고 있고, 쓰러뜨리려 하는 세상을 향해서 나아갈 수 있는 삶을 살아가기를 나는 기도한다. 어지러운 세상과 타협하고, 세상 속에 빠지고, 세상에서 쓰러지는, 방황하고 휘청거리는 삶이 아니라 이러한 세상을 이기고, 아름다운 삶을 살 수 있는 세상을 만들기에 한몫을 하는 도구가 되고 싶다. 이러한 도구로 쓰임을 받기 위해서 겸비된 자로서의 준비를 하고 싶다. 겸비된 자로서의 준비를 위해서 항상 깨어 있는 자가 되고 싶다. 이것이 나의 삶의 욕망이다.

벤허가 살아가던 로마시대에 유대민족은 로마 식민지 백성으로 자신의 삶을 자신 스스로 지탱할 수 없던 시대였다. 그래서 벤허는 사형수로서 로마군선의 노잡이로 끌려가게 된다. 그는 내일을 기대할 수 없는 사형수이고 노잡이로 힘겨워 죽어 갈 수밖에 없었겠지만 그럼에도 불구하고 삶을 포기하지 않고 인내하며 하나님을 바라던 벤허는 신앙의 승리로 결국 자유의 몸이 된다.

벤허 영화 속에서는 로마시대의 선박의 모습과, 해군들의 전투활동, 또한 바다에 떨어진 사람들이 구조되기까지의 모습들 속에서 해상안전과 해상활동의 역사들에 대하여 많은 것을 배울 수 있었다. 그러므로 바다와 선박에 대하여 잘 알지 못하는 우리에게 해양사를 배우는 좋은 계기가 되었다.

로마군선과 해상전투

5기생 기관학과 김명수

　현대 선박에서는 모두 전산화 자동화되었지만 고대 로마시대의 군선은 어떻게 항행하고 전쟁하였을까? 「벤허」라는 영화를 통하여 살펴보기로 하자.

　벤허는 본래 유대나라의 고관 집의 자식이었으나 그 동생이 바로 부임하는 총독을 보기 위해 옥상에서 구경을 하다가 기왓장이 떨어져 총독이 상처를 입게 되고 이 일로 벤허는 동생의 죄를 대신 나서서 사형수가 되는데 로마군선에 끌려가 노잡이가 되었던 것이다.

　로마시대 군선의 추진력은 노와 돛이었는데 배가 항행하자면 노잡이가 많이 필요하기 때문에 로마시대 사형수들은 모두 로마군선에 끌려가 노잡이가 되었다. 한 척의 로마군선에 노잡이가 200명, 교대하는 사람이 50명이었다. 이때 노잡이들에게 필요한 것은 의지와 힘이있는데 신체가 건강하시 못하고 의지가 약한 사람은 얼마 동안 노를 젓지 못하고 쓰러지지 않으면 죽게 되었다.

로마군선에서 속도는 올리는 방법은 명령, 북소리, 채찍, 세 가지가 있는데 장관이 명령을 내리면 북 두드리는 고수가 그 명령에 따라서 빨리 두드리는데 이것은 속도를 조절하는 방법이다. 만약 노잡이들이 노를 빨리 젓지 못하면 병사들이 채찍으로 때리면서 빨리 젓게 한다. 그러다가 쓰러지면 그 노잡이를 배의 밑창에 가두어 놓고 교대하고 있는 노잡이를 그 자리에 배치한다. 이러한 로마군선과 같은 험악한 환경에서 노잡이들이 생존하자면 마음속에 자기를 구원해 주리라고 믿는 하나님을 믿는 신앙과 가족과 다시 만나려는 일념으로 존재함을 볼 수 있었다.

먼저 로마제국이 군선을 만들게 된 원인부터 찾아보자. 지금으로부터 약 기원전 2세기에 로마제국은 아시아와 아주 빈번한 해상무역을 가졌다. 고대 로마는 헬라를 타승한 후 지중해 패권을 틀어쥐었다. 이것으로 로마군은 강대한 실력이 필요할 뿐만 아니라 바다에서의 실력도 필요하였다. 그러나 마케도니아 사람들의 해상 장악으로 로마제국에서도 배를 만들기 시작했다.

그러면 로마군선의 모양과 무기들을 살펴보기로 하자. 선수 모양은 현악기처럼 높이 말아 올렸고 홀수선이 있는 선수 중간점에는 송곳같이 뾰족하게 돌출되었는데 다른 배와 충돌할 때 적군의 배에 큰 구멍을 내어 즉각 침몰시켜 좋은 우세를 차지하고 있다. 갑판에는 불덩이를 쏠 수 있게 하였는데 좀 떨어진 곳에 있을 때는 불덩이를 쏘아 그 배에 불이 붙게 하여 침몰하게 할 수도 있다. 가까이에 있을 때는 불화살을 쏘아 적군을 소멸하는데 방법은 간편하고 손해도 크지 않아 싸움할 때 매우 간편하다. 접전하여서는 창과 방패로 싸우는데 힘이 세고 영활하며 용감한 쪽이 승리할 수 있다. 그러나 접전하여서 싸우는 방법은 그리 좋지 않다. 왜냐하면 접전하면 배 위에서 싸워야 하기 때문에 배가 손상받고 침몰될 가능성이 많기 때문에 접전하여도 적군의 배에 가서 접전하는 편이 좋다. 두 배가 싸울 때 노잡이들이 생명을 돌볼 길이 없다. 그래서 먼저 쇠고랑으로 그들을 배에 묶어놓고 그들이 자리를 뜨지 못하게 한다. 원인은 위급할 때 노잡이들이 자신의 살길을 찾아 배를 이탈하게 될 것이기 때문이다. 그러면 배의 동력이 상실되고 혼란이 생기면서 싸움에서 패배하게 된다.

해상전투에서 배가 침몰되는 데는 충돌과 화재로 인하여 침몰된다. 배가 침몰됐을 때 살아나려면 몇 가지 사항에 주의해야 되는데 첫째는 배가 침몰되기 전에 먼저 배에서 벗어나야 한다. 둘째는 물건을 벗어야 한다. 몸이 무거우면 움직이기 바쁘고 저절로 가라앉게 되며 목숨을 잃게 된다. 셋째는 널빤지 같은 것에 의지해야 한다. 그래서 오랜 시간을 버텨낼 수 있고 생명도 구할 수 있다.

벤허 역시 이러한 사항을 기억하고 자기의 슬기와 용감성으로 다른 사람을 사랑하는 마음을 가졌기 때문에 험악한 환경에서 마지막까지 목숨을 구할 수 있었고 가정과 한자리에 모일 수 있는 기회도 가졌다. 영화 「벤허」에서는 이와 같은 해양지식, 삶의 의지, 신앙과 봉사 등이 로마시대라고 하는 역사의 무대 속에 나타난 해양인들의 역사적 삶의 환경과 활동을 엿볼 수 있는 좋은 해양사 사료 중의 하나라고 생각된다.

해상왕 장보고에 관하여

5기 항해학과 권 철

　해상왕 장보고 비디오를 시청하고 해양대학에 다니는 학생으로서 많은 것을 느꼈다. 장보고의 이름과 그의 역사는 현재 학교 다니는 나에게 엄청난 도전과 바다를 사랑하고 싶은 강력한 마음을 심어 주었다. 필자는 장보고의 뛰어난 기술과 지혜를 배우고 또한 그의 훌륭한 성품에 대해 지적하고자 한다.

　장보고의 출생과 함께 불확실한 것이 그의 이름이다. 말 그대로 많은 사람들은 장보고가 활에 재주를 가진 인물이었을 것이라고 추측하고 있다. 하지만, 중국이나 일본 기록에서 살펴보면 장보고의 의미는 깊다. 장보고의 이름이 중국 측 기록으로는 '장보고(張寶高)'로 전해지고 있다. 당시 신라 관습상 평민은 성을 갖지 못하게 되어 있었고, 따라서 중국에 있을 때 궁복이라는 소년시절의 이름 중에서 '궁(弓)'이 있는 '장(張)'을 성으로 갖게 되고 그것을 기록한 것이라는 이론이 있다.

그에 반해, '장(張)'씨 성을 가진 가문의 족보는 원래 그 아버지가 신라에 귀화한 중국인이라는 이론도 주장되고 있다. 국내외 기록에 의하면, 장보고는 하급 신분상의 문제에 비해 상대적으로 높은 지위에 오르게 된 것이 왕족에게 부담이 된 것으로 보인다. 그때 당시 장보고에게 하사된 관직인 '대사(大使)'나 '감의군사(感義軍事)' 등은 신라의 정식 관제에는 없는 것으로 드러났고, 이는 그를 위해서 없는 것을 만들어 낸 특수한 상황임을 감안할 때, 장보고가 입신한 사례는 남다른 경제원론이 낳은 희귀한 산물이었다.

그만큼, 그를 시기하고 그의 존재를 섬뜩하게 여긴 귀족들은 암살을 꾸몄지만, 막강한 군사력이 뒷받침된 장보고의 무력 제압은 불가능했다. 그로 인해 보이지 않는 어두운 자객 암살로 이어졌기에, 장보고의 거대한 규모의 활동에도 불구하고 죽음의 연도조차 확실하지 않다. 다만, 김우징의 왕위 쟁탈을 돕기 위해 서라벌로 진격한 839년의 2년 후가 되는 841년을 죽음의 연도로 보는 시각과 자신의 딸을 신무왕의 아들인 문성왕이 차비(次妃)로 맞이하려던 845년의 후인 846년을 죽음의 연도로 보는 시각이 있을 뿐이다.

이 외에 당시 중국 동해안 연변에서 활동하고 있던 재당 신라인 사회의 기반 역시 장보고 세력이 성장할 수 있는 또 하나의 배경이 되었을 것이다. 산동반도의 문등(文登)으로부터 그 이남의 해주(海州)·청도(青島)·초주(楚州) 등지에 일찍부터 신라인 밀집 거주구역[신라방(新羅坊)]이 형성되어 있었고, 이를 중심으로 신라인들온 그 이남의 명주(明州)·양주(楊州)·항주(杭州)·천주(泉州)·광주(廣州) 등지에서 무역 활동을 벌이는 한편, 멀리 한반도 서남해안 지역과 일본 북구주 지역을 상대로 한 국제 무역에까지 손을 뻗치고 있었다.

9세기 초에 중국으로 건너가서 해주와 가까이 있는 서주(徐州)에서 서주절도사 휘하 군단인 무령군(武寧軍)의 군중소장(軍中少將)의 지위에까지 진급한 장보고는 자연스럽게 재당 신라인 사회의 실상을 낱낱이 관찰할 기회를 가질 수 있었을 것이다. 그때 그는 신라인의 활약상과 함께 그들의 인권 유린의 참상도 수없이 견문했을 것이고, 이에 이들을 조직화할 필요성을 느꼈을 것이다. 828년에 귀국한 장보고는 흥덕왕을 배알하여 신라인을 당나라에 노예로 파는 국제 해적단의 만행을 고발하면서, 청해진 설치의 필요성을 역설하여 이를 관철시켰다.

그리고 1만여 국사조직을 갖춘 청해진의 대사(大使) 직에 취임하였다. 이를 통해 장보고는 중앙 정계와 인연을 맺게 되었으며, 청해진을 중심으로 서남해안 지역의 지방세력을 조직화하고 중국과 일본에 뿌리내린 신라인 사회와 연계하여 점차 동아 3국 간의 해상무역을 장악하는 주인공으로 떠올랐다. 이 과정에서 장보고는 중앙 정계와 깊은 인연을 맺게 되었고, 이 때문에 중앙 정치에 가담하지 않을 수 없게 된다. 836년에 흥덕왕이 죽자 원성왕계(元聖王系)의 후손인 균정(均貞)과 제륭 사이에 왕위를 둘러싼 쟁탈전을 야기하였으며, 양파 간에 일대 전투가 벌어지기도 하였다.

그리하여 결국 제륭이 시중(侍中)인 김명(金明)의 후원을 받아 전투에서 승리하여 균정을 죽이고 왕위에 올랐다[희강왕(僖康王) 균정의 아들 우징(祐徵)과 균정을 후원했던 김양(金陽)은 청해진으로 도피하여 장보고의 보호를 받으면서 후일을 도모하였다]. 그러던 중

중앙에서 김명이 다시 정변을 일으켜 희강왕을 죽이고 즉위하는 사건이 발생하자[민애왕(閔哀王)], 청해군 세력은 왕경으로 진격해 들어가 왕을 죽이고 우징을 새로 즉위시켰다[신무왕(神武王)]. 이에 장보고는 일등 공신이 되어 신무왕에 의해 감의군사(感義軍事)에 봉해지고 신무왕의 아들로써 뒤를 이어 즉위한 문성왕에 의해 진해장군(鎭海將軍)에 봉해지는 등 최고의 영예를 누렸다. 그를 추종하던 정년과 염장 등도 전공에 비추어 중앙에서 상당한 예우를 받았다. 모주 출신의 지방세력이 장보고로 인해 중앙 정계에 진출하는 기회를 잡았던 것이다.

그러나 문성왕 때 장보고의 딸을 차비(次妃)로 들이는 문제를 둘러싸고 양자 사이에 틈이 생기기 시작하였다. 중신들의 반대로 차비 간택이 좌절되자 장보고는 원한을 품고 급기야 반란을 일으켜 한때 중앙을 위협하기도 하였으나 결국은 846년에 왕실의 사주를 받은 무주의 지방세력 출신의 염장에게 암살당함으로써 반란은 좌절되고 말았다. 한 시대 동아 삼국의 국제무역을 주름잡던 불세출의 영웅은 이처럼 국내 정치권의 갈등 속에서 어이없는 희생양이 되어 최후를 마쳤던 것이다. 그것도 그가 믿었던 동향(同鄕)의 인물에 의해 쓰러졌다는 것은 역사의 아이러니가 아닐 수 없다.

장보고가 피살된 이후 청해진 조직은 완전 해체되었다. 청해진은 철폐되고 장보고를 지지하던 청해진의 주민들은 대부분 벽골군(碧骨群)[오늘날 김제]으로 강제 이주당하였다. 그러나 그 후에노 서남해안 시역의 국제무역 중심지로서의 지위는 고려 후기까지 이어져 민간 차원에서 유지되어 갔던 것으로 보인다. 고려시대에 강진 대구면 지역을 중심으로 성립·발전해 간 청자문화나 완도·신안·무안·해남 일대에서 발굴된 해저유물을 통해서 한·중·일 3국 간의 도자기 무역의 흔적을 확인할 수 있다는 점이야말로 그 확실한 예증이 될 것이다. 장보고 세력이 영산강 유역의 서남해안 지역에 끼친 역사적 영향력은 이처럼 지대한 것이다

이와 같이 해상왕 장보고를 보고 해양이 이만큼 발전해 온 것은 단순히 이루어진 것이 아니라 장보고와 같은 많은 선배들의 노력과 헌신을 통해서 이루어졌다는 것을 더한층 깊게 느끼게 되었다. 또한 해상왕 장보고의 비디오를 시청한 후 한 사람의 올바른 헌신과 노력은 많은 사람들에게 후세에 아름다운 영향력을 주고 이 세상의 어떤 것에 한번 도전할 필요성이 있다는 것을 심어준다는 놀라운 사실을 발견하여서 너무나도 감사하다.

특별히 우리를 사랑하여 해양사 시간을 마련해 주신 문희주 교수님께 진심으로 감사를 드린다. 한 학기란 짧은 시간을 통해서 해양사 시간이 바다의 지식을 배우고 앞으로 해양인의 꿈을 가지고 바다로 진출하는 우리 학생들에게 너무나도 없어서는 안 되는 중요한 시간으로 간주되었고 가장 소중한 시간이었다. 하지만 그 시간을 그렇게 중요하게 생각 못 하고 아끼지 않았다는 점에서 교수님께 한편 미안하기도 하다.

짧은 시간을 통해 저도 모르게 너무나 많은 지식들을 배우게 되었고 바다를 더욱 사랑하는 마음을 가졌고 또한 하나님이 나를 중국 연변해양대학에 붙여주신 놀라우신 계획과 뜻을 알게 되어서 너무 감사하다. 앞으로도 우리 학교를 향하신 하나님의 놀라우신 일들을 기대하

게 되며 이번 8월 21일에 거행하게 되는 10주년 해양대축제를 더욱 놀라운 눈길로 바라보게 된다. 이번 봉사에 더욱 힘을 들이고 학교를 위해 뭔가 헌신하고 싶은 간절한 마음들이 내면으로부터 솟구쳐 오른다. 마지막으로 해양사 시간을 위해 끝까지 수고하신 문희주 교수님께 다시 한 번 감사를 드린다.

해상왕 장보고에 관하여

5기 항해학과 김광일

장보고는 통일 신라 중엽의 인물로서 청해진과 중국의 산동반도를 주 무대로 동아시아 해상권을 휘두른 바다의 왕자였다. 또한 세계사에 자랑할 수 있는 영웅임을 부정할 수 없다. 필자는 장보고의 생애와 이상(理想)에 대해 살펴보고 우리가 장보고에게서 배우고 도전받아야 할 점들을 해양사를 배우는 학생으로서 지적하고 싶다.

장보고는 정확히(AD800-809) 신라의 위대한 모험가요, 청해진을 세계무역의 전진기지로 만든 해상왕이다. 그 인물 전승은 오히려 국내에서 끊긴 불행한 영웅이다. 그의 생애와 당시 신라인들의 중국 대륙에서의 활약한 것을 한국에서도 기록하였지만 중국 측 기록으로는 정사의 하나인 『신당서』 제220권 「동이전」과 「신라전」에 관련 기사가 실려 있다.

이는 당나라 시인 두목이 지은 『번천문집』 제6권의 「장보고 정년전」을 그대로 인용한 것이다. 중국에서는 시인 두보에 비견된다 하여 '소두'라고 불리던 두목 시인이 장보고의 전기를 지어 후세에 전할 만큼 장보고는 중국에서 크게 존경받던 위대한 인물이었다. 이렇듯, 그 이름을 세계에 널리 떨치고 동아 삼국인 중국, 일본, 한국의 정사에 두루 기록된 국제적 인물은 장보고 말고는 전무후무하다.

당시 세계는 동양세계와 서양세계로 양분되다시피 상호 간에 교통이 불편했고, 서양세계는 해적 바이킹 족의 출물로 전전긍긍했던 사실에 비추어 볼 때 장보고는 세계사에 가장 자랑스럽게 내세울 수 있는 현대적 의미의 "국제해양인"이라 말할 수 있다. 이처럼 우리는 장보고가 얼마나 위대한 인물이고 해양계의 첫 길을 개척한 아주 존경스러운 선배라는 것을 느낄 수가 있고 장보고로 인하여 자부심을 가지게 된다.

한편 신라인들의 중국 대륙 무역기지격인 집단 거류지나 신라방은 산동성 적산촌과 대운하 요충지인 초주, 연수항, 양주를 비롯하여 연웅항 일대에 뻗쳐 있었고, 나아가 페르시아 상인이 출입하는 양주, 영파, 천주에까지 요소요소에 박혀 있었다. 한반도 청해진에서 이들 지역에 도달하기 위해서는 황해나 남중국해를 항해해야 하는데 지금까지 알려지기로는 최소한 세 개의 고정항로가 있었다. 그 가운데 당시에 가장 많이 애용된 항로가 이른바 '항해 횡단 항로'였다. 이 항로는 백제와 신라가 가장 많이 이용했던 항로이기도 하다.

장보고 시절엔 신라, 당, 일 간의 길목인 완도의 청해진을 떠나 한반도의 서남 해안을 따라 거슬러 올라가 충청도의 당진 이안 또는 웅진에서 황해를 횡단하는 경우가 가장 많았던 듯하다. 오직 그 당시의 사람들이 남중국항로와 북중국 항로를 장악하고 황해와 동중국해를 주름잡게 된 배경에는 기본적으로 다도해를 거느리고 있는 지금의 서남해안 일대의 지리적 인문적 숙명성과 연결된다.

이 지역에 일찍 정착한 백제 사람들은 예로부터 바다를 다스리는 지혜와 기술을 체득하고 축적해 왔었다. 특히 청해진 앞 바다와 다도해 지방의 밀물과 썰물의 변화, 대륙에 가로막힌 황해의 소용돌이 등 무궁무진한 변화를 일찍부터 터득한 이 지역사람이 아니고서는 범선에만 의존하던 당시의 뱃길을 감히 자신 있게 운항할 수가 없었다고 말해도 지나치지 않다.

세계 역사상 가장 찬란했던 해양 상업 제국의 무역왕자, 장보고의 혼과 피와 본능이 지금도 계속 우리 몸속에 살아 숨쉬고 있는 것이다. 바다는 우리에게 과거만 묻는 것이 아니라 현재와 미래를 가리키고 있다. 일찍이 우리 선조들은 산동반도를 디딤돌로 삼아 황해와 동지나해를 지배하였다. 한, 중, 일 삼국의 해운과 국제 무역 활동에서 가장 빛나는 업적을 남겼다. 이처럼 영국의 엘리자베스 1세가 말한 것처럼 "바다를 지배하는 자가 세계를 지배한다."는 말은 그때나 지금이나 변함없는 진리인 듯하다.

인간은 지금도 끊임없이 바다와 싸우고 있다는 사실을 우리의 선배인 장보고로부터 보여주고 있다. 해양사를 배우고 또 연변해양대학에 다니는 우리들로서 바다에 대해 관심 있는 것은 당연하지만 바다와 싸우고 또 싸워서 또 정복하고 도전하는 장보고와 같은 역사인물들을 우리의 마음에 간직하고 존중하는 것은 마땅히 해야 할 임무라고 생각된다.

해양사 시간을 통해서 해양인의 꿈이 한층 더 높은 수준으로 바꾸어지기 시작하고 가치관도 많이 변화되었다. 우리를 위해 수고하시는 문희주 교수님께 진심으로 감사를 드린다. 앞으로도 해양인의 꿈을 꾸며 나도 장보고처럼 멋있는 바다의 선배가 되기 위해 최선을 다하겠다.

해양인 장보고의 일생

5기 항해학과 한창걸

필자는 해상왕 장보고에 대하여 관심을 갖고 여러 도경을 통해서 찾아보았다. 장보고는 한국의 역사상 최초로 무적함대를 이끌고 나가 바다를 개척하여 동양 3국 제해권을 장악한 위대한 바다의 영웅이었다. 또한 한 시대 삼국의 국제 무역을 주름잡던 불세출의 영웅이었다. 필자는 때늦게 해양사 시간을 통해서 장보고를 알게 된 것이 참으로 아쉬웠고 또 지금까지 한민족에 이러한 해상의 영웅이 있는 줄 모르고 지내 온 자신이 부끄러웠다. 필자는 장보고를 도서관 자료, 인터넷 등에서 자료를 읽고 느낀 점들이 많았다.

한 가지 절실하게 안겨오는 것은 현시대 해양인으로서 반드시 장보고와 같은 지혜와 용기, 포부(꿈)가 필요하다는 것이다. 이런 점에서 볼 때 장보고는 우리 해양의 선배로서 우리가 포기할 수 없는, 우리의 본보기로 삼아야 할 해양인이다. 해양사의 한 부분인 고대 한민족이 해상활동을 서술함으로써 한민족이 해양사에서 해양인의 끼친 역할에 대하여 올바른 역사의식을 갖추는 것이 필자의 제일 큰 소원이다.

장보고는 한반도 서남해안의 완도라는 섬에서 신라 애장왕(AD 800 −809) 시기에 태어났다. 어린 시절의 장보고는 무예와 함께 사람들을 지휘하는 통솔력을 지녔다. 장보고는 일본과 중국에서까지 잘 알려져 있고 신으로 모셔지고 있다. 장보고의 영정은 당시 일본의 서울인 적산서원과 중국의 롱칭시에 있는 적산 법화원에 있다. 한국의 三國史記, 중국의 新唐書, 일본의 日本後記 등 서적에 장보고의 역사 사실들이 기록되어 있다.

한반도는 지리상 일본의 다리역할을 하는 이점을 갖고 있었다. 장보고는 바로 이 이점을 이용하여 서남해안에 위치한 완도에 무역기지인 청해진을 설치했는데 바다를 통하는 길목에서 해류, 바람 등을 잘 이용할 수 있었고 거기에다 탁월한 조선술과 장보고 선단의 뛰어난 조직력으로 동아시아 주인 역할을 감당하였던 것이다.

흥덕왕 시기에 장보고는 청해진대사라는 칭호를 받았다. 그 당시에는 각 나라마다 무역품들을 매우 엄격한 관리하에 행해졌는데 장보고의 무역만은 국가의 통제를 받지 않았다. 뿐만 아니라 그의 무역품들은 각 나라 임금의 호평을 받아서 자유로운 무역을 할 수 있었다. 거기에다 청해진의 유리한 지형, 장보고의 탁월한 조직력으로 중, 일 간의 무역을 이끌어 낼 수 있었고(지금 일본의 정창원에서는 그 당시의 무역품−유물품들이 많이 보관되어 있다.) 동아시아 정세, 너 나아가서는 세계정세를 판단할 수 있었다.

때문에 장보고의 무역은 동아시아뿐만 아니라 서역의 물품을 중국에서 사서 일본에 팔고 일본의 물건을 중국과 서역에 팔았다. 지금의 산동성 원덕현 츠산촌에는 90년대에 복원된 법화원이 있는데 이곳은 장보고 해상군단의 중국 내 거점으로서 승려가 무려 30명이 상주하였으며 연간 500섬 이상을 추수하는 큰 사찰이었다고 한다.

장보고가 이끄는 신라 무역선단은 군사조직과 무역조직의 이원적 시스템으로 구성되었다. 이는 청해진의 조직체계에서 알 수 있다. 청해진은 병부(군사체계), 민부(무역체계), 재당민(해외자치체계)으로 형성되었다. 그는 기존 무역의 틀에서 벗어나 자유로운 교역의 틀을 이룩하였다. 즉 국가 중심적으로 이루어지던 공무역을 개인활동의 자유를 보장하는 사무역체계로 유도하여 본질을 변화시켰다.

그리고 장보고는 당, 일본과의 거래는 물론 아라비아, 페르시아, 동남아시아 등 무역거래 관계를 넓힘으로써 국제무역을 활성화시켰다. 청해진에 본거지를 둔 장보고선단은 서해안에서 활약했던 군소 해상세력(물류업자)과 당과 신라, 상류층(소비자)을 연계하는 국제무역망을 갖고 있었다. 이때 청해진은 거대한 무역조직으로 오늘날의 종합상사나 다국적기업과 같은 무역거래를 했음을 의미한다.

지금도 중국대륙과 일본의 곳곳에는 신라인들과 장보고의 발자취가 역력히 남아 있다. 그런 의미에서 장보고는 고대 해상민족이었던 한국인의 원형이라고 말할 수 있다. 대륙경영과 세계사의 개척이라는 창조적인 이상으로 내연시키다가 비록 비명에 갔을망정 장보고는 한민족의 기개와 지혜를 나타냈고 한민족도 해양상에서 모든 것을 할 수 있다는 신심을 불어 주었다.

이제 21세기 태평양시대의 개막에 임하여 다시 한민족이 동북아시아의 패자로 일어서느냐 아니면 다시 평범한 나라로 전락하느냐는 오로지 우리 당대의 결심 여하에 달려 있다. 한민족에도 장보고와 같은 해양 인재들이 더욱 필요하다. 사나이로 태어나 두 번 죽으랴! 세계 해양사의 개척을 위해 큰 포부를 가진, 지식과 실력으로 무장된 바다 사나이로 등장하기 위해 다 함께 분투해야 할 것이다.

발해인 발해국

5기 항해학과 최일(A)

발해국은 699년 고구려의 유장 대조영이 만주 동부에 세운 나라이다. 제15대 애왕 때인 927년에 거란족의 통일국가인 요나라의 야율아보기의 침략을 받아 망할 때까지 15대 288년간 존속하였다. 가장 번성하던 시대의 영토는 동쪽은 현재의 동해, 북쪽의 쑹화강, 헤이룽강에서 북방민족과 접하고, 서쪽은 장춘, 선양, 요양 등을 잇는 선에서 거란, 당나라와 국경을 접하고 있었으며, 남쪽으로는 함경남도 용흥강 부근에서 신라와 마주하고 있던 동북아의 대국이었다.

거란족의 야율아보기가 요나라를 세운 후 중국으로 세력을 뻗치기에 앞서 먼저 배후의 발해부터 공략하기로 하고 927년에 정월 발해의 부여성을 함락시키고 수도 상경용천부를 포위하자 애왕은 아무 저항 없이 항복하여 288년간 존속하였던 발해는 역사 속에 사라졌다.

발해가 망한 후 발해유민들의 광복운동이 끊임없이 일어났는데, 그 중 후발해라고 할 수 있는 서경압록에서 일어난 정안국의 활동이 가장 두드러졌다. 그 후에도 광복운동은 되풀이되어 1029년에 요양을 중심으로 대연림이 이끈 흥료국이 세워졌는데 거란의 공격을 받자 고려에 도움을 청하였으나 거절당하고 1년 만에 망하였다. 그리하여 흥료국의 고위관리와 발해 유민들은 고려로 망명의 길을 택하였다.

발해의 관제는 대개 당나라의 제도를 모방하였는데 중앙에 3성, 즉 당의 상서성에 해당하는 중대성, 문하성에 해당하는 선조성을 두었다. 최고 행정기관인 정당성은 다시 6부로 나뉘어져 있는데 장관인 대내상 밑에 좌사정을 두고, 그 밑에 충부, 인부, 의부를 두었으며, 우사정은 지부, 예부, 신부를 거느렸다.

이와 같이 당나라의 3성, 6부, 9시 위 부의 제도를 그대로 모방하였으면서도 명칭만은 특이하게 고쳐 불렀다. 지방행정은 5경, 15부, 62주로 나뉘어 다스렸다. 5경은 상경용천부, 중경현덕부, 동경용원부, 남경남해부, 서경압록부이며 15부와 62주의 위치는 어디인지 자세하지 않다.

발해의 문화는 고구려의 유민들과 말갈족의 문화를 토대로 하여 당나라의 문화를 받아들여 이를 혼합한 문화라 할 수 있다. 일반사회에는 샤머니즘과 원시 종교가 있었으며, 이와 함께 고구려시대에 이미 널리 퍼진 불교가 성행하였다. 교리상 발전을 본 것은 별로 없지만, 정소법사 등이 당나라에 유학한 기록이 있으며 승려들과 함께 입당한 유학생이 많았다. 귀족들 사이에는 한문학이 성하여 일본에 간 사신들에 의해 일본 문인들과 주고받은 시문이 약간 남아 전하여진다.

발해의 도성은 당나라의 수도 장안을 그대로 모방하여 동서 4650m, 남북 3530m에 높이 4m의 토성을 쌓고 그 중앙부분에 다시 내성을 쌓았으며 황성남문에서 나성 남문까지 일직선으로 뻗은 주작 대로를 중심으로 좌경, 우경을 구분한 것이 소장안이라 할 수 있다. 산물로는 수렵에 의한 모피류가 유명하였으며 자연산인 인삼, 밀랍들도 주요 상품이었다. 상경과 동경의 유적에서 발굴된 유물을 살펴보면 당나라의 것을 모방한 것이 많다.

따라서 발해의 문화는 고구려 문화의 전통을 이어받아 거기에 당나라 문화를 가미하여 새로운 문화를 발전시켰음을 엿볼 수 있다.

해양민족으로서 우리의 다짐

5기 기관학과 렴세준

필자는 「발해는 왜 동해를 건넜는가?」라고 하는 비디오자료를 시청하고서 뛰어난 해상민족으로서 발해의 국제적 정세와 외교관계 그리고 그들의 무역과 우리 민족의 해상활동에 대하여 알아보고 우리의 모습을 다짐하여 보고자 한다.

발해는 외국과 통하는 여러 갈래의 길이 있었지만 동해를 건너서는 일본으로 갈 수 있었다. 발해가 동해를 건너서 일본으로 항해할 수밖에 없었던 이유는 그 당시 당나라와 신라 두 나라에서 연합하여 친선과 우의를 다질 뿐 아니라 무역을 통한 경제 관계를 유지할 수밖에 없었다. 발해는 동해를 건너 항해하기 위해서는 겨울에 동해에서 배를 띄워서 계절풍을 이용하여 후쿠미항에 도착하였다. 발해인들은 도자기 또는 각종 짐승가죽, 약품 등을 가지고 일본과 무역을 함으로 많은 경제적 이득을 얻을 수 있었다.

이처럼 발해인들이 무척 강한 바람을 무릅쓰고 나갈 수 있었던 것은 고도로 발전한 조선기술과 항해기술이 있었기 때문이다. 그래서 그들은 5미터나 되는 파도를 무릅쓰고 나갈 수 있었다. 발해 배의 모양은 앞머리가 뾰족하고 높이 펴져 있다. 그리고 두 개 이상의 돛을 가지고 있었다. 당시의 무동력선으로 항해한다는 것은 매우 어려운 일이었다.

그들은 한번 출항하면 목숨을 보존하기 어려웠으므로 게다신사에서 제사 드리고 기도하며 그저 목숨을 보호해 달라고 순리롭게 해달라고 기도했을 것이다. 그들은 하나님을 몰랐기에 당연히 그럴 수밖에 없었을 것이다. 이것은 마치 우리가 하나님께 기도하며 모든 근심 다 주님께 맡기고 항해해 나가야 할 우리의 모습과 비교해 볼 수 있을 것이다.

발해인들은 뛰어난 조선기술을 가지고 있었을 뿐 아니라 항해술에 있었어도 발해인의 뛰어난 모습을 지금도 상상할 수 있다. 우리들의 선조들이 이렇게 뛰어나다는 것을 생각할 때마다 우리는 자신감을 가지게 된다. 특별히 우리들은 배를 타야 할 예비 해양인으로서 이런 자신감을 가지게 될 때 국제무대에서도 우리 민족의 이름을 높일 수 있다고 본다. 발해는 해동성국이라 불리기도 하였는데 이는 '바다동쪽의 꿈을 이룬다'는 의미이다. 발해인들의 해상활동을 뒤돌아볼 때에 그들의 해상활동에 대한 뛰어난 지혜를 알 수 있었다.

발해인의 뒤를 잇는 장보고는 신라 말기의 사람으로서 항해술과 무역 방면에서 뛰어났다. 장보고는 일본, 조선, 중국 더 나아가서 유럽에 이르기까지 길을 이어 놓았다. 이런 역사적 사실을 볼 때마다 발해인의 핏줄을 이은 조선족들은 정말로 하나님이 주신 뛰어난 조선술,

항해술, 무역능력을 가진 해양 민족임을 알 수 있다.

이러한 해양민족의 후계자로서 이순신과 같은 해군제독을 볼 수 있다. 그 당시 거북선이 일본이 침략을 막았는데 그의 조선기술과 전투능력을 국제조선사, 해전사에 있어서 실로 빛나는 역사적 자존심이요 놀라운 능력이라고 할 수 있다. 그래서 지금도 이순신 제독의 거북선의 조선술과 일본과의 해상전투에 대하여 말하는 사람이 많다.

우리는 이처럼 뛰어난 해양민족으로서 좋은 선배들을 많이 가지고 있다는 데 자신감을 가지고 공부하고 승선하여 새 시대의 바다를 열어 나가는 해양인이 되어야 하겠다.

바다를 정복하는 사람이 이 세상을 정복할 수 있다. 바다는 이와 같이 우리 민족과 친밀한 관계 속에 있음을 알 뿐만 아니라 비록 그들은 무한한 미지의 세계를 불상 앞에서 제사하고 나갔지만 나는 하나님을 믿는 신앙 안에서 이러한 하나님 사랑과 바다사랑 민족사랑이라는 생각으로 더욱 매진하는 해양인이 되고자 한다.

타이타닉호와 우리의 다짐

5기 항해학과 황철남

    비극, 비극이라면 많은 사람들이 문득 슬픔과 아쉬움 따위를 생각하게 될 것이다. 비극은 물론 많은 경우에 슬프고 아쉽다. 뿐만 아니라 사람들에게 많은 교훈과 계시를 해 주곤 한다. 과연 비극이란 어떤 것일까? 얼마 전 나는 [Titanic의 비극]을 보고 많은 생각에 잠겼다.

    1912년 4월 14일 세계에서 호화롭기로 으뜸인 세계에 가라앉을 수 없는 선박으로 알려진 Titanic호가 2.224명의 여객과 함께 유럽에서 뉴욕까지 첫 항차로 출항하였다.

    배의 총톤수는 46.000t이고 16개 선창을 가졌으며 4개 선창이 고장나도 항해에 방해가 되지 않을 정도로 아주 튼튼한 선박이었고 또 신도 이 선박을 침몰시킬 수 없다는 선호까지 부르면서 사람들은 그 선박을 믿었다. 22㎞의 속력으로 바다를 가르며 전진하는 그 선박의 모습은 그럴 만도 하지 않았을까 싶었다. 이런 여객선을 타고 있던 많은 여객들은 그 어느 때보다 뜻 깊은 여행이 아닐 수 없었다.

그들 모두는 환락에 도취되어 즐거운 시간만 구상할 뿐 온 세계를 들썩이게 하는 재난과 공포가 뒤따를 줄은 누구도 예측할 수가 없었다. 이튿날 새벽 끔찍한 공포와 더불어 약 100ft 더 되는 빙산이 2천여 명의 생명과 이 큰 선박을 위협하기 시작했다. 당시는 레이더가 없었으므로 오직 항해사들의 눈에만 의지하여야 했다. 하지만 항해사들이 빙산을 발견했을 때는 이미 충돌한 뒤였다. 절대 가라앉을 수 없다던 Titanic호의 선창 5개가 구멍이 뚫려 그 공포의 비극이 시작되었다.

그 선박의 구명정은 1,178명의 사람밖에 태울 수 없었는데 아이들과 여성을 우선으로 인명구조가 시작되었다. 이때 주위에 약 20마일쯤에 칼리포리아호가 있었는데 그 배의 항해사들은 구조신호를 Titanic호의 침몰까지는 생각조차 못 하고 그냥 축제로 간주하고 또 다른 선박이 구조신호를 받고 그 지점에 도착했을 때는 이미 모든 것이 끝난 뒤였다. 그 죽음과 생명을 앞에 둔 그 시각 사람들의 태도는 어떠했을까?

죽음 앞에도 평시와 변함없는 신사 같은 사람들이 있는 동시에 그렇지 못한 사람들도 아주 많았다. 생명의 마지막 순간 죽음이란 공포 앞에서 그들의 행동이 충분히 이해되지만 끝까지 자기의 책임을 다한 선원들의 모습, 끝까지 하나님을 찬양하며 분위기를 안정시키는 연주자들 모습, 죽어도 같이 죽겠다며 끝까지 함께하는 늙은 부부들, 과연 무엇이 그들을 그렇게 아름답게 할 수 있었을까!

반면에 자기 목숨을 구하기 위하여 권세와 돈으로 우선순위를 차지하는 사람 다른 구명의를 빼앗는 사람들, 심지어는 여자로 가장하는 사람, 과연 위의 사람들과 무엇이 다를까? 아무리 권위와 돈이 있고 위대한 사람들이 있었을지라도 생명에 대한 애착은 조금도 양보가 없어 보인다.

그 짧디 짧은 한 시간 반이라는 시간 동안 2,224명 중 700명을 제외하고는 귀한 생명이 고요한 새벽의 대양 속에 아니, 공포의 새벽 속에 조용히 "신도 침몰시킬 수 없다던 여객선"과 함께 가라앉아 수 세기동안 사람들의 마음을 아프게 하는 역사를 빚어냈다.

또한 Titanic호의 비극은 후세기 사람들로 하여금 해양반전에 보다 큰 관심을 갖게 하였으며 해상에서 인명구조에 대한 한층 더 깊은 예비와 해상에서의 많은 규칙과 법을 더욱 철저하고 완벽하게 할 수 있도록 하였다. 타이타닉호의 침몰은 우리에게 하나님이 존재와 하나님을 의지할 수밖에 없다는 사실을 많은 사람에게 가르쳐 주었고 그분 앞에서 무릎 꿇도록 하였다.

타이타닉호의 침몰과 해기사의 역사의식

5기 기관학과 박호남

필자는 타이타닉호의 해난사고에 대한 경위와 과정들에 대하여 소개함과 아울러서 이 해난사를 통하여 해기사가 가져야 할 역사의식에 대하여서 나의 의견을 피력하고자 한다.

1907년 영국에서는 올림픽호와 타이타닉호라는 2개의 호화 유람선을 만들기로 계획하고 '브리태닉호는 나중에 건조함.' 지금의 북아일랜드 수도인 벨파스트의 할랜드-월프 조선소에서 1908-1909년 사이에 올림픽/타이타닉호를 건조했다.

드디어 1912년 4월 10일 수요일, 사우스샘프턴에서 승객과 짐을 싣고 대망의 처녀출항을 한다. 다음날 오후 아일랜드 퀸스타운을 거쳐서 뉴욕을 향해 전속력 항진을 한다. 바람 한 점 없는 대양은 엄청난 재앙을 암시하는 듯했다.

4월 14일 화창한 일요일 낮, 항해 동안에 계속해서 7번이나 빙산 경고를 보고받았다. 그럼에도 불구하고 배의 속도는 계속해서 전속력으로 항진한다. 호화 유람선의 파티가 무르익어 갈 무렵 바로 눈 앞의 빙산을 발견하고 타이타닉 호는 급회전을 한다. 그러나 너무 무리였을까 빙산은 타이타닉의 우현 허리를 스치면서 상처를 낸다 (오후 11시 40분).

타이타닉, 하나님도 침몰시키지 못한다던 이 배의 침몰과정을 적 어 보도록 하겠다.

1911 / 03 / 31 타이타닉호 성공적으로 진수

1912 / 01 / 16 16개의 구명보트와 접을 수 있는 보트를 타이타닉에 넣음

1912 / 03 / 31 타이타닉 출항 준비를 끝냄

1912 / 04 / 10 수요일―출항일 오전 09:30~11:30: 사우스샘플턴에 서 승객과 짐들을 실음.

정오: 타이타닉 처녀 항해 시작.

오후 06:30: 프랑스의 cherbourg에 닻을 내림.

오후 08:10: 아일랜드의 퀸스타운을 향해서 항해 시작…

04 / 11 목요일 오후 01:30분: 아일랜드 퀸스타운에서 미국 뉴욕을 향 해서 출발.

04 / 12~13 금요일 / 토요일: 바람 한 점 없고 고요한 날씨 덕택에 뉴욕을 향해 전속력 항진을 한다.

04 / 14 일요일: 낮 항해 동안 7개의 빙산 위험성을 보고받는다.

오후 11:50: 물이 타이타닉의 앞부분에 14피트나 차오르기 시작함.

04 / 15 월요일 오전 12:00: 선장은 몇 시간 동안은 배가 물 위에 떠 있을 수 있다고 말하고 밖으로 구조요청을 했다.

오전 12:05: 구명보트의 뚜껑을 벗기고 갑판에서 승객과 선원을 태

울 준비를 했다. 그러나 약 2.227명이나 되는 사람들이 보트에 타기란 턱없이 부족했다.

오전 12:25: 여자와 어린애들을 먼저 구명보트에 태우라고 지시했다. 타이타닉호의 남동쪽 58마일 해상에 있는 카르파티아호로부터 조난 신호를 포착했고 즉시 전속력 항진을 해서 구조하겠다는 연락이 왔다.

오전 12:45: 첫 번째 구명보트는 안전하게 바다에 띄워졌다. 구명보트는 65명이 탈 수 있는데 겨우 28명만 실었다. 첫 번째 구조탄이 하늘을 향해 터졌다.

오전 01:15: 갑판이 기울기 시작하면서 사람들이 물에 빠지기 시작했다. 구명보트는 이미 대만원이었다.

오전 01:40: 대부분의 구명보트는 내려지고 승객들은 배의 선미로 이동하기 시작했다.

오전 02:05: 마지막 구명보트가 떠났다. 현재 선체에는 1,500명의 사람들이 침몰하는 배 위에 남아 있다. 타이타닉 갑판이 더욱더 기울기 시작하면서 사람들이 물속으로 빠져든다.

오전 02:17: 마지막으로 구조요청을 한다. 스미스 선장은 그의 선원들에게 "자기 몸은 자기 챙겨라."라고 말한다. 타이타닉의 허리가 잘린다. 많은 승객들은 갑판에서 뛰어내리고 기선의 연통이 앞쪽으로 떨어지면서 수많은 사람들이 압사했다.

오전 02:18: 배의 전원이 깜빡거리더니 전원이 완전히 나갔다. 몇몇 생존자들은 배가 두 동강이 나는 것을 보았다. 타이타닉의 허리 부분이 침몰했다.

오전 02:20 타이타닉의 잘리어진 선미 부분이 물속으로 처박히며

몇 분 동안 수평을 이루더니 침몰했다.

오전 03:30: 구명보트를 타고 있는 생존자들이 구조선인 카르파티아호의 구명탄을 발견했다.

오전 04:10: 첫 번째 구명보트는 카르파티아호에 의해서 구조되었다.

오전 08:50: 카르파티아호는 705명의 생존자를 싣고 뉴욕으로 떠났다.

04 / 18 오전 09:00: 카르파티아호 뉴욕 도착

이것이 타이타닉의 건조와 침몰과정이다. 타이타닉이 침몰한 후…

04 / 19 ~ 05 / 25 미국 상원에서 타이타닉의 사고경위를 조사

04 / 22 ~ 05 / 15 몇몇 배들은 시신을 찾기 위해서 조난 해역으로 떠났다.

사고 지역에서 총 328구의 시신을 찾았다.

05 / 02 ~ 07 / 03 영국에서 타이타닉의 사고경위 조사 타이타닉의 침몰로 인하여 해상안전에 관한 조치와 기구가 추가되었다.

1913 / 04 타이타닉의 사고로 인하여 국제 빙산 순찰단이 북 아틀란틱 해안을 따라 탄생했다. 또 구명정을 인원수보다 여유 있게 준비하도록 되었다.

타이타닉의 침몰은 우리 항해사들에게 경종을 울려주고 있다. 역사 이래 인간이 바다에 나가서 바다를 지배하는 데 배는 없어서 안 될 도구이다. 그러나 인간이 이 도구를 어떻게 사용하는가에 의하여 인간이 바다를 지배하느냐 못 하느냐 하는 문제가 생기는 것이다. 해상에서의 안전은 항해사들의 공통된 의무로서 자신의 직책을 다함으

로써 선박이라는 이 하나의 공동체의 안전을 항해사들의 두 손과 명철한 두뇌로써 판단하는 데에 달렸다. 바다를 제패하려는 꿈을 가진 우리는 반드시 이 바다라는 무한한 미지의 세계를 헤쳐 나감으로써 우리의 꿈을 익혀 나가야 한다.

타이타닉의 침몰이라는 해난역사를 통해서 우리는 "하나님도 침몰시키지 못한다."는 자만에 빠져서 자기의 직책을 태만하거나 항해 이외에 덜 중요한 일들 때문에 빙산의 경고를 듣지 못하는 우를 범해서는 안 될 것이다.

하나님도 침몰시키지 못한다는 불신앙적인 자만도 문제이지만 하나님도 우리가 할 수 있는 최선을 다하시기를 바랄 뿐 아니라 인간의 한계를 벗어나는 일에 대하여 겸손하게 구원을 요청하는 것이 인간의 자세일 것이다.

타이타닉호의 해난사고를 통해서 지나온 역사 속에서 진부를 가리고 해난에 대처하는 자세를 익히는 것이 곧 해양사를 배우는 학생들이 가져야 할 역사의식이라고 믿는다.

'타이타닉' 비극을 어떻게 볼 것인가?

5기 기관학과 김영무

'타이타닉'이라 하면 거의 모를 사람이 없을 만큼 유명한 해난사고이다. 필자는 근대 제작한 것과 맨 처음 제작한 두 작품을 보면서 내용상 조금 다르다는 것을 느꼈다. 근대 제작한 작품을 볼 때 남녀 사랑 이야기에 치우치고 역사적으로는 그냥 한 차례 비극이었었구나. 그 정도 인상을 준다. 하지만 맨 처음 제작한 작품은 정확하게 '타이타닉' 비극에 대해 알게 하고 그 비극을 빚어낸 원인들을 정확하게 반영하였다.

총체적으로 볼 때 근대 제작한 작품은 사람들의 시청률을 높였으나 역사적으로는 뭔가를 감춘 것이 있다 할까, 삭제된 것들이 있다 할까? 하여튼 두 작품 다 우수하나 본인은 그래도 역사사실을 그대로 반영한 처음 작품에 인상이 더욱 깊었다. 필자는 주요하게 역사적 사실과 비극이 일어나게 된 원인에 대하여 알아보기로 한다.

20세기 유럽에서 '가라앉지 않을 배' 혹은 '해상의 도시'라고 불리는 호화 객선 '타이타닉'호가 만들어졌다. 이 기선은 외형이 웅장하고 내부 설비들이 그때 당시에 반해 엄청나게 호화로웠다. 참말로 역사상 이름을 남길 만한 객선이었다. 그러므로 많은 사람들이 이제 그 기선에 오르고 싶어했다. 1912년에 곧 만들어진 '타이타닉'호가 처녀 출항하게 되었다. 그때 그 기선을 타게 된 사람들은 대단히 자부심을 느꼈으며 행운으로 생각했지만 사실 그들이 조난을 당하고 죽음으로 간다는 것을 그들이 어찌 알았으랴.

기선은 이제 항구를 떠나 넓은 바다로 들어섰다. 일등실 식당에서 기선설계사가 가라앉지 않는 배라고 떠들어댄다. 너나 나나 모두 자신 있게 떠들어댄다. 하지만 한 여자가 기선에 배치된 구명정 수가 너무 부족함을 알고 물었을 때 가라앉지 않는 배에 구명정이 필요하지 않는다는 뜻으로 말하고 있었다. 출항해서 모든 것이 정상으로 돌아갔다. 정보 통신도 정상이었다. 그러다가 터이프리아호로부터 빙산이 있다는 정보를 받았어야 하는데 통신사의 부주의로 다른 정보를 보내게 되었다. 그 한편 카르파티아호는 빙산이 있으므로 정박하고 있었다.

또한 '타이타닉'호를 볼 수 있는 위치에 있었다. 모든 것이 정상이라고 확인한 선장은 시항 중 보다 높은 기록을 남기려는 생각과 자신의 수년간 경험을 믿고 전속 전진 명령을 내렸다. 비극은 이제부터 시작된다. 전속으로 달리고 있는 기선의 멀지 않는 곳에 빙산이 나타났다. 일등 항해사는 온갖 노력을 다해 후진함으로 기선속노를 늦추고 빙산을 돌아가려 했지만 너무 가까운 탓으로 충돌하고 말았다.

기선의 선수 밑창이 파괴되고 해수가 차기 시작하였다. 설계자의 말에 의하면 이제 한 시간 반 내로 배가 가라앉게 생겼다고 한다. 선장은 사관들을 집합시키고 통신장에게 구급신호를 근처에 있는 기선에 보내라고 명령한다. 정보를 보내기로 했으나 터이프리아호에서는 정보통신기를 끄고 있었고 카르파티아호에서는 신호탄을 보면서도 멀쩡한 기선에서 신호탄을 발사한다고 구경만 하고 있었다. 그러다가 터이프리아호에서 정보를 접수하게 되었지만 전속으로 올지라도 4시간이란 시간이 수요되므로 '타이타닉'호가 가라앉은 뒤였다. 구명정 수에 의하면 1200명이 살 수 있는데 한 차례의 혼란 끝에 실제로 2208 중에 705명밖에 생존하지 못했다.

결론적으로 설계자와 선장에게서는 너무 자기를 확신하는 결함을 볼 수 있고 터이프리아호의 통신사가 정보통신을 꺼버리고 잠자고 있는 데서 책임성이 없음을 볼 수 있고 카르파티아호에서도 신호탄을 발사하는 원인이 무엇인지 확인하려 하지 않는 무책임감을 볼 수 있는데 이것들이 '타이타닉'호의 비극을 일으킨 한 가지 원인이 아닐까 생각한다.

또 다른 한 가지로는 안전설비가 요구에 도달하지 못했다는 점도 있다. '타이타닉'호 비극은 우리들에게 큰 교훈을 주었으므로 그 후 SOLAS규정이 설정되었다. 바다의 사나이로서 '타이타닉'호 비극을 통해 경험을 섭렵하고 잘못된 것을 고쳐 나가고 보다 더 큰 책임감을 가져야 한다고 필자는 주장한다.

이제는 두 번 다시 '타이타닉'호와 같은 비극이 없도록 하기 위해서는 역사를 바로 보고 평가할 뿐만 아니라 여기에서 얻은 교훈을 다시 되풀이하지 않는 것이 역사(해양사)를 배우는 학도들의 역사의

식이라고 생각한다. 아울러 자신에게 주어진 역할을 바로 실천하는 청지기의식을 더하게 될 때 우리는 '타이타닉'의 비극을 바로 소화하는 훌륭한 해기사로 태어나리라 믿는다.

III

조별 리포트

원시시대의 해상활동

제1조 / 조장: 서강(조영민, 김광일, 리성, 박춘호)

서론

본 보고서의 목적은 우리가 원시사회의 배를 인식하면서 날로 발전해 가는 해양시대에서 배의 모습들을 살펴보고 이해하면서 이제 곧 넓은 바다에 뛰어들어야 할 지금 우리는 열린 세계를 인식하고 훈련하고자 하는데 목적을 두고자 한다.

이 보고서의 범위는 원시사회 배의 기원에서부터 주로 뗏목, 통나무배, 가죽배로 우리들 생각 방향을 똑바로 가리키고자 하는 데 있다.

제1장 배의 기원

배는 지금 현대 교통수단에서 없어서는 안 될 중요한 수단으로 기록에 의하면 삼만 년 전에 이미 어엿한 배가 존재했다는 학설이 있지만 그것을 뒷받침할 만한 근거가 전혀 없다.

배를 만드는 재료에 대해서도 만찬가지다. 배 구실을 만들 수 있는 재료로는 나무토막, 발사(남미에서 산출되는 가벼운 나무의 일종), 갈대, 대나무, 통나무, 수피(coracle) 등을 생각할 수 있는데 그중 어떤 재료가 가장 먼저 사용되었는지는 알 수 없으나 이런 것으로 최초 인류가 배를 만들었다는 것을 알 수 있다.

이와 같은 원시형태의 배 재료는 지금도 세계 곳곳에 있다. 그린란드에스키모는 지금도 나뭇가지로 만든 골격 위에 동물가죽을 입힌 카약(kayak)을, 스코틀랜드, 웨일즈 등 영국과 아일랜드의 각 지방, 티그리스강과 유프라테스 강변에는 나뭇가지로 바구니 모양으로 엮은 뼈대 위에 수피를 씌운 가죽 등을 사용하였다는 것이 남아 있다. 그리스의 역사가 헤로도투스(Herodotus)도 2.500년 전에 이미 배를 만들었다는 글을 남겼다.

남아메리카의 티티카카호(페루와 볼리비아 국경의 호수)에서는 지금도 발사(balsa)라는 가벼운 나무뭉치를 이용하고 있으며 아프리카에서는 갈대를 묶어서 만든 파피루스선(papyrus boat)이 널리 쓰이고 있다. 말레이시아 반도와 자유중국 등 동남아 여러 나라에서는 참대로 엮어서 만든 배가 어업에 이용되고 있다고 한다. 남양의 여러 도시, 아프리카해안 등에서는 통나무를 깎아내서 경쾌하게 만든 카누가 토착민들 간에 아직도 애용되고 있다고 한다. 이와 같이 원시사회 때부터 배를 만들어 냈으며 이런 재료들로 만든 배가 원시시기 모든 경제, 정치, 문화, 군사 등을 왕성히 발전시키는 전환점이 되었다고 느껴진다.

제2장 뗏목

뗏목은 간단한 배로 사용되는 경우인데 수상운반, 어로, 수상생활을 할 때 이용된다. 주로 도로나 철로가 발달하지 못한 시대에 또는 육로운송보다 수운이 효과적이던 원시시대에 주로 만들어졌다고 한다.

나무나 대나무 풀과 같이 부력이 있는 것을 끈으로 묶어서 물 위에 띄우는 것인데 고대문명이 가장 일찍이 발생한 이집트와 메소포타미아에서 발견된 뗏목 그림에는 점토편에 그려진 주형의 것은 기원전 4천 년 전의 것으로 고증되고 있다. 몸통이 밧줄로 묶여 있고 선수, 선미 끝이 치솟아 올라 있는 모양은 이 배가 파피루스 뗏목임을 나타내는 것이다. 현대의 파피루스선을 보더라도 그 형태는 점토편에 그려진 것과 똑같이 끝이 뾰족하게 치솟아 올라 있다.

기원전 4천 년 초기에 그려진 이집트의 배는 선수와 선미에 노가 달려 있고, 그중 선미 끝에 있는 긴 패들은 확실히 키로 보인다. 선체 위에 오막 같은 선실이 있고 선수에는 배를 달아매는 로프를 뭉쳐 놓는 등 상당히 진보된 흔적을 보여주고 있다. 이집트 접시에 나타나 있는 메소포타미아 배는 선수, 선미가 구부러져 치솟아 있고 이집트의 배는 그렇지 않다. 여기서부터 작은 뗏목이 당시 문명국으로 호칭하는 나라들의 주요 교통수단이 된 것을 알 수 있다.

인류는 선사시대부터 파피루스로 배를 만들어 썼다는 것을 시사해 준다. 이집트에서 출토한 접시의 그림은 기원전 4천 년에 이미 홍해와 나일강 사이에 배가 내왕했다는 것을 암시해 주는 중요한 증거이다. 좀 더 발전하여 기원전 3세기 무렵 꽃병에 새겨진 메소포타미아의 배 그림은 어엿한 사각범을 갖고 있다. 돛이 어느 때에 처음으로 생겨났는지는 자세히 알려져 있지 않지만 돛까지 이용할 줄 알았다는 것이다.

나무토막에 의지하여 물을 건너는 것을 깨달은 원시인들은 나무를 두 토막 세 토막씩 연결하면 부력과 안정성을 훨씬 누릴 수 있다는 것을 쉽게 발견했을 것이다. 솔로몬군도 등에서는 뗏목을 활용하였으며 남아메리카의 콜롬비아, 에콰도르 등지에서도 농한기에 바로 이런 뗏목으로 고기를 잡으며 생계를 유지하며 살았고, 페루북부 지역에서는 돛을 단 뗏목이 사용되었다는 기록이 있다.

이 같은 원시형태의 뗏목이 오늘날에도 세계 각처에 분포되어 있는데 한국 제주도에서 쓰이고 있는 터우도 5~7편의 나무(한라산 중턱에서 자라는 내수성이 강한 나무)토막으로 꾸며 제주도 여러 해변에서 지금도 어채에 쓰이고 있다. 중국의 동북 지방을 흐르는 헤이룽 강에서는 뗏목처럼 연결하여 목재를 운반하며 핀란드에서도 이 같은 방법을 쓰고 있다.

제3장 가죽배

인류는 뗏목으로 물을 건너는 데 이용했을 뿐만 아니라 또한 일찍부터 수렵생활을 하고 거기에서 얻은 동물의 가죽으로 바람통이나 가죽배를 만들어 물을 건너는 데 이용했다. 기원전 7−9세기의 아시리아의 부각그림에는 중앙에 대형 가죽배가 있고 그 좌우에 가죽 바람통을 타고 낚시질하는 원시인들의 모습이 잘 나타나 있다. 그 밖에 바람통을 타고 수중 헤엄치기에 참가하는 병사의 그림들도 있다. 11세기에 편찬된 중국의 병서 [무경총요]의 수전도에도 바람통과 가죽배가 나타나 있는데 당시 바람통은 양피를 써서 바람을 채워서 어깨 밑에 끼고 사람이 물에 뜨도록 한 것이다.

가죽배는 통나무를 후비어서 대나무나 나뭇가지를 꺾어 짐승가죽이나 나무껍질을 붙인 배를 말한다. 이 배는 보통 하천, 호수 같은 고요한 수면에서 많이 사용되었다. 가죽배에는 재료, 구조, 형태의 종류에 따라 원시적인 것에서부터 발전된 것까지 종류가 많다. 지금도 아프리카의 미개한 지역에서는 가죽배가 이용되고 있다. 종류에 따라 짐승 가죽배와 나무 가죽배가 있으며 구조 및 형태에 따라 바구니배와 카누가 있다. 바구니배는 타원형이고 카누식 배는 양끝이 뾰족한 배이다.

바구니배의 예로는 코러클, 쿠하 등이 있다. 코러클은 영국의 아일랜드나 웨일스의 지방에서 사용했었다. 버드나무 가지를 엮어서 배의 골격을 만들고 그 위에 동물의 가죽을 씌운 배이다. 이 배는 가벼워서 사람이 등에 지고 다니다가 물을 만나면 배로 사용하고 다시 접어서 들고 갈 수 있는 편리함이 장점이다. 쿠하는 이라크에서 많이 썼다.

카누식 배로서는 에스키모인들이 사용하던 카약이 있다. 에스키모인들이나 시베리아 코리야크족이 사용했던 배도 가죽으로 만들었다. 전체 길이가 7-8m 정도 되고, 폭은 5-6cm의 가늘고 길쭉한 모양을 하고 있다. 카약은 양이나 바다표범 가죽 등을 붙인 것이며, 10명 이상이 탈 수 있는 것도 있다.

가죽배의 일종으로 가죽부대 뗏목은 기원전 800년 무렵에 등장한 배로 동물의 가죽을 이용한 가죽부대 뗏목이다. 동물 가죽을 부대로 만들었던 것으로 좀 더 발달해 수 개에서 수십 개의 가죽부대 위에 널빤지를 얹어 그 위에 타고 다녔다. 이 가죽부대 뗏목도 현재 황하강 등지에서 피파츠라는 이름으로 사용되고 있다.

스칸디나비아 지방에는 선사시대에 가죽배 그림이 가장 풍부하게 남아 있고 노르만부족은 스칸디나비아에 정착한 초기에 수렵과 어업에 종사하면서 수렵으로 얻은 수피로 가죽배를 만들어 어업을 했다. 수피 대신에 나무껍질을 쓰는 목피선도 있으며 브리티시 콜롬비아의 카누도 있다. 일본 북해도에 사는 아이누인들이 얼마 전까지만 해도 벗나무 껍질로 만든 목피선을 쓰고 있었고 동남아, 오스트레일리아, 남미에서도 쓰고 있었다.

제4장 통나무배

아득한 옛날 원시시대의 우리 조상들은 통나무에 의지하여 손과 발을 놀려 강이나 호수를 건넜다. 통나무배는 말 그대로 통나무의 속을 파 만든 배로서 통나무배, 또한 쪽배라고도 불렀다. 처음에는 토막 하나의 속을 파낸 것을 사용하다가 뱃전 밖으로 널판때기를 덧붙여 사용하였으며 그 후에는 토막 2개를 짝지은 쌍쪽배 통나무 2개를 배 밑에서 이어 붙인 두쪽배, 맨 마지막에는 3개의 통나무를 배 밑에서 이어 3쪽을 연결하는 세쪽배도 있다.

통나무배는 목재를 구입하기 쉬운 지역에 폭넓게 분포되었다. 종류는 구조에 따라 껍질을 벗긴 통나무를 그대로 파서 북(베틀에 딸린 기구) 모양으로 만든 것과 통나무를 둘로 나눠 속을 파내어 만든 것, 그리고 배의 중앙부에 칸막이처럼 남기고 파낸 상자형 통나무배가 있다. 뗏목 말고는 가장 원시적인 배라고 할 수 있는 통나무배는 강을 건너는 교통수단으로도 널리 활용되었으나 최근에는 거의 사용되지 않았다. 다만 짐이나 사람을 나르는 돛 없는 배 형식의 것만 남아 있을 뿐이다.

결론

우리가 지난 역사를 알아야 더욱 밝은 미래를 바라볼 수 있을 것이다. 원시시대 인간들이 인류 최초의 배를 만들었고 배의 역사를 창조하였다. 우리는 해양인으로서 배의 역사를 모르고 바다의 역사를 모르면 크나큰 수치일 것이다. 이번 학습을 통하여 해양사의 중요성과 필요성에 대해 다시 한 번 절실히 느껴진다. 원시시대 배와 그때 원시인들의 생각으로 돌아가서 한번 생각해 보고 그들의 이점을 따라 배우고 그들의 지혜를 배워야 한다.

우리는 바다를 누비고 세계를 누비며 살 사람들이다. 우리는 그 속에서 결코 낙후되지 않고 먼 앞을 바라볼 수 있는 해양인이 되어야 한다. 그러므로 우리는 해양인으로서 세계 속에서 우리의 지혜를 탐구해 내고 해양계에 조그마한 힘이라도 이바지할 수 있는 해양인이 되어야 한다. 그러기 위해서 우리 모두 열심히 노력하자!

고대시대의 해상활동

제2조 / 조장: 김은철(마상원, 최일B, 함철관, 박철욱)

서론

본 글에서는 18세기부터 증기기관이 해상활동에 사용되고 또 고도의 최첨단과학기술이 현세기 해상활동에 투입되는 이 첨단시대에 바다로 진출하는 것은 열린 세계로 나아가는 출구라는 것을 알고 있는 이 시대 젊은이들에게 자연에 순응하며 살아오던 시대에 돛을 달아서 바람의 힘을 이용하고 사람의 힘을 이용하여 노를 젓던, 즉 고대시대의 해양활동에 관한 약간의 지식들을 전하고자 한다.

제1장 고대해상활동의 기원

나일강 계곡에 인간이 정착하기 시작한 것은 지금으로부터 약 8

천 년 전, 인류의 문명은 모두 큰 강을 끼고 있는 지역으로 일찍부터 수운이 발달했음을 알 수 있다. 그중에서도 이집트는 많은 유적과 풍부한 자료들을 남겨두어 고대 해상활동의 근원이 된다. 해도 과언이 아닐 것이다.

이집트에는 원래 나무가 자라나지 않으므로 이미 제2왕조 때부터 목재를 레바논 지방에서 들여와서 건축, 가구, 조선 등에 쓰기 시작했다. 고대해상활동은 바로 구왕국시대 제4왕조 무렵 상당히 큰 목선이 건조되면서부터 활발히 시작된다. 이 시대의 무역은 주로 지중해 연안 여러 지방과 레바논, 시리아 등을 상대로 이루어지고 수출품은 파피루스, 마포 등이고 수입품은 목재, 동, 향료, 향유 등이었다. 오늘날 초대형선박의 조상인 목선들이 시대로 바뀜에 따라 어떠한 발전과 변화들을 가졌왔는지 알아보자.

제2장 고대선박들의 구조 및 특징

1. 이집트 배

이집트는 BC 3600년경에 처음으로 제1왕조가 성립된 후로 기원전 4세기에 이르기까지 약 3000년간, 26개 왕조가 교체되며 성쇠를 거듭했다. 3국시대에 많은 배늘이 등장했지만 그 가운데 신왕국시대의 배를 소개하려고 한다. 하트셉스토 여왕은 이집트 전성기에 강력한 실권을 장악하고 있던 여걸이며 품위 있는 미인으로 아스완 돌산에서 가공한 2개의 오벨리스크(돌비석)를 배로 나일강을 내려와 테베에 운반해 오도록 명하였다. 그 배는 호깅 트러스를 갑판 위에 다섯 개씩이나 설치하고 선체를 가로 바치는 보도 3열로 두어 선체의 강도를 유지했다. 키는 각 현에 둘씩 설치했는데 그 하나의 무게만 해도 4.5톤씩이나 되었다.

오벨리스크 2개를 실은 이 거선을 나일강에서 끌어내리는 데도 30명씩 노를 젓는 끌배 27척이 동원되었다. 모두 810명이 배를 끌어내린 셈이다. 이 배의 치수를 정확히 알 수 없으나 길이 200피트 폭 80피트 배 자체의 중량, 즉 경하중량 800톤에 이르며 오벨리스크 2개(700톤)를 실은 배 전체의 중량은 1500톤 정도에 이를 것으로 추산되고 있다. 이 같은 크기의 배는 이집트, 그리스, 로마 등 고대는 물론이고 16, 17세기에 항양범선이 크게 발달할 때까지도 건조된 일이 없지 않을까 생각된다.

2. 페니키아 배

기원전 2천년에 지금의 레바논 지방에 정착한 페니키아인은 시돈, 티루스 등의 맹주로 도시동맹을 맺고 기원전 8−10세기에 전성기를 누렸다. 페니키아는 상선과 군선이 발달되어 있었다. BC 700년경에 페니키아 상선은 선수에 마수상을 가진 것이 특징이고 이집트의 배와 뚜렷하게 다르며 현측에 싸리로 된 담 같은 것이 쳐 있고 호깅 트러스 밧줄은 없다. 선체는 그것이 없어도 견딜 만큼 튼튼하게 만들어졌고 다만 돛은 대체로 이집트의 것과 같다. 이는 갤리군선의 모형으로서 선수하부에 예리한 충각을 가지고 있다.

고대 해전술은 배를 서로 맞붙여 놓고 적선에 기어올라 백병전으로 배를 고스란히 점령하든가 아니면 적선의 옆구리를 충각으로 찔러 침몰시키는 두 가지 방법밖에 없었다. 선수에 충각을 가지고 있었는데 이것은 페니키아의 배로부터 시작되었다. 충각, 즉 램은 고대 군선뿐 아니라 근세까지도 그대로 이용되었다. 화약이 발명된 이후에는 램 끝에 폭약장치를 하여 적선을 폭파시켰다.

3. 그리스의 배

그리스는 기원전 5세기 초에 페르시아를 격퇴하고 나서 비로소 지중해의 패권을 확립하고 번영하여 찬란한 문화를 쌓아 올리게 되었다. 그리스의 배는 노를 쓰는 갤리선으로 상징된다. 군용선뿐만 아니라 사용에도 갤리선이 쓰였다. 그렇다고 그리스인 자신들이 처음부터 갤리선을 개발한 것은 아니다. 이집트의 파피루스선은 노가 아닌 물갈퀴(paddle)를 썼지만 대형선은 돛과 노를 겸용하고 페니키아인들도 2단 갤리선을 개발했으며, 특히 전성기의 페르시아인들은 3단 캘리선까지도 이용했다. 그래서 지중해 전역에 갤리선을 보급시킨 것이 바로 그리스이다.

그리스 문헌에는 3단 이상의 노의 층계를 가진 배에 대한 기록도 나타나는데 그 명칭은 1단 샐리선 (unireme), 2난 샐리선(bireme), 3단 갤리선(trieme), 4단 갤리선(quadrimetetre), 5단 갤리선(quinquereme, pentere) 등이 있다. 갤리선은 선수부에 예리한 충각을 두고 물고기

눈을 그려 넣으며, 선미부를 물고기 꼬리 모양으로 꾸미고 있다. 그리스 군선은 선수 충각과 안구와 선미의 꼬리가 잘 조화를 이루어 배 전체가 사나운 물고기 형상을 하고 있다.

그리스의 전형적인 군선은 2단 갤리선과 3단 갤리선이었다. 그들은 전대의 배에 비해 우아한 모습을 지니고 있고 그 조선방법도 매우 합리적이다. 용골, 늑골은 확실히 알아볼 수 있다. 그러므로 배는 가볍고 경쾌하면서도 종강력이 충분하여 이집트 배의 호깅 트러스 같은 것은 필요가 없다. 고대 군선이 경쾌해야 하는 것은 첫째로, 빠른 속력을 가진 기동력이 요구되기 때문이고 둘째로는 물 안에 두면 부패하기 쉬워 쓰지 않을 때는 뭍에 끌어올려 두든가 아니면 격납해 두어야 하기 때문이었다.

갤리선의 크기는 2단 갤리선의 경우 노 50개, 배의 길이 65-80피트, 폭 8-10피트 정도인 것이 보통이고 3단 갤리선은 노수가 170명에 이르는 것도 있었다.

4. 로마 배

로마가 동서 지중해를 완전 장악한 것은 기원 후 1세기부터 세계 도처에 무역선을 파견하여 많은 물자를 실어오고 해군력을 강화하여 수 세기 동안 유례없는 영화를 누리게 된다. 그때 당시 로마는 전세계 여러 지역과 활발한 교역을 하였기 때문에 군선보다도 상선을 더 중요시했다.

로마시의 동남방 17마일 떨어진 알바노 산중의 네미라는 호수에서 두 척의 큰 배를 발굴했는데 한 척은 길이 234피트, 폭 66피트이고, 다른 한 척은 길이 240피트, 폭 47피트였다. 상선의 형상을 가진 이 배는 나지막한 키를 가지고 있었다. 외판은 두께 4인치, 넓이 12인치의 판을 쓰고 네모난 촉꽂이를 써 연으로 고착한 네미선의 선체시공은 그 정도가 최고의 수준이다.

묘의 샹크와 아암은 나무를 금속으로 연결하여 만들고 스톡크는 연으로 되어 있다. 네미선은 그 선형이 부선과도 같은 평저선으로 되어 있으나 그 용골외판, 늑골보 등의 선체구조는 이상에서 알아본 바와 같이 매우 정치한 것으로 로마시대의 조선기술이 그만큼 발달되어 있었다는 것을 실증해 준다.

제3장 고대시대의 해양활동

1. 무역활동

페니키아인은 사상처음으로 두각을 나타낸 해양민족이다. 이집트인들도 지중해에서 활동했지만 그들의 배는 어디까지나 나일강의 수운을 위한 것이었다. 그런데 기원전 2000년에 지금의 레바논 지방에 정착한 페니키아인은 시돈, 티루스 등을 맹주로 도시동맹을 맺고 기원전 8-10세기에 전성기를 누렸다.

페니키아는 작은 나라였지만 조선, 항해, 무역 및 식민에 크게 활약하여 그리스가 일어날 때까지 바다에서 타의 추종을 불허했다. 그들은 동지중해의 시이프러스섬, 크레타섬 및 그리스 주변의 군도로부터 서쪽의 시실리섬, 코르시카섬, 살지니어섬을 거쳐 북아프리카의 카르타고 등에 이르기까지 식민지를 개척했다.

BC 1200년경에는 지브롤터해협을 통과하여 비스케만을 거쳐 영국에까지 이르렀다. 그들은 처음에 이집트무역을 독점하고 나일강으로부터 운하를 이용하여 홍해연안으로 나와 페르시아만에 이르고 인도 서해안인 마라벨 해안을 거쳐 실론섬에 이르러 인도와도 무역을 하고 중국의 물품도 유럽에 운반했다. 그들은 일찍이 아프리카를 일주했다.

이집트 제26왕조의 네코 2세(609－594)는 지중해와 먼 동방 여러 나라와의 교역로를 트기 위하여 나일강에서 홍해에 이르는 운하를 파려고 했으나 그것이 여의치 못하자 항해에 능한 페니키아의 선원을 고용하여 아프리카 동부해안의 항로를 조사케 했다.

그들은 홍해를 내려가 소마릴랜드로부터 아프리카 대륙 연안을 남하하여 아프리카 남단을 돌고 지브롤터를 빠져 지중해로 들어와 마르세이유를 경유하며 떠난 지 3년 만에 이집트에 돌아왔다. 그들은 그다지 크지 않은 배로 선단을 짜서 아프리카 연안을 항해하며 식민지를 개척하고 농사를 지어가며 끈기 있게 아프리카를 일주했다. 이것은 15세기 말 바스코다가마가 희망봉을 회항하는 데 성공하기 약 2000년 전의 일이다.

이처럼 페니키아인이 해양으로 크게 진출한 것은 1. 동쪽의 인도, 남쪽의 이집트, 서쪽의 지중해, 북쪽의 소아시아 등 당대문화권의 중앙에 위치하여 그들과 자유로운 교류를 할 수 있는 점 2. 시든, 티루스 등 좋은 항구가 많았다는 점 3. 삼림자원이 풍부하여 조선용재가 풍부한 점 4. 사람들이 진취의 기상에 넘쳐 있는 점으로 이들은 해양활동을 오랫동안 전개했는데도 그 흔적은 별로 남아 있지 않고 이집트, 아시리아, 그리스 등지에 나타나고 있다.

2. 해상에서 전쟁활동

무역활동은 고대인들에게 자국의 번영에 큰 발전을 도모했으며 바다라는 이 무대는 인류문명의 전례 없이 발전하는 데 거대한 영향을 미치었다. 국력이 강성해지고 군사가 발전하니 침략활동을 전개하는 고대인들, 이제는 배도, 바다도 모두 전쟁활동에 참여한다.

제1차 페르시아 전쟁은 BC 492년에 페르시아군이 드라키아 해안을 제압하고 회군하는 정도로 끝났다. 그렇지만 다리우스1세는 다시 BC 490년에 600척의 대선단을 꾸며 마라톤에 침입하여 육군부대를 상륙시키고 해상부대는 바다에서 기다리며 전황을 보아 아테네에 침공할 준비를 했다.

아테네군과 페르시아군은 마라톤 들에서 싸웠다. 아테네의 미루데아스 장군은 중무장한 보병을 밀집대형으로 대오지어 길이 1500미터를 육박 돌격하는 전법을 썼다. 아테네군은 쾌승했는데 이때 한 이름 없는 전령이 4200미터를 주파하여 아테네 시민에게 "우리는 승리했나"는 한마니를 전하고 쓰러져 죽었나. 이것이 근내 올림픽에 있어서 마라톤 경기의 기원이 된 고사로서 너무나 유명하다.

그로부터 10년간 무사했다. 그러나 BC 486년, 다리우스 1세의 뒤를 이어 왕위에 오른 페르시아 왕 크레르크세스 1세는 BC 480년에 제3차 페르시아 전쟁을 발동하였다. 페르시아군은 병력 15-20만 명, 군선 약 1000척을 동원하여 소아시아의 사르데스에서 월동하고 북상하여 흑해가 지중해로 빠지는 다다넬스, 헬레스폰토스 해협을 건너고 육로와 해로에 갈려 병행하며 드라키아와 마케도니아 해안을 거쳐 데사리아의 남단 테로모필레에 이르렀다.

페르시아군은 아테네를 점령하고 거리를 불사르고 아크로폴리스를 파괴했다. 그리스의 운명이 풍전등화의 위기에 처했을 때 위대한 지도자 데미스토클레스는 그가 일찍이 준비해 두었던 군선으로 페르시아 군선을 맞았다. 그는 제2차 페르시아 전쟁 때부터 이미 해군우선주의를 제창하여 일찍이 100척의 군선을 건조해 놓았던 것이다.

테미스토클레스는 남 몰래 계략을 써서 자기 심복 노예를 페르시아 군영으로 보내어 아테네의 해장이 겁을 먹고 페르시아에 내통하려는 것처럼 전했다. 이것을 곧이들은 페르시아 함대는 대선단으로 살라미스 섬과 본토 간의 좁은 수도로 쳐들어왔다. 그때 대기하고 있던 테미스토클레스 함대는 진입해 오는 페르시아군 선단에 대해 충각공격 등 맹공격을 가했다. 불의의 반격을 받은 페르시아함대는 혼란에 빠졌고 선봉대가 뒤돌아 설 때는 본대가 이미 뒤따라서 서로 좌충우돌했다.

페르시아 군선은 큰 갤리선들이어서 작은 그리스 갤리선에 비해 좁은 수로에서 행동이 아주 부자유했다. 그리스 갤리선은 적의 함대 사이를 누비며 맹공격을 가했다. 바람의 방향도 줄곧 그리스군에 유리하게 불었다. 11시간에 걸친 긴 해전은 그리스군이 대승리로 끝났다.

이것이 유명한 살라미스 해전이다. 이 해전은 그리스의 도시연합군이 그들의 운명을 걸고 페르시아의 침입군과 싸우는 것으로 2, 3단 갤리선이 사상처음으로 대규모 격돌을 벌인 해전이었다.

결론

우리는 오늘날 이 시대가 장차 고도화된 국제기술사회 및 정보화사회로 탈바꿈하고 있으며 인간의 머리로는 도무지 상상하기 어려운 그런 미지의 세계로 발전해 가고 있다는 것을 느낄 수 있다. 이런 시대로 말미암아 세계의 모든 경제무역은 바다라는 이 무대를 통하여 참으로 거대한 진보와 비약의 발전을 가져오고 있다.

본 조는 하늘을 열고 바다를 열어가는 이런 공간 속에서 바다의 내일을 준비하는 진취성 있는 젊은이들이 바다의 오늘에 대해 아는 것도 자못 중요하지만 어제에 대해 알아보는 것도 결코 경시할 수 없는 일임을 강조하고 싶다.

중세시대의 배

제3조 / 조장: 리성국(윤문걸, 황철남, 김명수, 김해광)

서론

오늘날 선박에서 많은 상선과 여객선들이 넓은 바다에서 다니고 있는데 지금의 배들은 좋은 재료로 만들었기에 외관이나 내면의 강도가 좋다. 하지만 이러한 배들은 중세 때부터 시작하여 보면 금방 알 것이다.

서기 900-1450년간을 흔히 1본 마스터선시대라고 한다. 중세 유럽의 배는 북방선과 남방선의 두 계통으로 나눌 수 있다. 또한 남북을 구별할 것 없이 중세 유럽의 배는 롱십과 라운드십으로 나눌 수 있다.

제1장 바이킹선

1. 바이킹의 배 무덤

바이킹은 일찍이 덴마크 북부에서 노르웨이, 스웨덴 남부에 걸친 북유럽 스칸디나비아 지방에 정착한 게르만의 일파인 노르만(북방사람)으로서 처음에는 어업과 수렵에 종사해 오다가 스스로를 바이킹이라 이르며 점차로 바다에 진출했다. 바이킹족은 그 추장이나 귀인의 장래를 다음과 같은 세 가지 방법으로 치렀다. 첫째, 시체를 화장하여 배 모양의 돌무덤에 매장하는 것, 둘째, 유해를 그 자신의 배에 실어 불태워 바다에 떠내려 보내는 것, 셋째, 배를 육지에 끌어올려 유해와 함께 땅속에 매장해 버리는 것이다.

19세기 말부터 몇 개의 바이킹 배 무덤이 발굴되었는데, 코그스타드와 오세베르그에서 출토된 배는 크기도 하거니와 잘 보존되어 있어서 가장 유명하다. 산데효르드는 노르웨이에 있는 한 마을이다. 오세베르그는 오슬로효르드 부근 바닷가에서 2.5마일 정도 떨어진 표고 15미터가량의 평원이다.

코그스타드 산데효르드의 한 농장 가운데 지름 약 50미터, 약 5미터의 그 무덤이 있고 오래전부터 그 속에는 많은 보물이 묻혀 있다고 전해져 왔다. 1880년 그 무덤을 발굴한 결과 배와 인골이 담긴 목관과 부장품이 쏟아져 나왔다. 오세베르그(오슬로 부근 바닷가) 있는 지름 40미터, 높이 6.5미터의 무덤에 1904년 오세베르그의 바이킹선이 발굴되었다.

2. 바이킹선의 구조

바이킹선은 구조가 잘 알려진 고선 중의 하나이다. 이 선박은 상판을 깔고 갑판도 없는 아주 간략한 배이다. 원래의 바이킹선은 돛이 없고 연안에서 노역만을 했으나 원양에 진출하면서부터 마스터한 개를 세워 간단한 사각범을 달고 항해하기 시작해서 8-9세기의 바이킹선은 범노선이 되었다.

선수부와 선미부는 같은 모양으로 치솟고 그 끝에는 용머리 등 동물의 대가리 같은 것을 장식하여 위용을 가해 주었다. 배의 깊이와 건현을 아주 낮게 꾸며 노역의 편의를 도모했다. 선현에는 목제 또는 피혁제의 원형방패를 나란히 세워 놓고 파도와 시석을 막았다.

바이킹선 중에는 전장 50미터, 용골 길이 4.5미터 노수 34쌍 68개에 이르는 것이 있고, 일반적인 크기는 항양선인 경우는 전장 25-30미터, 노수 20-25쌍, 승선원 80-120명 정도이다. 바이킹선은 단수를 1단으로 하였다.

제2장 한자동맹 코그선

1. 영국의 중세기선

영국은 9세기경에 앵글로색슨인에 인하여 침입자 노르만인이 피가 섞여 오늘날의 영국인이 되었다. 11세기경 노르만왕조 때 배는 바이킹선과 다름없었다. 리처드1세는 1190년 제3차 십자군에 참가 시 110－230척에 달하는 많은 군선과 운반선을 대동했다. 그중에 노수는 104인, 무장병 60인을 수용하는 대형 갤리선으로 선장, 수부 15명, 말을 대동한 병사 40명, 무기를 가진 병사 14명, 종자 14명, 1년분의 식량을 적재할 수 있는 대형범선도 섞여 있었다. 선수와 선미부에 누로가 세워져 있고, 돛대 끝에도 장루가 달려 있다.

또 어떤 선박은 선수와 선미에 기둥을 세우고 그 위에 발판과 여장을 두고 있는데 이것은 장차 선체와 일체가 되어 오늘날 이른 바 forecastle과 poop가 되는 것이다. 마스터는 고정되어 있고 돛은 사각범 하나이다. 선체에는 상갑판이 없고 외판은 클링커 이음으로 만들어지고 선수와 선미의 현상은 똑같은 모양으로 둥글게 되었고 선미 사이드는 라더가 달려 있다.

2. 코그선

독일 북부 연안의 여러 상업도시들은 서로의 이익과 공동 방위를 위해 12세기 말 한자동맹을 체결하고 북유럽 전역의 상업권을 장악하였다.

코그선의 구조는 마스터 한 개에 사각범 한 개를 장비한 획기적인 배다. 본래 상업에 쓰였던 배로서 갑판, 창구, 넓은 선창을 가지고 용골, 선수재, 선미재는 직선이며 선미재에는 고정타가 달려 있고 용골은 길다. 선미재를 직선으로 하였기 때문에 고정타를 달 수 있으며 또한 코그선의 선체와 연결된 선수루와 선미루를 가지고 있다. 조타는 선미루 안에서 한다.

제3장 지중해의 배

중세기의 유럽은 도시의 발달로 특징지어진다. 지중해에는 베네치아, 제노바 등 이탈리아의 도시들이 번영했다. 이들 이탈리아의 여러 도시가 활용한 배는 한마디로 고대 로마제국이 쓰던 배와 그 계통이 똑같은 것이다. 이때 지중해의 배는 갤리선과 상선으로 대별할 수 있고 13-14세기부터는 대형 갤리선도 나타나게 되었다.

1. 라운드 상선

이 상선의 모양은 선수루와 선미루가 있고 사이드 라더가 달려 있다. 이 배의 범장은 삼각범 두 개로 되어 있는데 이것은 당대의 북유럽 모든 배들이 사각범 한 채를 가지고 있었던 것과 큰 대조를 이루고, 이 삼각범은 바로 중세기 지중해선에 공통되는 양식이다.

이 상선의 크기를 보면 전장 25.67, 용골길이 17.37, 폭 6.1 길이 6.25이고 2층 갑판에 돛과 돛대는 2개씩이었다.

2. 갤리선

갤리선은 13세기 말부터 상선으로 쓰였고 본격적 쓰임은 14세기 초에 베네치아와 제노바 등에서 대형으로 만들어져 무역활동에 적극 활용하고부터이다. 이 배는 바람의 영향을 받지 않고 안전하며 속력도 빨랐다.

군용갤리선은 로마의 멸망과 더불어 자취를 감추었다가 9세기 말에서부터 다시 등장하였고 대, 중, 소형 등 여러 가지로 있었다. 이 선의 주요 특성은 다음과 같다. 전장 39.5 용골상 28.5 폭 3.7 길이 2.08 노 길이 6.85 - 7.90, 108개 주 범주 높이 18, 둘레 0.79이다.

갤리선의 노역은 모든 사람이 각각 노 한 개를 잡는 방식과 여러 사람이 다 함께 노 한 개를 젓는 방식의 두 가지가 있다. 전자를 젠질레 또는 테르자루올로라 하고 후자를 스칼로치오라 한다.

3. 갈리아스선

갈리아스선은 16세기에 출현한 초대형 군용 갤리선이다. 그것은 갤리아상선을 더 현대화하여 전투용으로 꾸민 배라고도 할 수 있다. 그 구조를 보면 다음과 같다. 길이 47, 폭 8, 탑승인원 700명으로 갈리아스선은 중앙에 50파운드의 탄환을 발사할 수 있는 무게 8000파운드, 구경 7.5인치 정도의 주포를 고정하고 양옆에 6파운드 탄을 쏘는 2000파운드 무게의 부포를 두고 현측과 기타 요소에도 보다 작은 포를 두고 있었다. 갈리아스선은 1571년 레판토해전에 참가하여 그 실력을 충분히 발휘했다. 이 배는 17세기에 들어서 점차 자취를 감추고 말았다.

제4장 중국의 배

1. 군선

중국 배의 역사가 유구하지만 유감스럽게도 중국의 고대선에 대한 연구는 별로 없다. 송나라 인종(1023-1063) 때 착수된 '무경총요'라는 병서에서는 유정, 몽충, 누선, 주가, 투함, 해골 등의 여섯 가지 군선의 그림과 그 기능을 설명한 글이 수록되어 있다.

2. 비군용선

송대의 배(송나라시대 1902년에 일본인 학자 쿠와하라가 연구함) 중에 큰 배의 승무원은 수백 명에 달했는데 많은 사수와 순수 화전 사수를 태우고 다녔다. 선체 밑이 협소하여 능파를 잘했다. 재료는 주로 송재를 쓰고 현측판과 저판은 2층 또는 3층으로 만들고 대형선은 4층까지도 두었다.

범주는 4개가 보통이고, 12개에 이르는 것도 있었다. 무풍일 때는 노역을 하였으며 노는 보통 810정이고 20정 되는 것도 있었다. 한 노에 대한 인원은 4명씩이었다. 선실은 선미에 두고 50-100실에 이르는 것도 있었다. 선체 내부는 몇 개 구획으로 분할되고 그 격벽은 튼튼하게 만들었다. 지남침을 쓰면서 항해를 했다.

1973년 매몰된 고선 한 척이 발견되고 다음 해에 발굴되었다. 이 배가 이른바 천주만의 송대 해선이다. 이 배의 선체 상반부는 대부분 부식되어 없어지고 하반부만 화물이 실린 채 잘 보전되어 있었다. 적재물을 감정한 결과 그 배는 대외 무역선이고 1271년 무렵에 침몰된 것으로 밝혀졌다. 이와 같은 대형 실선이 발굴된 것은 동양에서는 이 배가 처음이다.

결론

이러한 배의 역사에서도 중세기 배는 우리 앞사람들의 지혜와 그들의 창조정신을 뚜렷하게 나타냈다. 과거의 유물 또한 그때 당시의 문화와 그들의 생활방식을 나타내고 있다. 미래는 우리들 것이다. 과거의 유물, 즉 예전의 사람들이 남겨둔 재부를 우리가 더한층 개발하고 개척해 나가야 한다는 것을 지금의 해양인들이 필연코 인식해야 한다.

지리탐험시대의 항해활동

제4조 / 조잠: 권철(렴세준, 박광일, 장학철, 최상룡)

서론

본조에서는 지리탐험시대 항해 활동을 통해 항해자들이 지리탐험에 참여와 범선의 발전에 대해 살펴보고자 한다. 또한 각종 특수선들을 논하면서 이 배들의 쓰임새를 통하여 금후 역사의 경험을 쌓는데 중요한 교훈이 되리라 본다. 그리고 범선의 역사에 대해 한층 더 알아봄으로써 역사의 발전과정을 이해하고자 한다.

제1장 마스트선

1. 삼본 마스트선

15, 16세기를 3본 마스트선시대라고 한다. 전세기까지 주로 마스트가 한 개인 1본장에서 3본 마스트선이 쓰였다. 또한 이 세대를 캐랙선시대라고 한다. 북해선과 지중해선의 범장은 근본적으로 상이했다. 북해선의 돛은 사각범이고 지중해선의 돛은 라틴 세일이라고 하는 삼각범이다. 인류가 일찍부터 배에 이용한 돛의 모양은 대개 사각범이었다. 이집트, 메소포타미아, 페니키아의 배는 물론이고 그리스, 로마의 배도 모두 사각범이었다.

중세기의 지중해선은 삼각범인 라틴 세일이 상징처럼 되어 있었다. 로마의 배는 사각범이었다는 점을 보더라도 로마시대 이후 삼각범을 쓰기 시작한 것은 틀림이 없다. 현재도 아랍 인도양 연해에서는 삼각형 재래식 돛이 쓰이고 삼각범은 사각범보다 역풍에 아주 유리하다.

뒤에서 바람을 받는 순풍에는 사각범이 바람을 더 잘 받아 유리하다. 삼각범은 바람 방향이 일정치 않은 연안항로에 유리하고, 사각범은 강한 계절풍을 타고 큰 바다를 건너는 데 더 적합하다. 이것이 바로 북해 연해선이 사각범만을 쓰고 지중해선이 삼각범을 쓰는 중요한 이유이다. 라틴 세일은 북해연해의 횡범보다 그 조작에 더 많은 인원이 소요된다는 결점도 있다.

중국의 쟝크선과 한국의 돛은 분명히 횡범장치이다. 돛의 윗변의 야드와 중간에 삽입한 바텐으로 종범장치의 이점도 살리고 있다. 한국이나 중국의 돛 장치는 서양의 횡범이나 종범이 아니면서도 그 장점을 모두 구비하고 있어 순풍이나 역풍에 모두 강하다. 북해선이나 지중해선의 선형을 비교하면 북해선은 지중해선보다 선수 선미가 치솟아 현호가 크다. 북해는 큰 풍파에 견디어내는 내항성이 요구되기 때문이다. 또한 북해선은 일찍부터 선미고정타를 채택하고 선미 형상도 그것에 맞추었다.

지중해선은 오래도록 사이드 라더를 썼다. 갤리선은 물론이고 라운드 상선까지도 타주를 두지 않고 선미 현측에 사이드 라더를 두어 방향을 잡았다. 외판구조에 있어서도 북해선은 클링커 이음으로 하고 지중해선은 반드시 맞대기 이음을 썼다. 또한 돛대도 북해선은 한 개만을 쓰는 데 대하여 지중해선은 갤리선이건 라운드 상선이건 2개 정도를 으레 썼다.

북해선과 지중해선은 이와 같이 모든 면에서 대조를 이루고 14세기 말까지도 별로 혼합되는 말이 없었으나 15세기에 들어 비로소 견고한 선체와 횡범장치를 가진 북구선과 지중해선이 결합되어 보다 대형화된 혼합범장의 다장선이 출현하여 전장범선의 시대가 열리게 된 것이다.

2. 캐라벨선

캐라벨선은 포르투갈에서 개발된 3본 마스트선으로 삼각범만을 쓰는 배이다. 캐라벨선은 13세기부터 어업 같은 데에 쓰여 오다가 차차 연안항해선으로 커지고, 15세기에 들어서는 엔리케왕자의 아프리카 서해안 탐험 같은 데도 쓰였다. 캐라벨선은 횡범을 주로 쓰는 캐랙선보다도 선저가 평탄하고 배의 폭이 좁으며 물에 잠기는 흘수가 적고 속력도 빨라서 연안 항해에는 아주 적합한 배이다. 캐라벨선은 15세기까지 쓰였으나 캐랙선에 눌려 대양 항해선으로 발전하지 못하고 말았다.

산타마리아호는 유명한 배이지만 그 생명은 대단히 짧았다. 1492년 12월 24일 밤 바로 크리스마스 이브에 하이티섬 앞 바다에서 좌초하고 말았다. 콜럼버스는 하는 수 없이 선원 39명과 산타마리아호를 신천지에 남겨 둔 채 니나호로 귀환했다. 1493년 제2차 항해 때 그곳을 다시 찾았으나 배와 사람은 간 곳이 없었다. 모두 토착민들에게 당한 것이 분명했다. 그러므로 그 배가 산타마리아라는 이름으로, 바다에 떠 있는 수명은 1492년 8월부터 그해 연말까지 고작 5개월 안팎에 불과했다.

지리발견에 쓰인 배들은 그다지 큰 것은 아니고 모두 산타마리아호보다 작은 배들이었는데 바스코다가마의 기선 가브리엘호만은 산타마리아호보다 조금 큰 400톤 정도의 배였다. 가브리엘호는 퍼어 마스트에 톱 세일을 장비한 상당히 큰 캐랙선으로 인도항로를 개척하는 데 처음으로 성공했다.

카브랄은 1500년 브라질을 발견했다. 플로렌스의 탐험가 아메리고 베스푸치는 프랑스로부터 라 도핀노호를 빌려 타고 대서양을 건너 신대륙에 발을 디뎠다. 페르디난트 마젤란이 세계일주를 했다. 1488

년 포르투갈의 디아스는 2척의 배로 아프리카 발견은 너무나 유명하다. 캐봇 부자는 이탈리아의 제노바 출신이었고 북아메리카를 항해하였다.

디아스, 콜럼버스, 바스코다가마, 베스푸치, 마젤란 등 외에도 당대에 탐험가는 수없이 많았다. 특히 포르투갈과 에스파냐에 의하여 동서양 반구를 선점당한 북부유럽의 여러 나라들은 적도를 통하지 않고 동양의 보고에 이를 수 있는 길을 모색하기 시작하여 영국, 네덜란드, 노르웨이 사람들에 의하여 북동항로와 북서항로가 탐색되고 극지 탐험도 이루어졌다. 15세기에 들어서 북방선과 지중해선이 융합하여 대양 항해선으로 발전한 전형적인 대양항해선이 바로 캐랙선이다.

3. 캐랙선

캐랙선은 마스트가 3개이다. 선수루상에 퍼어 마스트, 선체 중앙에 메인마스트, 선미루상에 미즌 마스트가 있고 퍼어 마스트에는 사각형인 횡범의 메인마스트 하부에는 사각주범과 상부에는 사각정범, 미즌 마스트에는 삼각형인 종범이 각각 장치되어 있다. 선수 앞쪽으로 누워져 뻗어 있는 가름대 밑에도 작은 사각범 스피릿 세일이 있다.

캐랙의 외판은 여러 판재를 맞대어 붙이는 카벨 이음으로 만들어져 있다. 외판을 이어 나가는 방법에는 각 판을 겹쳐 이어 나가는 클링커 이음과 맞대어 이어 나가는 카벨 이음이 있다. 카벨 이음은 튼튼한 늑골을 먼저 세운 다음 비교적 얇은 외판을 그 위에 붙여 나감으로 선체가 견고하고 클링커 이음은 두터운 외칸재를 서로 겹

처 나감으로써 구조가 견고한 것이 특징이다. 클링커 이음은 배가 커지는 경우에는 시공하기 힘든 결점이 있다. 캐랙선은 카벨 이음을 채택하고 오늘에 이르기까지 큰 배에는 카벨 이음, 클링커 이음은 소형선에 남아 있다.

캐랙의 선형은 선수루와 선미루가 있고 선미에 고정타가 달려 있어 꼭 북방선과 같다. 하체 부분은 선수와 선미부가 다 같이 둥글게 되어 있어 지중해선 그대로이다. 이와 같이 캐랙선은 범장이 북방선에 가깝고 선체와 선형은 오히려 지중해선에 가깝다. 캐랙선은 14세기 말이나 15세기 초부터 지중해와 이베리아 반도에서 쓰이기 시작한 흔적이 농후하다. 그러나 캐랙선이 보급되기 시작한 것은 1450년경부터 급속히 발전되었다.

제2장 지리탐험에 쓰인 배

1. 지리탐험

15-16세기의 유럽은 십자군 원정과 르네상스를 통하여 암흑에서 깨어나 상공업과 무역이 일어나고 경제와 문화가 향상하고 발전하는 등 활기에 넘쳐 있었다. 새로운 천지를 탐색하여 재화와 상품을 획득해 보려는 열기도 대단했다.

특히 인도, 중국 등 동양의 여러 나라에 대한 호기심은 항해열을 부채질했다. 그때까지 동양의 진귀한 상품은 베네치아 제노바 등 이탈리아 도시국가의 상인들에 의해 지중해와 홍해를 거쳐 육로로 반입되어 유럽까지 공급되어 왔다. 그러나 오스만 튀르크가 중동 전역을 장악함으로써 그 길이 막히자 해로를 통한 루트를 탐색하기 시작하여 지리 발견시대의 막은 열리게 되었다.

과학기술의 발달도 선박의 대양항해에 크게 이바지했다. 13세기 중엽에 아리비아 상인들이 일찍이 중국에서 발명된 지남철 등을 지중해에 전파하고 14세기 초에는 이탈리아에서 항해용 나침반이 만들어졌다. 13세기에는 해도와 모래시계가 고안되어 항해에 쓰이기 시작했다. 이와 같은 항해용구의 발달이 뒷받침되지 못했더라면 대양항해는 어려웠을 것이다.

이 시대에 해양탐험의 선구자는 포르투갈의 항해왕 엔리케 왕자이다. 1402년부터 1460년 그가 사망할 때까지 여러 차례 탐험대를 조직하여 대서양의 제도와 아프리카 서해안을 탐색했다. 그리하여 아프리카의 케이프 벨 등이 발견되고 지리탐험시대의 막이 열렸다.

배의 크기로 보면 지리탐험에는 작을 배들이 쓰였고 그래도 큰 편에 속하는 것은 가브리엘호와 산타마리아호뿐이다. 콜럼버스가 제1차 항해 때 기선으로 쓴 배는 두말 할 것 없이 산타마리아호이다. 세계에서 가장 유명한 배는 노아의 방주와 산타마리아호라고 말한다. 그러나 구약성서에 나오는 노아의 방주는 그 실재 여부를 확인하기 힘든 전설 속의 배이고 보면 산타마리아호는 역사에 남아 있는 가장 유명한 배이다. 이 배는 모형으로도 많이 제작되어 구미 각국 도처에 깔려 있다.

2. 메이플라워호

메이플라워(mayflower)호는 지리탐험선이 아니고 영국에서 종교적 박해에 못 이겨 미국으로 이민 가는 일단의 청교도들을 실어 나름으로써 유명해진 배이다.

영국이 미국에 식민을 시작한 것은 17세기에 들어서이다. 1607년 105명의 영국 남자들이 세척의 배를 타고 신대륙 북위 36도 해안 지방에 상륙했다. 이들은 영국민이 미국에 들어와 성공한 최초의 집단 이민이고 그곳은 바로 버지니아(virginia, 처녀지라는 뜻)였다.

콜럼버스가 신대륙을 발견한 이래로 1세기 동안 에스파냐와 프랑스 사람들이 먼저 식민을 하기 시작했다. 이들의 세력에 눌려 영국과 네덜란드가 그렇게 늦게라도 아메리카에 발을 붙일 수 있게 된 것은 영국이 에스파냐의 무적함대를 전세기 말에 격퇴했기 때문이었다.

3. 갈레온

갈레온(galleon)은 16세기 말엽부터 캐랙선에 이어서 등장한 군선으로 캐랙선과 비슷한 점이 많다. 갤리온의 범장을 보면 퍼어 마스트와 메인 마스트는 톱 세일을 가진 횡범 장치이고 미즌 마스트는 종범으로 되어 있어 외모는 하나도 다를 것이 없다. 갈레온은 대개 군용선으로 쓰였다.

이 무렵의 범선에 군선과 상선의 엄연한 구별이 없었고 필요에 따라 무장했지만 지리탐험에 쓰인 캐랙선 등은 자위를 위한 무장을 했을 뿐 어디까지나 상선부류에 속하는 것이다. 갈레온은 처음부터 군용으로 쓰기 위해 만들어진 배이다. 그러므로 갈레온은 적을 제압하기 위해 우선 커야 했다.

또한 갈레온과 캐랙은 선체 주요 척도비가 다르다. 선체의 길이, 용골의 길이, 선체 넓이를 보면 캐랙선이 3:2:1인데 갈레온은 4:3:1이다. 이것은 갈레온이 캐랙에 비해 배의 길이가 보다 길고 선폭이 상대적으로 작은 배라는 것을 뜻한다. 갈레온 군선이 퍼어 마스트의 돛 면적을 되도록 크게 잡아 속력을 높이기 위해서이다.

갈레온의 기원은 분명치 않다. 이탈리아 기원설도 있으나 1540년대의 에스파냐 군선으로서 비크헤드의 흔적이 뚜렷한 것이 일부 있는 것으로 봐 에스파냐에서 개발되었다는 설이 가장 유력하다. 갈레온이 16세기 중엽부터 나타나기 시작했고 16세기 후기의 유럽 여러 나라들은 애써 갈레온을 확보하기에 바빴다. 갈레온의 발상지인 에스파냐는 물론이고 영국과 프랑스도 1545년에, 이미 1565년경에는 프란다즈, 1590년경에는 네덜란드 등 신생국가도 어엿한 갈레온 군선을 보유하기에 이르렀다.

제3장 영국의 해양세력 대두

영국은 튜터가의 첫 임금인 헨리7세가 1485년에 즉위할 무렵까지만 해도 해운과 해군력이 형편없이 뒤진 후진국이었다. 이어서 1509년 왕위에 오른 헨리8세(엘리자베스 여왕의 부친)도 해사에 극력 힘을 기울였다. 그가 부왕으로부터 이어받은 군함은 7척뿐이었으나 그 후 5년간 24척을 더 건조했다. 그중에는 유명한 그레이트 헤리(great harry, henry grace a dieu라고도 했음) 같은 거함도 들어 있었다.

그레이트 해리호는 캐랙형으로 영국이 일찍이 건조한 군선 중에서 가장 큰 것일 뿐 아니라 당대 유럽에서 으뜸가는 군선이었다. 이 배는 1539년과 1545년에 개조되어 1588년 에스파냐의 무적함대를 요격 할 때에도 활약했다. 헨리8세는 해군함정을 관리하는 해군위원회(navy board)를 창설하여 함대의 지휘권을 장악하는 해군분부(board of admiralty)와 함께 협력하도록 해군 제도를 정비강화하고, 정부 감독하에 트리니티 하우스(trinity house)라는 기관을 두어 항로표지의 설치, 선원의 자질 향상 등을 관장토록 했다.

영국이 택한 길은 불법무역과 해적행위였다. 그 대표적인 인물은 후에 엘리자베스 여왕에 의해 중용되는 존 호우킨즈, 프랜시스 드레이크 등이었다. 그들은 영국정부, 즉 여왕의 묵인하에 공공연히 바다를 횡행하며 15세기 후기에 포르투갈도 합병한 강대국 에스파냐를 괴롭혔다.

제4장 무적함대와 영국함대 간의 대결

1588년 에스파냐는 무도한 영국을 응징하고자 그들이 자랑하는 무적함대를 영불해협에 출동시켰다. 영국은 그것을 요격하고자 함대를 집결 대기하여 양국 간에 세기의 결전이 벌어졌다. 이때 에스파냐는 지리상의 발견에 앞장서 많은 식민지와 재보를 획득하고, 1571년 레판토해전에서 오스만튀르크를 격파하여 지중해의 제해권을 장악하였다. 582년에는 필립 2세가 포르투갈 왕을 겸해 전 세계의 시장도 독점하고 있는 강대국이었다.

에스파냐는 가능한 한 해전에 의한 소모를 피하고 영국 대안의 플란더즈에 대기하고 있는 육군 1만 8천 명과 합세하여 단번에 상륙작전을 펴서 영국 본토를 유린해 버릴 계획이었다. 이에 대해 영국함대의 세력은 하워드 총사령관의 기함 아크 로이얄호, 부사령관 드레이크의 기함 리벤지호 등을 비롯하여 180여 척이었다. 영국은 동원한 선척의 수에서는 우세했다. 하지만 전투에 쓸 만한 것은 3분의 1도 못 되었다.

영국의 주력 군선들은 에스파냐의 것보다도 속력이 약간 빠른 장점이 있었다. 에스파냐의 군선들은 원래 위용을 과시하기 위해 선체 상부는 높고 화려하게 꾸민 데 반해 영국 갈레온은 선수루를 낮게 만들어 돛의 면적을 넓히고 선체 하부의 선형을 예리하게 하여 에스파냐의 갈레온보다 더 빠른 속력을 낼 수 있었다. 무장에서도 양국 군선은 대조적이었다.

에스파냐는 대구경 단거리포인 캐논계 포를 중용하고, 영국은 포탄의 구경과 크기는 작으나 포신이 길어 보다 사정거리가 긴 장포신계의 칼버린포를 더 많이 탑재하고 있었다. 에스파냐 함대는 거듭되는 영국군의 기습에 말려 해협을 통과하여 영국의 대안 칼레항에 정박하지 않을 수 없게 되었다. 여기서 영국군은 야간을 틈타 과감한 화공을 가했다. 200톤급 배 6척에 가연물을 가득 실고 불 질러 에스파냐 함대의 집결처로 돌진시킨 것이다.

무적함대는 큰 혼란을 일으켜 닻을 올리고 서둘러 플란더즈 연안으로 겨우 빠져나갔다. 여기서도 영국함대는 탄약이 떨어진 에스파냐 함대에 과감한 포격을 가하여 많은 손해를 주었다. 무적함대는 하는 수 없이 스코틀랜드와 아일랜드를 돌아 패주하지 않을 수 없었다. 9월 하순 이들이 본국에 귀환했을 때 68척의 주력선 중 무사히 돌아온 배는 44척뿐이었다.

승패는 전략, 전술과 지리, 사기로 판가름이 났다. 에스파냐의 무적함대와 영국함대 간의 승패의 귀결은 영국으로 하여금 에스파냐에 대신하여 해양의 왕자로 부각시키는 큰 역사적 의의를 갖는 동시에 적선에 해전 전술에 많은 교훈을 남겼다. 1571년 레판토 해전에서와 같이 적선에 무조건 접근하고 뛰어들어 백병전으로 적선을 점령해 버리는 접전은 하나도 소용이 없었다. 레판토 해전은 접전이 대규모로 행해진 마지막 해전이고, 그보다 불과 17년 후 1588년 에스파냐와 영국함대의 대결은 포격전술에 의한 최초의 대해전이라는 역사적 의의를 갖고 있다.

영국군은 중구경 장신포를 가지고 작전을 유리하게 전개하여 대구경 단신포로 무장된 에스파냐 함대를 격퇴할 수 있었으나 그래도 중구경포 정도로는 대형 갈레온선을 격침시킬 수 없다는 것도 판명되었다. 장래의 해전은 「사정거리는 짧더라도 대구경포 다수를 현측에 장비하여 일제히 방사함으로써 적선에 치명적인 타격을 주어야 한다.」는 새로운 전술이 탄생하게 되고 그내로 이 '일세현측방사'(broadside frring)는 그 후 해전의 기본전술로 군함의 설계와 해전의 양상에 큰 영향을 미쳤다.

결론

앞선 조선기술과 항로의 개척으로 에스파냐는 당시에 지리적 발견에 지대한 공헌을 하였다. 그러나 지구가 둥글게 돌아가듯이 해양세력도 더 발달한 세력에 의해서 돌아가지 않을 수 없음을 알 수 있다. 에스파냐 무적함대를 제압한 영국 해군으로 하여금 영국은 새로운 신흥세력으로 대두되었다.

바다를 지배하는 나라는 이 세상을 지배할 수 있다. 이러한 의식을 기초로 하여 조선민족은 과거 세계 제일의 해양 무역인으로 동아시아 일대 해양세력으로 이름을 떨친 장보고 선조의 역사의식을 가지고 더한층 해양연구에 힘써야 하겠다.

위 보고서를 통하여 하나님의 창조하신 해양을 탐험하는 우리 해양인 선배들의 역사를 알게 되었다. 이로써 금번 학기의 큰 소득으로 여기며 새로운 역사의식을 가지고 살고자 한다.

해양전성시대의 범선

제5조 / 조장: 박경송(김파, 리역학, 림청송)

서론

본 조에서는 17세기부터 19세기에 동력선이 나오기 이전 시대의 선박 건조와 항해활동에 대하여 알아보고자 한다. 제1장에서는 범선의 종류와 구조의 발달에 대하여, 제2장에서는 군용범선에 대하여, 제3장에서는 사용범선에 대하여 소개하고자 한다.

이와 같이 17-18세기의 선박의 역사는 17세기 이전의 지리상의 발견에 힘입은 바 크고 이러한 대형선박들의 출현은 곧 기계의 도입을 요구하게 되었는데 그것이 산업혁명으로 이루어졌다고 본다. 이러한 해양역사의 변천을 통하여 새 시대를 조명하여 보고자 한다.

제1장 범선의 발달

1. 범선의 종류

15, 16세기 대표적 향양선은 퍼어 마스트와 메인 마스트에 사각범을 달고 미즌 마스터에 사각범을 단 3본 마스트 캐랙선이었는데 17세기부터는 점차 대형화되어 마스트의 수가 늘고 배의 기능도 다양화됨에 따라 여러 가지 독특한 범장을 한 배가 속출했다. 이들 새로운 범장선은 횡범장치와 종범장치를 여러 모로 결합한 것이다.

횡범장치는 바이킹선, 코그선 등 사각범의 전통을 이어받아 개량된 것으로서 마스트와 직교하는 수평한 야드에 제형범포를 전범할 수 있게 한 것이다. 한 마스트에 부착되는 돛의 수는 코그선에서는 하나이고 15, 16세기의 캐랙선 갈레온선까지는 많아야 세 개 정도에 머물렀는데 그 후 점차로 수가 늘어서 한 마스트에 5, 6개의 돛을 달게 되었다.

종범장치는 지중해의 라틴 세일로부터 발달한 것이다. 17세기 이후의 종범장치는 미즌 마스트 밑에 달려 있는 스핑커와 스쿠너에 잘 나타나 있다. 종범장치에서는 스핑커에 나타나 있는 바와 같이 상하 두 봉재 사이에 부등변사각형의 범포를 단 것이고 스쿠너에 나타나 있는 바와 같이 그 위에 또 사각범인 개프 톱 세일을 달리기도 한다. 개프 세일은 상선에서 스핑커 군선에서는 드라이버라고도 불린다. 횡범장치와 종범장치의 구별은 횡범은 수평한 야드에 돛이 달린 것이고 종범은 돛의 일변이 마스트에 달려 있는 것이다.

 18세기를 전후한 시기의 주요한 범선의 종류로는 십, 보리그, 바크, 보리건틴, 바켄틴, 스쿠너 등이 있고 십과 보리그는 횡범선, 스쿠너는 종범선, 보리건틴, 바켄틴, 바크는 횡종범 혼합형선이라 할 수 있다. 십은 대표적인 횡범선이며 전장범선이라고도 한다. 16세기의 캐랙선과 갈레온선은 퍼어 마스트와 메인 마스트에 횡범 미즌 마스트 1-2개에는 각각 라틴 세일을 장비한 것이었는데 십형선은 미즌 마스트마저도 횡범을 장비하고 밑에 스핑커 세일 하나만을 남겨둔 순전한 횡범장선이다. 횡범장치는 일반적으로 순풍에 잘 적응하고 황천 때에 갈범하는 데 편리한 장점을 가지고 있으므로 십형선은 대양 항해선에 적합하다.

 전형적인 종범선은 스쿠너로 17세기 네덜란드에서 군용 또는 연안 항로선으로 쓰이던 요트라는 배에서 기원했다. 요트란 원래는 사냥한다는 뜻으로서 크기가 작고 속력이 빠른 각종 배를 총칭하는 말이었다. 요트는 마스트를 한 개 가진 것도 있으나 2본 마스트선도 있었다. 이 배는 스쿠너의 시조라 할 수 있을 것이다. 그러나 스쿠너는 1713년 미국 매사추세츠 주 글로스터에서 처음 탄생했다는 설도 있다. 그때 퍼어 마스트와 메인 마스트에서 게프 세일 그리고 선수에 지브세일을 단 범선은 하도 경쾌해서 스쿠너라고 명명했던 것이다. 스쿠너 같은 종범장선은 역풍에 대한 역주성능이 좋고 조범 작업도 용이하므로 연안 항해에 적합하여 민간선으로서 많이 쓰였다.

 네덜란드 요트는 현대 요트로 발전했다. 네덜란드의 요트는 원래 연락정 또는 정탐용 척후선 등으로 쓰이고 있었는데 1660년 네덜란드에서 망명하고 있던 영국의 찰스 2세가 왕정복고에 성공하여 본국에 귀환할 때 요트를 타고 가게 되었다. 찰스 2세는 본시 배를 지극히 좋아한 왕으로 그가 요트에 애착을 느끼는 것을 보고 네덜란드 시민들은 메리호라는 요트 1척을 선사했다.

영국 왕 찰스 2세는 요트를 많이 만들어 유람과 경주용으로 쓰기 시작했다. 이와 같이 네덜란드의 평범한 연안선인 요트는 영국에 건너가 유람선이 되고 점차로 경기용으로 보급되어 현재 올림픽 종목에도 채택되고 있다. 오늘날까지도 소형 범선이 많이 이용되고 있는데 그들은 모두 종범장치를 한 배들이다. 카터는 18세기부터 군용 연락 및 순시용으로 많이 쓰인 소형정이고 슬루프는 대체로 카터와 동일한 범장이다. 캐치는 마스트가 2개이고 스쿠너와 비슷한 점도 있다.

2. 목선 구조의 발달

인류는 일찍부터 나무로 배를 만들고 목선 구조방식은 문명의 발달과 더불어 점차로 진보되어 갔다. 고대 이집트인들은 짧은 목편을 써서 선각을 만들고 종강도의 부족은 호깅 트러스라는 굵은 밧줄로 선수와 선미부를 연결하여 배의 강도를 유지했다. 점차로 장재를 외판재로 쓰게 되고 늑골을 두어 선체를 보강했다.

선체가 점점 더 커짐에 따라 구조상의 여러 문제가 생겨났다. 그 중에서도 가장 문제되는 점은 역시 각 부재의 결착을 어떻게 하며 또 수밀을 어떻게 기하는가 하는 데 있었다. 그러나 이것도 그다지 문제되는 것은 아니었다.

로마시대의 배들이 네모난 촉꽂이를 쓰는 방법은 외판재를 서로 견고하게 이어 나가는 장점은 있으나 시공이 까다로우므로 중세기에 들어서는 촉꽂이 없이 외판을 그대로 맞대서 결착하는 방식이 지중해에서 선행되고 이 같은 외판의 이음이 바로 카벨 이음이다. 다만 이 같은 카벨 이음에서는 좁은 간격으로 늑골을 많이 세워서 외판재를 지지하지 않는다.

제2장 군용범선

1. 군용범선의 발달

16세기까지 유럽의 군함과 상선은 그 구분이 명확하지 않고 순전히 군함이라 할 만한 범선은 그 수가 극히 적었다. 1588년 에스파냐와 영국 간의 대결에서도 완전한 군선이라고 할 갈레온선은 양쪽 것을 합하여 58척뿐이고, 상선을 개조하여 임시로 무장한 배가 오히려 많았다. 그 뒤 17세기에 들어서 군선과 상선이 구별되기 시작했고 군용선의 수도 급격히 늘어났다.

영국은 16세기 말 엘리자베스 여왕 말기에 군함은 고작 30−40적이던 것이 그 후 군용선은 점차로 늘어나 1660년에는 229척 1714년에는 274척, 1756년경에는 6225척을 헤아리게 되었다. 18세기 초 유럽의 해군력은 영국이 3분의 1을 차지하고 프랑스와 네덜란드가 합하여 3분의 1을, 기타 여러 나라가 합하여 나머지 3분의 1을 차지하는 세력을 형성하고 있었다. 유럽의 이 같은 해군력은 일찍이 볼 수 없었던 것으로서 그 군용선척의 수는 막대한 것이었다.

이처럼 군선이 강성해진 것은 17, 18세기에는 전 세계의 해양을 주름잡던 에스파냐와 포르투갈이 점점 물러나고 대륙에서는 프랑스, 네덜란드가 새로 바다에 진출하고 영국이 에스파냐를 대신하여 해상세력을 확보하기 위하여 다투어 군선을 건조했기 때문이다.

전세기 말의 갈레온선은 30문 안팎이 포를 장비한 800-1000톤급이었는데 17세기에 등장한 주력함들은 대체로 100문 내외의 포를 장비한 1200-2600톤의 대형함이다. 또한 이 시기에는 주력 군선이 대형화됨으로써 배들의 계층도 자연히 생겨나고 선종도 다양화했다. 그리하여 규격을 정하기에 이르렀다.

프랑스의 조선술은 원래 영국보다 앞서 있었다. 1487년 영국 왕 헨리 7세는 프랑스 배를 본받아서 조선하라고 엄명할 정도였다. 그런데 영국이 16세기부터 적극적으로 해군세력을 강화하기 시작하여 17세기에 들어서는 형세가 뒤바뀌고 말았다. 그러나 영국의 진출에 자극을 받아 루이 14세의 재정가 콜베르가 해사를 직접 책임지고 해군과 조선의 재건에 주력하자 17세기 후반에는 프랑스의 조선기술도 영국에 대적할 만큼 우수하다는 정평을 받기에 이르렀다.

18세기에 들어서는 영국 조선 기사장이던 안토니딘이 주관하여 만들고 그것은 당시 영국에서 가장 빠르고 아름다운 군함으로 칭송 받기는 했으나 근본적으로 발달은 없었다. 17세기와 18세기의 군함은 선체의 장식에서 현격한 차이가 있었다. 16세기의 갈레온선은 오로지 기능 위주로 건조되어 별로 장식을 하지 않았다. 기껏 선현에 채색 정도뿐이었다. 17세기에 들어서 대형군선은 화려한 조각과 현란한 색채로 장식되기 시작했다. 영국의 제임스 1세는 1610년 유명한 조선가 피니어스 페트에 명하여 선현과 선수, 선미에 왕가의 문장, 왕관, 동물 글자 등 세밀한 조각을 새겨 넣은 호화선 프린스 로열호를 만들었다. 특히 선수상만은 19세기까지도 모든 배의 유일한 장식으로 남았다.

유럽에서 함포는 1350년경부터 쓰이기 시작했다. 해전에서 함포의 위력이 어느 정도 발휘된 것은 1558년 영국함대와 에스파냐의 무적함대가 대전했을 때이다. 이때까지도 에스파냐는 보격전보다는 종래의 접전을 예상하여 무적함대는 갈리아스까지도 대동하였는데 그것은 아무 소용없이 보격전으로 시종하고 말았다. 그로부터 해전에서는 군함에 함포를 많이 탑재하여 적함의 홀수선 부근에 명중탄을 퍼부어 구멍을 내므로 침수시키거나 화약고를 폭파시켜 적함을 격침시켜야 한다는 전술이 있었다. 7세기 이후의 군함은 다투어 함포수를 늘이게 되었다. 이것은 함포시대의 막을 연 것으로서 해군 전술의 혁명이었다.

2. 바다의 군주호

1634년 6월 영국의 찰스 1세는 새로 만드는 군함 레오파드호를 보기 위해 올위치 조선소에 행차했다. 거의 완성되어 가고 있는 그 배를 검열하고 있던 찰스 1세는 돌연 그를 시종하고 있던 왕실 조선기사장 피니어스 페트를 옆에 불러 놓고 세계에서 제일가는 군함을 만들도록 엄명을 내렸다. 그리하여 1637년에 탄생한 군함이 바로 바다의 군주호이다.

군주호는 전장 약 200피트, 용골장 127피트, 폭 48피트, 흘수 23.5 피트에다 포 102문을 장비한 3층 갑판선으로서 그 당시의 유럽에서 가장 강력한 군함이었다. 이 배의 설계는 트라팔가 해전이 일어난 19세기 초엽에 이르기까지도 영국 제1급함의 원형이 되었다.

바다의 군주호 총 건조비는 65.586파운드 16실링 9.5펜스였다. 이 것은 당대의 40포문함 11척의 건조비에 해당하는 거액이고, 그중 3 분의 1은 바로 장식비에 들어갔다.

3. 바사호

17세기까지 스웨덴은 핀란드 등을 포함하는 광대한 영토를 가지고 있기는 하나 인구는 겨우 150만밖에 되지 않는 약소국이었다. 그러나 '북방의 사자국'이라고 일컫는 구스타프 2세(1611-1632)가 왕위에 오른 뒤 발트해의 제해권을 차지하고 독일황제와 경쟁을 벌이면서부터 함대를 강화하기 시작하여 1628년에는 바사호를 건조하기에 이르렀다.

바사호는 길이 50m, 배수량 1,300톤, 대형포 약 50문에다 선체의 장식도 손색이 없는 당대의 신예 일급함이었다. 바사호는 진수 후 1628년 8월 10일 처음으로 스톡홀름 항을 출항하여 수백 야드 범주한 끝에 돌풍을 만나 좌현으로 경사하며 침몰하고 말았다. 순식간에 일어난 돌변으로 선원 150명과 장병 300여 명 그리고 편승하고 있던 사람들도 바사호와 운명을 같이했다.

바사호의 선체 인양은 당대에도 여러 차례 시도되었다. 선체가 발견되고 난 지 5년 만에 그리고 인양 작업이 시작된 지 22개월 만인 1961년 바사호는 무사히 인양되었다. 최종 작업단계는 보존방법을 강구하는 것으로 그 작업은 오늘날까지도 계속되고 있다. 이와 같이 하여 바사호는 재생하였는데 그것은 현존하는 세계 최고의 범선이다.

1782년 8월 29일 포츠머스 부근 스피티헤드에 정박하여 수리 중 과실로 전복 침몰한 영국의 일급함 포이알 조지호는 목선외판에 부착하는 해중생물은 선체를 침식할 뿐 아니라 선체의 저항도 증대시켜 속력을 저하시킨다. 그러므로 선체에는 해충방지용 도료도 바르고 엷은 연판이나 동판도 피복하는 방법이 강구되어 왔다. 그래도 때때로 직접 선저를 소제해 내는 것이 가장 좋은 방법이다. 한국에서도 선저를 불태워 그을려 충해를 방지하는 방법이 일찍부터 쓰여왔다.

4. 빅토리호

지금도 포츠머스 항에 영구 보존되어 있는 빅토리호는 트라팔가 해전에서 영국함대 사령관 넬슨제독이 탔던 배로 유명하다. 빅토리호는 1758년 최신예함으로 설계되고, 1759년 7월 23일 체텀 조선소의 건조 도크 안에서 기공되어 1777년 완공되어 착공한 지 8년 만에 일선함으로 취항했다. 빅토리호는 1778 – 1812년까지 제독 12인의 기함으로서 여덟 번이나 주요한 해전에 참가했다.

빅토리호는 그때 이미 노후하여 채텀에 회항되어 퇴역했다. 1799년 다시 현역으로 복귀를 위해서 그로부터 거의 4년이나 걸려 수리되어 1803년 4월 바다로 나갔을 때에는 새 배나 다름이 없고 넬슨 제독의 기함으로서 지중해에 파견되었다. 이때 나폴레옹은 전 유럽 대륙을 정복하고 영국을 넘보며 봉쇄작전을 펴고 있었다. 이에 대해 영국도 나폴레옹을 해결하기 위해서 영국과 프랑스 해군 간에 드디어 1805년 트라팔가 해전으로 발전하였다.

넬슨제독은 1803년 6월 16일 함대사령관으로 취임하고 빅토리호에 승선한 이래 1805년 1월 살지니아와 코르시카의 박지에 적함대가 집결되어 있다는 보고를 받은 넬슨함대는 1805년 10월 2일 나폴레옹의 명령으로 나폴리에 회항하려고 에스파냐의 카디스 항을 출항한 프랑스 에스파냐 연합함대 33척을 카디스항의 남방 트라팔가 곳에서 포착하여 27척의 1전대로 하여금 적의 배후를 습격게 하고 자신은 잔여 전함을 이끌고 적함 5척을 격침하고 17척을 포획하며 7000명을 전사시키는 대승리를 거두었다. 영국군의 전사자는 1600여 명이었다. 그러나 이 해전에서 넬슨은 대승리를 확인한 후 적기함 러두타볼호 마스트 위에서 발사한 저격탄에 맞아 전사하였다.

빅토리호는 트라팔가 해전에서 운항 불능에 가까운 손상을 입어 지브롤터에 예항되고 1806년 1월 퇴역되었다. 그러나 1808년에는 다시 복역하여 활동을 하고 1814 – 1816년간에 수리되었으나 현역에 복귀하지 못하고 말았다.

5. 프리게이트

18세기의 유럽의 열강들은 제해권을 놓고 치열한 경쟁을 벌이며 해군력의 증강에 열중했다. 해상세력으로는 우선 거대한 전열함이 필요했지만 보다 작으면서도 성능이 우수하고 경제적인 군함도 요구되었다. 그리하여 18세기 후기부터 비포가 50문 이하이고 속력이 빠른 프리게이트가 각광을 받게 되었다.

프리게이트는 원래 경쾌하고 속력이 빠른 호위함이었다. 크기도 나라마다 다르나 대체로 당대의 5급함 내지 6급함 정도였다. 그러나 18세기 말에 이르면 선체가 커지고 비포수도 늘어 전열함 구실을 하는 것도 나타났다. 영국은 1645년에 처음으로 프리게이트함 콘스탄트와 위크호를 건조하였다. 프리게이트함이라 할 수 있는 콜베드함은 상선호송, 순찰 등 원래 프리게이트함이 하던 일을 도맡았다.

프리게이트함이 가장 발달된 나라는 미국이었다. 미국은 1776년 독립을 쟁취하고 나서 그들의 해군을 건설할 때 유럽처럼 대형 전열함을 채택하지 않고 대형 프리게이트를 건조하여 해군의 주력을 삼았다. 이때 미국이 건조한 프리게이트함은 대개 전장 200피트, 용골장 146.4피트에 이르고 포도 50여 문으로 프리게이트함이라고는 하지만 유럽열강의 3급함 정도의 것이었고 그 속력도 매우 빨랐다.

제3장 상용범선

1. 플류트선과 피네이스선

18세기까지도 전열함을 제외한 프리게이트 이하의 중소형 함선은 군함과 상선이 겸용하는 일이 많았다. 브리그형 범선은 원래 상선으로 쓰인 2본 마스트선이지만 군용으로 널리 사용되었다. 이런 경우는 일반 브리그 상선과 구별하기 위하여 브리그 포함이라고 불렀다. 이뿐 아니라 요트, 커터 등도 군용, 상용으로 모두 쓰였다. 이처럼 상선으로 건조된 배도 대양항해선의 경우 해적과 적국 군함에 대한 자위수단이 필요하였다. 당시 인도 항로의 상선들은 자력으로 프리게이트 군함 정도는 대등한 교전을 할 수 있었다.

17세기의 대표적인 상선은 플류트(fluyt)형의 배로서 선미가 둥글고 선저가 평탄한 3본 마스트선이다. 그 범장은 퍼어 마스트와 메인 마스트에 횡범 두 개씩을 달고 미즌 마스트에 라틴세일을 장비한 캐랙선형이다. 1602년 청교도 이민을 실었던 메이플라워호도 플류트선의 일종이다.

1620년경에 군용과 상용으로 겸용된 피네이스(pinnace)형선은 선수루와 선미루를 가진 단 갑판선이다. 플류트선에 비교하면 크기가 좀 작고 각형 선미를 하고 있다. 이 무렵에는 요트(jacht)도 연안상선으로 널리 쓰였다. 요트는 피네이스와 비슷한 선형이므로 소형 피네이스선이라 할 수 있다.

17-18세기의 대표적인 무역선은 인도무역에 투입된 배들이다. 이들은 동인도무역선(East indiaman)이라 불렀다. 영국은 1600년에 동인도회사를 설립하여 마드레스, 봄베이, 캘커타를 근거지로 인도 경영에 착수하였고 네덜란드는 1602년에 동인도회사를 창립하여 인도네시아 자바의 바타비아에 근거지를 두었다. 17세기 후에 프랑스도 인도의 폰디세리, 샹데르나고르에 동인도회사를 세웠다.

처음 인도무역에 투입된 배들은 400톤 정도의 적재량을 가진 플류트선과 피네이스선 등이다. 그러나 18세기 들어서 1,200톤 정도의 무역선이 등장하고 18세기 후기에는 프리게이트함 모양의 범장을 하고 있었다. 동인도 무역선에 비해서 서인도 무역선은 아메리카 대륙에 내왕하는 서인도(Westindiaman) 무역선은 크기가 좀 작았다. 1775년경에 동인도 무역선은 800톤 서인도 무역선은 300~400톤이었다.

2. 클리퍼선(양키클리퍼선)

19세기의 쾌속범선인 클리퍼(clpper)는 양키클리퍼라고도 불렀다. 그것은 클리퍼선이 독립한 미국인 양키들에 의해 개발됐기 때문이다. 미국의 블랙볼사는 1816년 뉴욕-리버풀 간 대양 항로에 우편선을 정기적으로 개설하였다. 미국의 이 정기항로에 투입한 배는 500톤급 에미티(amity), 쿠리어(courier), 퍼시픽(pacific), 제임스몬로(james monroe) 등이 4척이었다.

1833년 볼티모어에서는 길이 42.6피트, 439톤의 앤맥킴(ann mckim)호가 건조되었는데 크기는 작았으나 재료, 의장품 속력이 빨라서 미

국 클리퍼선의 시조로 말해진다. 1845년 뉴욕에서는 무지개(rainbow)
호가 750톤급 쾌속범선으로 건조되었다. 이 배는 뉴욕－중국 간 항해
를 왕항 92일 복항 88일에 완주함으로 당대 제일의 쾌속선으로 알려
졌다.

1855년 시점에서 미국은 5－6척의 클리퍼선을 대서양 정기항로에
투입하여 1년간 467.704명의 이민을 실어 날랐다. 이때 배의 속력은
17노트 정도다. 1851년 건조된 플라잉클라우드(flying cloud)호는 길
이가 209.5피트, 폭 40.7 피트로 뉴욕을 떠나 캐이트혼을 지나 샌프
란시스코까지 89일에 회항하여 미국에서 가장 빠른 배가 되었다.
1853년에 건조된 그레이트리퍼블릭호는 길이 35.5피트, 폭 53피트의
4본 마스트선으로 세계에서 가장 큰 목조선으로 알려졌다.

결론

17, 18세기는 지리상 발견에 앞장을 서서 세계의 해양을 양분하여
지배하며 독점적 번영을 누리던 에스파냐와 포르투칼이 점차로 쇠퇴
하고 영국, 프랑스 네덜란드 등 신흥세력이 등장하여 신구세력 간에
각축을 벌이는 한편 산업혁명으로 각종 범장을 한 대형범선을 개발
했다.

16세기까지만 해도 군선과 상선은 엄격한 구별 없이 캐랙선형 삼
본장선이 상용과 군용으로 겸용되었으나, 17세기부터 3층 갑판에 3
층으로 포열을 배치한 거함이 나타나서 국위를 상징하게 되었다.

19세기에 들어서자 이와 같은 추세는 더 가속화되어 클리퍼선 같은 대형 쾌속범선이 등장하여 구미와 식민지 간의 교역에 새로운 바람을 일으켰다. 그러나 19세기 초에 기선(機船)이 개발되어 점차로 개량되고, 19세기 후반에는 철선도 등장하여 범선은 쇠퇴하지 않을 수 없었다.

이와 같이 17세기부터 19세기 전까지 250년간은 목선의 건조기술이 크게 발달하고 거대한 군함과 상선 등 각종 목조범선의 전성시대라고 할 수 있을 것이다.

본 보고서를 준비하면서 해양역사를 다시 한 번 훑음으로써 자신의 정체성을 찾고 해양의식을 새롭게 가지는 데 많은 도움이 되었다. 문희주 교수님께 감사드린다.

19세기의 기선

제6조 / 조장: 김영무(박호남, 김광, 최일A)

서론

우리가 살아가면서 남기는 것이자 선조들이 우리에게 남겨준 것이 역사이다. 그러므로 국제사회로 나가야 할 우리들이 해양의 역사를 알아야 하는 것은 너무나 당연한 일이다. 오늘날의 배가 만들어지기까지는 수천 년 동안 노의 힘과 바람의 힘으로 추진되었다는 것은 알고 있다. 본 조에서는 여기에서 조금 더욱 깊게 들어가 동력선의 탄생, 외륜기선, 프로펠러 철선 등에 대해 연구하고 발표하고자 한다.

제1장 동력선의 탄생

1. 동력선의 개발

18세기 후기에 뉴코맨, 사베리, 제임스 와트 등의 노력으로 증기기관이 실용화되자 그것을 배에 이용하여 동력선을 개발해 보려고 나섰다. 프랑스의 귀족 주프로와는 1776년 소형증기선을 만들어 다뉴브강에서 실험했다. 1783년에 피로스카프호를 제작하여 리용 근방 세느 강에서 15분간을 추진하는 데 성공했다.

미국인 람지는 제일 먼저 동력선 개발에 손을 댄 사람이다. 그는 1787년 12월 포토맥강에서 두 차례 시험을 하였고, 그 추진방식은 증기기관으로 펌프를 움직여 선미로 물을 뿜어내는 오늘날의 이른바 '제트 추진방식'이었다.

미국 커네티커트주 출신의 피치는 람지와 쌍벽을 이루는 당대의 기선 발명가였다. 그는 1786년에 독특한 증기선을 제작하고 시운전에 성공했다. 그 배는 물갈퀴가 달린 긴 노 12개를 양현 전후좌우에 4군으로 나누어 달고 스프로켓과 체인으로 서로 연결하여 증기기관으로 움직이게 했는데 마치 카누를 젓는 것과 같은 추진방식이다.

밀러는 일찍부터 배의 선체는 하나보다 둘 또는 셋을 결합한 것이 더 좋으리라는 신념을 가지고 쌍둥선과 삼동선 등을 만들어 시험하고 있었다.

오늘날의 이른바 카타마란형 트리마란형 선체이다. 밀러와 사이밍턴은 우선 삼동선 에든버러호에 증기기관을 싣고 1788년 10월 14일

시험한 결과 시간당 4마일의 속력을 얻었다. 증기선 샤롯 단다스호가 사이밍턴에 의해 만들어졌다. 그것은 길이 56피트, 깊이 8피트인 아담한 배이고 그 안에 증기기관과 패들휠이 장치되어 있었다. 패들휠은 외현에 나오지 않도록 선체 안에 두었다. 사이밍턴은 이 배에 쓰기 위해 특별한 증기기관 왕복동기관을 고안했다.

미국인 스티븐스는 1804년 길이 24피트의 리틀 줄리아너호에 증기기관을 설비하고 스크류 프로펠러를 장비하여 뉴욕항에서 시험하고 시간당 4마일의 평균속력을 냈다. 그 후 스크류 프로펠러의 연구에 몰두하고 1808년에는 처음으로 바다를 항해한 패들휠 기선 피닉스호를 만들기도 했다.

2. 클러몬트호

1780년대부터 여러 사람에 의해 계속 시도된 기선의 개발은 드디어 1807년 폴턴의 클러몬트호가 시운전에 성공하였다. 로버트 풀턴은 1800년 인력으로 움직이는 잠수함 노틸러스를 만들어 프랑스와 영국 정부에 접촉하였으나 채택받지 못했다. 풀턴과 리빙스턴이 주문한 선체는 1807년 봄 동허드슨강의 찰스브라운 조선소에서 진수되고 영국에서 도착한 증기기관과 보일러도 설치되었다. 그리하여 북강의 증기선 클러몬트로 등록되었다.

클러몬트호는 길이 133피트, 깊이 7피트인 갑판이 없고 선저가 평탄한 전형적인 강선이었다. 선체 중앙에 기관과 보일러를 설치하고 그 앞쪽 양현에 패들휠을 두며 선수 선미에는 간단한 범장도 한 선형이고 주기관의 출력은 25마력이었다. 클러몬트호는 세계에서 처음으로 성공한 동력선이 되었고 로버트 풀턴은 '기선의 개발자'로서 역사에 남게 되었다.

로버트 풀턴은 동업자 리빙스턴의 조카딸과 결혼을 하고 사업가로도 성공을 했다. 다음 몇 해 동안에 몇 척의 소형기선을 더 만들어 같은 항로에 투입하고 뉴저지에 기관제작소를 차리며, 허드슨강과 이스트 리버에 증기도선을 투입하였다. 그는 만년에 미국정부의 요청으로 세계 최초의 동력군함을 설계 제작하는 영광도 누렸다.

로버트 풀턴은 젊어서는 잠수함의 발명에 몰두하고, 방랑 끝에 조국에 돌아와서는 동력선의 시조로 불리는 기선을 개발하며, 세계 최초의 증기동력군함 풀턴호를 만들고, 후년 노일전쟁과 제1차 세계대전에서 각광을 받은 자기기뢰를 발명하였고, 그 밖에 잠망경 등도 개발한 위대한 천재 기술자이고 말년에는 사업가로서도 성공한 행운아였다.

제2장 외륜기선

1. 초기의 기선

클레몬트호가 1807년 시운전을 거쳐 뉴욕-올바니 간의 정기선으로 성공을 거두자 증기기관선은 우후죽순처럼 나타났다. 기념 가치 있는 선박으로는 연해를 항행한 최초의 기선 존 스티븐슨이 건조한 피닉스호가 1809년 뉴욕－필라델피아 항로에 취항했고 1912년 영국의 클라이드강에서는 유럽 최초의 상업용 기선인 코메트호가 진수되고 클라이드강에서 글라스고와 그리노크 간의 정기항로선으로 취항했다. 1816년 3월 17일 길이 63피트, 배수량 70톤, 기관 10마력인 소형기인 엘리제호는 뉴헤이븐을 출항하여 난항 끝에 17시간을 항해하여 처음으로 영불해협을 횡단한 기선이 되었다.

1818년 크기 90톤, 30마력의 증기기관을 정비한 로브로이호는 스코틀랜드의 그리노크와 아일랜드 북단의 벨파스트 간의 정기항로에 취항했다. 같은 해에 이탈리아에서 건조된 페르디난도호는 나폴리와 마르세이유 간의 정기항로선으로 취항했다. 1819년 드디어 미국의 기선 사바나호는 처음으로 대서양을 횡단하는 데 성공했다.

2. 항양외륜선

1818년 8월 뉴욕에서 진수한 사바나호는 대서양을 횡단한 최초의 기선이다. 이 배는 원래 미국과 프랑스 간에 취항할 범선으로 계획되었으나 건조 도중 선주가 바뀌면서 증기기관을 설치한 기선으로 완공되었다. 이 배는 3본 마스터의 범장을 완비하였고, 선체 중앙에 설치된 외륜은 쓰지 않을 경우 접어서 갑판 위에 끌어올리도록 조립식으로 되어 있는 것이 특징이다.

1837년 영국에서 건조된 기선 시리우스호는 계속적으로 기관을 돌리며 대서양을 횡단한 최초의 배이다. 하지만 쾌속범선의 출현은 대서양횡단에서 자기 위치를 아직 찾지 못하였다. 기념할 선박인 대서양항로의 마지막 목조선 애드리애틱호는 1856년에 건조되어 1857년 11월 뉴욕을 출항하여 처녀 항해 길에 올라 성공했으나 기타 문제로 인하여 1885년 인도에서 폐선되고 말았다.

3. 군용외륜선

최초 증기동력군함 풀턴호는 1814년에 영국의 봉쇄작전을 뚫고자 하는 목적에 건조하였다. 풀턴호 건조 후 외륜선의 치명적인 결함은 양측에 노출된 외륜이었다. 그리하여 상당한 시간 내에는 외륜선이 해군에서 보조선으로 사용하여 일반 상선과 다른 구별이 없었다.

영국 해군은 1820년에서 1822년까지 코메트호, 라이트닝호, 미티어호 등 230톤급 항양기선을 건조하였으며 1830년 최초의 군용기선 스핑크스를 마련했으나 연락보급선으로 쓰고 그 후 10년간에 건조한 군용기선도 모두 우편선 또는 보급선으로만 사용했다.

영국해군은 1837년에야 비로소 증기기관을 정비한 군함 골근호를 건조했는데 그것도 선수와 선미에 포 1문씩 정비한 슬루프형선에 불과하고 1842년에 이르러서야 프리게이트급 군용외륜선 파이어브랜드호를 건조했다. 이전에 각 열강들이 여러 가지 방법을 생각했으나 외륜선은 전열선으로 사용되지 못하였다.

제3장 프로펠러 철선

1. 추진 방법의 개혁

클러몬트호 후 기선의 추진기로 쓰인 외륜은 대형 상선에 많이 쓰이게 되었으나 많은 결함을 가지고 있다. 첫째로 둥근 바퀴에 방사성으로 고정시켜 놓은 물갈퀴는 날개가 물에 들어갈 때 수면을 치고 물에서 빠져나올 때 물을 차올려서 효율이 좋지 않았다.

둘째로 외륜이 물에 잠기는 심도가 문제이다. 외륜은 그 지름의 5분의 1가량이 물에 잠겨서 작동하는 것이 이상적인데 배의 적하에 따라 물에 잠기는 심도가 달라질 뿐 아니라 파도에 따라서도 물에 잠기는 심도가 순간적으로 달라진다. 그러므로 외륜은 파도가 세면 고르게 작동하지 못하고 배의 적하상태에 따라서도 무리가 가게 된다.

셋째로 외륜은 구조상으로도 파도에 대해 약해서 거센 파도가 치면 손상되기 쉽다.

넷째로 외륜을 군함에 장비하면 선현에 크게 노출되어 적의 포격으로 쉽게 기능을 상실해 버릴 염려가 있고, 선체 중앙에 넓은 자리를 차지하여 포의 수가 줄어들고 화력이 약화되는 치명적인 결함도 있는데 이에 대하여는 앞에서 이미 언급했다. 외륜이 이러한 결함을 해결할 수 없어 두각을 나타낸 것이 스크류 프로펠러이다.

기선에 처음으로 사용하기는 1804년 존 스티븐슨이 허드슨강에 시항하는 데 실패하였다. 1830년대 스크류 프로펠러가 실제로 선박에 사용되었다. 이에 결정적 역할한 사람은 영국의 스미스 경과 스웨덴 출신으로 미국에서 활약한 에릭슨이다. 두 사람의 대표적 설계는 아르키메데스호와 모니터호이다.

영국에서도 1843년부터 스크류 프로펠러선을 만들기 시작하였고 1843년 4월에는 스크류 프로펠러와 외륜의 대결이 있었다. 결과 스크류 프로펠러가 완전 승리하였다. 이렇게 되어 스크류 프로펠러가 외륜보다 우수하다는 것이 입증되어 19세기 후반기로부터 외륜선이 역사의 무대에서 퇴장하게 되었다. 박용기관 면에서 외륜은 실린더와 피스톤에서 나는 출력이 밑을 가로지르는 레버를 통해 오른쪽 상변 외륜차축에 전달된다.

스크류 프로펠러서의 주기관은 선미의 프로펠러와 연결되는 프로펠러축이 있어 박용 체적이 많이 감소되고 주요 기관으로는 수직형기관, 연성기관, 연성수직형기관 3단 팽창 및 4단 팽창 기관이 쓰이게 되었다.

2. 철강선의 출현

1783년 영국에서 새로운 제철법이 개발되어 철제가 조선에 널리 사용되었다. 1787년 철제 부선 트라이알호가 건조되었는데 일부분은 목재로 건조되었다. 1818년 전철제 객선 발칸호가 건조되었다. 4년 후 최초의 철제기선 아론 맨비호가 영국에서 제조되었는데 돛을 다는 것이 아니라 동력으로만 운항하였다. 1843년 철제기선 알버카호가 유럽으로부터 아프리카에 무사히 도착하였다. 이는 대양을 항행한 최초의 철선이다. 이것을 계기로 하여 철제기선이 계속 출현하였는데 모두 외륜선이었다.

1843년 항향철선 그레이트 브리튼호가 처음으로 대서양을 횡단한 철제선이 되었다. 1850년대부터 대형철선이 출현하였다. 철제외륜선은 목조외륜선보다 체적이 한 배 이상 되었고 속도 100분의 30이 빨라졌다. 1865년을 경계로 하여 프로펠러선이 외륜선을 도태시켰다. 이것은 새로운 항해시대의 도달을 표시한다.

19세기 전기는 목조 외륜기선시대라 하여도 해운 중심세력은 대형범선이다. 또 외륜선은 보조기선으로밖에 사용되지 못하였다. 19세기 후반기에는 프로펠러선시대이다. 1869년 수에즈운하의 개통 시 범선은 수에즈운하를 통과할 수 없는데 기선은 동운하를 통과하여 지름길로 동야에 갈 수 있게 되어 프로펠러 철선이 급증했다. 하지만 철선시대가 오래가지 못했다. 새로운 제강법이 출현함으로 강선이 등장하였다.

최초의 강선 1862년 영국의 반시호, 1873년 프랑스의 군함 러두타를 건조하자 이에 1876년 영국의 해군도 아이리스와 머큐리 두 척의 쾌속통보선을 강재로 건조했다. 1877년부터 상선에 강재를 사용하였다. 1879년 뉴질랜드 로토마하나호, 캐나다의 아란조선회사 소속 부에노스아이레스호가 건조되었으며 1880년대에 대형강선이 출현하였고 건조 톤수도 날로 급증하여 드디어 19세기 말에는 '강선시대'의 문이 활짝 열리게 된다. 19세기 말엽은 앞면의 선체재료의 변천에 대한 통제표에 단적으로 잘 나타나 있듯이 목선과 철선이 병존한 시대였다.

3. 그레이트 브리튼호와 그레이트 이스턴호

이 두 선박은 대서양 정기 항로에 투입된 최초의 철선이자 최초의 스크류 프로펠러선이다. 이 배는 1843년에 건조되고 1937년까지 상업 면에서 거대한 성과를 거두었고 근 100년간 복무하였다. 이 배를 건조함에 있어서 당시에 구할 수 있는 가장 큰 철판재를 사용하였고 철재 중량이 1.500톤에 달했다. 그것이 장점이었는지 여러 번 폭풍과 조난에서 연명하여 철선의 선체가 얼마나 강인한가를 보여주었다.

그레이트 이스턴호는 1858년에 브루넬에 의해 건조되었다. 그레이트 브리튼호는 최초의 외륜기선으로 당대 최초의 프로펠러 철선으로 성공했다. 이 두 배의 설계로 그는 오스트레일리아 항로선으로 중간항이나 목적지에서 석탄 공급을 받지 않고 그대로 왕복할 수 있는 초대형선을 구상하여 이스턴기선회사에 제시했다.

총톤수 근 19000톤 재화능력6600톤 14노트 속력으로 당시에 가장 거대한 기선이 되었다. 건조시간은 6년 1월 해체하는 데 3년 되었다. 이러한 거대한 몸집으로 이스턴호는 실패작이 되었다. 가장 큰 문제는 항구에 들어갈 수 없었다. 그레이트 시리얼선의 설계자인 브루넬은 다면수로서 선박사와 토목공정사 방면에 많은 성과를 주었다.

4. 철갑군함 모니터호

프랑스는 1859년 전장갑선 글로와르호를 만들었다. 길이 252.5피트, 폭 55피트, 배수량 5.675톤인 이 배는 목조 선체의 목선이지만 수선 밑 6피트 이상의 현측과 갑판은 5인치의 철판으로 완전히 장갑되어 있었다. 프리게이트함이라 할 수 있는 이 배는 포 60문을 장비하고 4.200마력으로 프로펠러를 움직여 13노트의 속력을 낼 수 있었다. 장갑의 효능이 대단하여 모니터호와 메러막호 간의 해상격투는 무승부로 막을 내리었다. 이런 철갑군함은 현대군함에 심원한 영향을 미쳤다.

결론

예전에 우리의 의식은 너무 낮은 수준에 머물러 있었다. 이번 해양사 시간들을 통하여 19세기 기선에 대해 조금이나마 알게 되었다. 또한 어제와 오늘 그리고 내일까지 볼 수 있는 훈련들을 하게 되었다. 이후에도 해양사에 더욱 관심을 가지고 계속하여 연구하고자 한다. 마지막으로 지도교수 문희주 교수님께 감사를 드린다.

20세기의 해상세력의 발전

제7조 / 조장: 김길원(림송범, 김문걸, 천경철)

서론

인류역사는 오늘날의 문명을 창조하였다. 하지만 인간들은 또한 인류의 불행을 빚어내기도 했다. 전쟁으로 인해서 헤아릴 수 없는 물질을 허비해 버렸다. 본 조는 시대의 흐름에 따라 각 나라의 각종 해상무기, 즉 군함, 잠수함, 항공모함 등의 발전과정, 그들의 운명, 이용도 등을 일일이 소개함으로써 우리들로 하여금 역사를 바로 인식하고 우리가 가야 할 길을 알리고자 한다.

제1장 해상세력의 신장

1. 19세기 후기

1850년을 경계로 세계의 군함은 크게 변모했다. 1850년까지 전열함 중에는 기선이 하나도 없었다. 현측에 크게 자리잡는 외륜은 적의 집중포화에 견디어 낼 수가 없었고 연료의 적시보급도 곤란하여 기선은 군함으로 적합지 않다고 생각되었기 때문이다.

그러나 물에 잠겨 외부에 나타나지 않는 스크류 프로펠러가 실용화됨에 따라 동력군함이 출현하게 되었다. 1850년 프랑스는 프로펠러로 추진되는 2급 전열함 나폴레옹호를 건조하고 곧이어 영국도 1852년 동력군함 아가멤논호를 만들었다. 1860년 영국은 최초의 철제 장갑군함 워리어호를 만들고 이어서 1873년에는 처음으로 범장을 완전히 제거한 철제 전열함 데바스테이션호를 건조했다.

나폴레옹호, 워리어호, 데바스테이션호를 비교해 보면 완전히 다른 종류의 군함이다. 나폴레옹호는 목제 범장군함에 보조적으로 프로펠러를 달아 놓은 것에 지나치지 않고, 데바스테이션호는 어엿한 철제 동력함으로 그 모습은 현대의 군함과 다를 것이 없다. 이처럼 19세기 후 군함은 크게 변모하였다.

2. 20세기 초기

20세기에 들어서자 군함은 크게 발달하고 열강은 해군을 확장하며 새로운 종류의 보다 성능이 좋은 군함을 계속 개발했다. 이에 따라 해군력은 국위를 가름하는 척도가 되고 여러 차례의 전란에서도 군함은 큰 구실을 했다.

3. 20세기 후기

제2차 세계대전 후 20세기 후반기에 들어서 해군력과 함정은 크게 변모했다. 1960년대 열강의 보유함정으로 과거 1세기 동안 바다의 왕자로서 군림하던 전함은 아예 자취를 감추어 버리고 항공모함과 잠수함이 주전세력이 되고, 순양함과 구축함도 유도탄으로 무장하게 되었다.

제2장 군함

20세기 초의 일본해 해전은 해군의 전략전술에 많은 교훈을 남겨 군함설계에 큰 영향을 미쳤다. 한마디로 일본해 해전은 해군의 기본 전술에 거함거포주의를 탄생시켰다.

19세기 말까지만 하더라도 전함의 함포는 3,500야드 이내의 거리에서나 유효하게 쓸 수 있는 것으로 알려져 있었다. 그러나 일본해 해전에서 전함은 20.000야드의 거리에서부터 포화를 교환하기 시작하여 13,000야드에서 이미 명중탄을 내고 7,000~8,000야드에 이르러서는 상당한 수의 포탄이 적함을 맞혔다. 원거리 사격은 동일한 다수의 거포를 써서 이제 발사하는 것이 가장 효능이 좋을 방법이다.

전함은 종래의 다종다포주의에서 대구경 단일포주의로 전화해야 했다. 이와 같이 고속거함은 크기가 거의 한계점에 다다른 중기왕복동기관을 쓰지 않고 대마력을 쉽게 얻을 수 있는 증기터빈을 과감하게 채택함으로써 비로소 가능해졌다. 트레드노트의 출현은 종래의 전함을 모두 2급함으로 전략시키고 말았다.

1908년 영국은 또 하나의 새로운 군함 인빈시블로를 건조했다. 그 주요 요목을 드레드노트와 비교하면 배수량, 크기, 주포의 수가 대등한데 장갑 두께만이 드레드노트보다 엷고 그 대신 기관마력과 속력은 오히려 크다. 레드노트급 전함과 그 이후에 건조된. 보다 큰 전함, 둘째 인빈시블로 이후에 만들어진 순양전함, 셋째 1906년 이전의 pre-dreadnought급 전함들이었다. 이들 중에서 드레드노트 이후의 전함과 순양전함이 주력이 되고 pre-dreadnought함은 주동적인 역할을 했다.

기타 제1차 세계대전에서 쓰인 순양함은 전함과 순양전함에 비하면 제2차 세계대전 때의 전함은 워싱턴조약에 묶인 배수량 35,000톤 16인치 규모의 전함이고, 후자는 1937년 이후 무조약시대에 건조되어 톤수와 비포구경에 아무런 제한을 받지 않은 신예함들이다.

미국의 애리조나호, 일본의 나가도, 열군과 후드호는 워싱턴조약

이전에 만들어진 전함으로서 선령이 가장 많다. 미국과 일본이 워싱턴조약에서 규제된 35,000톤급 전함 보유 척수는 각각 15척과 9척인데 양국은 당시에 이미 그 척수를 상회하는 전함을 보유하고 있었으므로 그 후에 새로 만들 수 없었기 때문이다.

영국의 넬슨호는 1925년에 건조된 것이고 독일의 샤른호르스트는 재군비 후 처음으로 만들어진 주력함이다. 이들 전함의 성능은 비슷해 보이지만 나라마다 조금씩 다른 특징들을 지니고 있었다. 넬슨호는 16인치 주포 9문을 모두 선수갑판상에만 배치한 것이 특징이다. 일본전함은 미국 전함보다 약간 빠르고 모두 16인치 포를 장비하고 있었으며 사령탑을 육중하게 만드는 것이 특징이었다.

독일함정은 워싱턴조약에 아무런 영향을 받지 않았으나 크기와 포의 구경이 작고 그 대신 속력을 순양함급으로 빠르게 하여 '포켓전함'이라 불렀다. 새로운 기술이 개발될 때마다 근 개조를 단행하여 개조비가 신조할 경우의 비용을 상회하는 때도 있었다. 그러므로 이들 워싱턴형 전함은 명목상 선령이 많지만 성능은 항상 신조선과 다름없는 상태로 유지되었다.

제2차 세계대전에 등장한 무조약시대의 대표적인 거함으로 일본은 1937년부터 은밀히 거함 2척을 건조하기 시작하여 1941년과 1942년에 야마도와 무사시를 각각 완공했는데 배수량이 7만여 톤에 이르고 비포도 18인치포 9문을 장비한 사상 최대의 전함이었다.

미국은 1940년부터 기준배수량 45.000톤급인 아이오와와 미수리호를 착공하여 1943년과 1944년에 각각 완공하고 전열에 참가케 했다. 영국도 1941년 45,000톤급 뱅가드호를 착공했으나 전쟁이 끝난 1946

년에야 준공되어 실전에 쓰지 못했다. 제2차 세계대전에서 살아남은 전함은 미국 24척(건조 중지된 것 제외), 영국 17척(1946년 완공한 뱅가드 포함), 프랑스 4척, 이탈리아 5척, 일본 1척 모두 51척에 달했다.

제3장 항공모함

1. 제2차 세계대전까지의 항공모함

1911년 1월 18일 미국의 민간항공사 유진 일리는 순양함 펜실베이니아호의 선수루상에 특별히 마련한 목갑판으로부터 항공기를 띄우는 데 성공했다. 이것이 선상에서 최초의 항공기의 이륙이었다. 제1차 세계대전 후 항공모함에 대한 관심이 높아졌지만 처음으로 건조된 최초의 항공모함은 일본이 1919년에 착공하여 1922년 12월에 완공하였다. 배수량이 755톤 정도의 항공모함으로 시초에는 비행갑판 한쪽에 선교와 굴뚝을 둔 '아일랜드형'이고 비행갑판이 선수 쪽으로 약간 기울어져 있었으나 착함 시험 결과 1923년에 개조되어 선교는 밑에 두고 비행갑판은 평탄하게 되었다.

항공모함은 그 후에 급속히 늘어 2차 대전 발발 당시에는 영국 7척, 미국 7척, 일본 8척을 헤아렸다. 그들은 각자의 독특한 모습을 갖고 있으면서 각자의 강점을 잘 개시하였다. 그리하여 대전 초기에서는 항공모함을 주축으로 하고 그것을 호위하는 전함, 순양함, 구축함으로 구성된 기동함대가 제해권과 제공권을 장악했다.

2. 제2차 세계대전 후의 항공모함

제2차 세계대전 후 항공모함은 주로 미국에서 더 발달하여 점점 더 커지고 성능도 개량되었다. 미국은 1945년에 이미 5만 톤급 항공모함 미드웨이, 루즈벨트 등을 만들고, 1961년에는 6만 톤급 키티호크와 7.5만 톤급 원자력추진 항공모함 엔터프라이즈호를 건조하며, 1972년에는 8.3만 톤급의 니미츠호를 완공하였다. 그리하여 최신 대형항공모함 14척을 보유하고 있다.

소련은 2차 세계대전 중에는 물론 최근까지도 항공모함을 가지고 있지 않았으나 1970년에 들어와서 항공모함을 건조하기 시작했다. 기타 영국, 프랑스, 아르헨티나, 오스트레일리아, 브라질, 인도 등도 항공모함을 소유하고 있으나 영국의 아크로이열호를 제외하면 모두 3만 톤 미만의 것이다.

제4장 잠수함

1. 잠수함의 개발

예부터 많은 사람들이 물속을 마음대로 다닐 수 있는 잠수기나 잠수함을 고안해 보려고 애를 썼다. 배로 물과 바다를 정복한 인간이 물속의 세계까지도 지배해 보려고 한 것은 극히 자연스러운 욕망의 발로이다. 옛날 마케도니아의 알렉산더 대왕은 대단한 해중탐색광이었다. 그는 유리로 잠수기를 만들어 직접 물속에 들어가 수중을 탐색한 일이 있었다. 이처럼 고대로부터 중세기를 통해 근세에 이르기까지 여러 모양의 잠수기, 잠수선 등이 시험되었고 그것은 마치 연금술 같은 마력으로 사람들을 현혹시켜 왔다.

16세기에 윌리엄 부언이라는 영국인이(inventions and devices, 1578)이라는 책을 저술하고 잠수선의 가능성과 그 세부에 관한 구조 방식까지도 제시했다. 그러나 아무런 결실을 얻지 못했다. 그 후에도 많은 모양의 잠수기들이 등장했었지만 그 구실을 담당하지 못하고 물거품마냥 사라졌다.

18세기 말부터 잠수함은 어느 정도의 구체적인 형태를 가지게 되었는데 그 대표적인 것은 미국의 데이비드 부시넬이 만든 잠수선이다. 그 구조는 귀갑 두 개를 엎어 맞춘 것이므로 '거북호'라는 이름을 갖게 되었다. 이 '거북호'는 실제 1755년 미국독립전쟁에 사용하였으므로 세계 최초의 잠수함이라고 알려져 그 존재가 아주 유명하다.

1899년 프랑스의 해군기사 로오브는 프랑스 해군을 위해 배수량 200톤의 잠수함 나발호를 만들고, 미국인 홀랜드로 오랜 실험 끝에 1899년 배수량 70톤의 홀랜드 8호를 제작하는 데 성공하고 1901년 배수량 104톤의 홀랜드 9호 7척을 미국 해군에 납품했다. 하지만 홀랜드와 로오브의 잠수함은 모두 추진기관에 큰 난점이 있었다. 홀랜드 잠수함의 석유 기관은 항상 폭발의 위험이 따르고, 로오브 잠수함의 증기기관은 배연처리가 곤란하고 선내에 방출되는 증기가 큰 문제였다. 이 문제는 그 후 디젤기관을 채택하고 나서야 비로소 해결이 되고 잠수함은 무서운 수중무기로 발전하게 된다.

2. 원자력 잠수함

1952년 7월 14일은 원자력선이 착공된 날이다. 미국해군 하이만 리커버 대령이 주도하는 기술진이 소형 원자로를 잠수함에 설치하였는데 성공하여 원자력잠수함 노틸러스호가 착공된 것이었다. 종래의 반잠수함은 수상에서 디젤기관을 쓰고 수중에서 2차 축전기의 전력으로 전기모터를 쓰므로 수중에서 오래 견디지 못하고 전지의 충전을 위해 자주 물 위에 부상하지 않으면 안 되었다.

수중속력은 최고 15노트 내외가 한계이고 그것도 전속을 내면 1시간 정도로 축전지의 용량이 다 했다. 잠수함에 원자로를 쓰면 공기가 필요 없으므로 잠함시간은 무한정으로 늘어나고 속력도 크게 향상시킬 수 있다.

노틸러스의 추진 장치로 쓰인 원자로는 연료를 우라늄 235를 사용하여 열에너지로 감속된 중성자에 의한 별영중성자로이다. 감속재, 냉각재로서 증류수가 사용되고 가압하는 형식으로 농축도가 높은 우라늄을 사용하고 있다. 노틸러스호는 북극해의 빙판 밑을 잠항하여 태평양으로부터 대서양으로 빠져나가는 데 성공하여 큰 화제를 모았다. 또한 잠항거리가 길 뿐만 아니라 그 어떤 방면에서도 기능이 뛰어났다.

3. 제1차 세계대전에서의 잠수함

잠수함은 1910년경 때마침 루돌프 디젤에 의해 실용화된 디젤기관을 채택함으로써 크게 개량되었다. 이는 가솔린기관을 사용함으로 인하여 연료의 증발로 폭발 위험이 크고 승무원의 호흡도 곤란하여 장시간 잠항을 계속할 수 없었으나 디젤기관을 활용함으로써 이들 문제가 쉽게 해결되었다. 하지만 잠수함이 성숙되지 못한 탓으로 열강은 잠수함을 그다지 중요한 해전의 무기로 사용하지 않았다.

제1차 세계대전 당시 영국, 프랑스, 미국, 독일, 오스트리아 등 교전국이 보유한 잠수함의 척수는 다음과 같다. 독일 30척, 미국 44척, 오스트리아 6척, 러시아 30척, 영국 78척, 일본 13척, 프랑스 64척, 이탈리아 19척이었다. 그 가운데서 독일이 잠수함을 가장 중요시하였다. 왜냐하면 그 당시 독일의 해군력은 적국에 비해 대단히 약세에 있었으므로 개전 초기에 시험적으로 잠수함 작전을 써 보았다. 그 성과는 놀라울 만큼 컸다. 이에 따라 독일은 전쟁 중에 많은 잠수함을 건조하고 전면적으로 작전에 활용하여 연합국을 괴롭혔다. 그간에 잠수함은 점점 개량되었다. 1914년도 31척으로부터 1918년 4년 만에 341척이 늘어나 371척이 되었다.

4. 제2차 세계대전에서의 잠수함

제1차 세계대전의 경험에 비추어 미국, 영국, 프랑스 소련, 일본 등 여러 나라는 1920-1940년간에 모두 잠수함 개발에 심혈을 기울였다.

독일은 1차 대전 후 히틀러 정권하에 1935년 3월 16일 동조약을 일방적으로 폐기하고 다음 달 영국과 해군협정을 맺고 자발적으로 해군력을 영국 해군의 35%로 제한하기로 하면서 잠수함만은 영국 보유 톤수의 45%까지 보유하도록 협정했다. 제2차 세계대전이 발발하고 나서 소형 잠수함이 큰 기여를 하지 못하였다. 그러나 전쟁 중에 대형 잠수함도 개발하였다. 독일은 제2차 대전 중에 1162척의 잠수함을 건조하여 연합국의 상선 2603척 약1350만 톤과 군용함정 175척을 격침하면서 스스로도 784척이나 희생당했다.

제2차 세계대전에서 미일 양국도 잠수함을 이용하려고 크게 노력했다. 그러나 미일전쟁의 무대는 유럽행처럼 좁지 않고 광막한 태평양이어서 잠수함의 활동과 전과는 대서양에서처럼 크지 못했다. 다만 일본은 1941년 12월 8일 아침 선전포고도 하지 않은 채 진주만의 미국함대를 공격할 때 항공기와 함께 10척의 특수 잠항정도 투입했다. 그 잠함정은 2인승 극소형 잠수함으로서 정장(艇長)이 잠망경을 보며 지휘하고 다른 한 승무원이 어뢰를 발사하는 식이고 항속거리도 극히 짧아 모선에 의해 운반되었다.

결론

좋은 전생은 없고 나쁜 평화노 없다. 인류역사는 이 모든 것을 뼈저리게 경험하고 느껴왔다. 하지만 그들은 계속하여 국방세력을 강화하고 새로운 무기를 개발하였다. 세계 각 나라에서 국방세력에 투자하는 돈이 교육에 투자하는 돈의 몇 백 배가 넘는다고 한다.

'養兵千日 用兵一時'라는 말이 과연 맞을까? 막대한 돈을 들여 건조한 군함, 잠수함, 항공모함 등이 과연 나라를 지켜낼 수 있을까? 겉 표면으로는 가능할지도 모르겠지만 사실 이 모든 것들이 나라를 멸망의 길로 인도한다는 것을 홀시하고 있다. 독일이 그랬고 일본도 그랬다. 우리의 좋은 경험으로 삶지 않을 수가 없다. 각 나라 각 사람마다 청지기의 자세로 자기 맡은 바 임무에 최선을 다한다면 전쟁이 왜 필요하겠는가? 반세기 동안 나라 분단, 민족 분단의 눈물로 세월을 보낸 우리 민족이 아닌가?

공산주의로 인하여 눈이 먼 북한 사회, 물질주의로 허풍만 불어대고 서로가 서로의 흠을 뜯는 남한 사회, 민족역사와 문자까지도 잃고 있는 외국 동포들, 더 이상 쇠퇴해 가고 있는 우리 민족의 역사를 되풀이할 수 없다. 21세기는 택함 받은 조선민족의 세기이다. 8천 만이 하나가 되어 사랑으로 이 세계를 지배하는 그날이 오기를 우리 모두는 기도한다. 전쟁과 싸움이 없는 그날을……

현대해운의 발달과 상선

제8조 / 조장: 박수철(한창걸, 리택송, 김명철)

서론

해운의 역사는 BC 1000년경까지 거슬러 올라간다. 그러나 활발한 해상운송은 페니키아인으로 기원전 10세기경이다. 그 후 중요한 해상운송은 국가나 지역의 세력성쇠에 따라서 변천을 거듭하였다. 제2차 세계대전 이후 선복량의 증가는 특히 수에즈운하의 제1차 봉쇄(1956년)로 유발되어 시작된 선박의 기술진보는 60년대 들어서는 전용선의 대형화가 급속히 진행되고 컨테이너선의 개발은 이 시대 진보의 중요한 표징이다.

모든 종류의 선박은 근년에 급진적으로 대형화가 이루어졌다. 상선의 대형화가 급진전된 것은 배가 커지면 배의 톤당 건조가격이 싸지고 선비, 운항비, 수송비가 모두 싸지므로 그만큼 경제성이 향상되기 때문이다. 또한 근래의 모든 선박은 고속화되어 가고 있다. 선박

설계에서 "speed is money"라는 격언이 있다. 배의 속력을 올리면 돈을 잘 벌어들인다는 뜻이 아니라 속력을 조금이라도 무리하게 올리면 불경제라는 뜻이다. 속력을 크게 하면 선사가 비싸지고 재화중량이 감소되는 이중의 역효과가 생긴다.

제1장 현대 해운의 발달

1. 해운선복의 증가

19세기 후, 20세기 세계의 해운선복은 질적-양적으로 크게 변모했는데 이 같은 급격한 증가는 18세기 후반-19세기 전반에 걸쳐 영국에서 일어난 산업혁명이 각종 산업의 성장, 교역의 증가 등으로 물동량이 늘어났다. 또한 이 기간 선복량은 급격히 증가하고 범선에서 동력선으로, 목선에서 철강선으로 선박체질 개선도 크게 촉진되었다. 1850-1914년간에는 배의 크기도 급진적으로 커져 갔다.

20세기 초 상선은 내연기관선의 진출로 특징된다. 디젤기관은 독일인 디젤 박사의 발명품으로 1987년에 실용화되고 1902-1903년간에 최초의 선박용 디젤기관이 제작되었다. 중유를 연료로 하는 디젤기관은 원래 열효율이 좋은 원동기로서 연료소비량이 연유기기의 50% 밖에 들지 않는 큰 장점과 무게가 가볍고 시동이 빠르며 기관부 선원이 반감된다는 등의 이점도 겹쳐서 디젤선은 일약 20세기 해운계의 총아로 등장하게 되었다.

2. 현대 상선의 추세

현대의 상선은 전용화, 대형화, 고속화, 자동화의 방향으로 치닫고 있다. 제2차 세계대전까지는 객선, 일반화물선, 유조선, 광석운반선 등으로 구분된다. 20세기 후반기에 컨테이너선은 일반 잡화를 일정 규격의 상자, 즉 컨테이너에 넣어 운반하는 화물선으로 1960년대에 시작하여 현재 정기화물 항로에 많이 쓰이고 화물운반선, 냉동화물선, 목재운반선 등 전용선이 아주 많다.

살화화물선은 원료, 쌀, 밀 등 균질 화물을 포장하지 않은 채 그대로 운반선, 화물선으로 원료, 곡류 등 운반에 크게 각광을 받고 있는 선종이다. 현재 철광석의 연간 적출량도 일억 톤을 초과하여 살화화물선이 중요성은 날로 더해 가고 있다.

탱커선(유조선)은 근래에 원유수송선, 석유제품수송선 및 각종 화학제품수송선, 천연가스운반선, 석유가스운반선도 근래에 등장한 새로운 선종이다. 석유가스운반선 제1호는 1959년 1월 미국의 루이지애나주 찰스호로서 액화메탄가스 수송을 위한 재화중량 3000톤의 탄파이오니호이다.

유조선, 광석운반선, 살화운반선으로 겸용할 수 있도록 만들어진 배가 겸용선인데 원유와 광석운반에 겸용되는 것을 광유겸용선이라고 하고 원유와 살화를 겸용하는 경우에 O/B선, 원유, 살화 광석 등 모두 겸용할 수 있도록 설계된 배를 O/B/O선이라고 한다.

화물선의 고속화는 일반화물선에서보다도 컨테이너선에서 더 현저하게 나타나고 있다. 그 하역속도가 빠르고 정박시간이 아주 짧은 것이 특징이다. 최근에는 과속을 삼가고 20피트, 컨테이너 2000개 적재 총톤수 5만 톤가량의 대형선에서 20-25노트쯤으로 낙착되어 가고 있다.

제2장 여객선

1. 20세기의 여객선

여객선은 20세기에 들어 대형화, 고속화가 더욱 촉진되고 조선술의 발달, 증기터빈의 등장 등 일련의 기술이 개발되었다. 첫째로 크기의 경쟁은 1932년 프랑스가 처음으로 8만 톤을 넘는 노르망디호를 세상에 내놓자 영국은 1934년에 그보다 천 톤가량 더 큰 퀸메리호를 건조했다.

정기여객선 중에서 일 년 중 가장 빠른 속력으로 대서양을 건너는 '블루리번상'은 1935년부터 매년 정식으로 '블루리번상'이 수여되기에 이르고 이것을 '대서양 항로의 국제올림픽'이라 부르게 되었다. 20세기부터 '블루리번상'의 행방을 제1차 세계대전이 일어날 때까지 독일의 크론프린츠 빌헬름호, 카이저 빌헬름2호, 독일의 브레멘호, 오이로파호, 이탈리아의 텍스호, 프랑스의 노르망디호, 영국의 퀸메어리호가 차례로 탔다. 제2차 세계대전 후 항공기가 점차로 여객수송에 진출하여 대형 호화여객선은 쓸모가 없어지고 세태도 바뀌어 선편을 이용하는 선객도 줄어들었다.

2. 비운의 객선

20세기 초 대서양항로에 여객선이 번성하기 시작할 무렵 영국의 두 큰 여객선회사 중의 하나인 화이트 스타라인은 경쟁사인 큐너드 라인 모리타니아호 루시타니아호를 제압하려고 1910년 올림픽호와 1911년 타이타닉호 등 두 척의 호화선을 만들었다. 이들 자매선을 총톤수 4만 6천 톤급의 큰 배로 삼축추진법을 써서 양옆의 프로펠러는 증기기관으로, 중간프로펠러는 증기기관의 배기를 이용한 터빈으로 구동하는 참신한 설계의 삼축선이었다.

타이타닉호는 1912년 4월 10일 선객 1316명과 선원 892명 싣고 처녀항해의 길에 올랐다. 14일 밤 11시 40분경 뉴파운드랜드의 그랜드 뱅크남방 95마일 해상에 이르렀을 때 타이타닉은 빙산과 충돌했다. 충돌사고를 일으킨 지 두 시간 40분 만인 15일 오전2시 20분에 완전히 침몰하고 말았다. 승객과 선원 815명의 생명을 삼킨 해운사상 전례 없는 대참사였다.

이 사고는 사회적으로는 물론 조선기술 면에서도 큰 물의를 일으켜 그 후 선박 안전에 관한 여러 가지 조치가 취해졌다. 오늘날까지 계속 열리고 있는 '해상에서의 인명안전에 관한 국제회의'(SOLAS)가 1913년 런던에서 처음으로 열린 것과 북대서양 항로에서 빙산에 대한 국제순시가 생긴 것도 타이타닉호의 침몰이 계기가 된 것이다.

西行에서 1907-1909년간 루시타니아가 독점하고 東行에서는 누 자매선이 교대로 기록을 수립했다. 1915년 5월 7일 오후 루시타니아호는 뉴욕으로부터 귀항 도중 아일랜드의 남해안 바다에서 독일 잠수함 U-20으로부터 아무런 경고도 없이 어뢰공격을 받아 침몰하고 말았다. 이 여객선은 20분 만에 가라앉고 1,198명의 희생자를 냈다. 타이타닉의 참변 이후 인명 피해 규모에서 타이타닉호에 뒤지지 않는 것이었다.

3. 여왕호

20세기에 유명한 여객선 중 퀸메리호, 퀸엘리자베스 1호, 퀸엘리자베스 2호 등으로 모두 전통을 자랑하는 큐너드 화이트 스타사의 소유 선박이었다. 큐너드 화이트 스타사는 1934년에 합병한 회사로서 지금까지 가장 으뜸가는 정기항로 여객선들을 운영해 오고 있다. 대형여객선의 사양은 1950년대부터 닥쳐오고 있었다. 제2차 세계대전 이후 항공여객기가 진출하여 초대형여객선은 운영이 힘들게 되었다.

1960년경부터 대형여객선은 여름에만 지정된 정기항로에 취항하고 겨울에는 유람객을 모집하여 명승지를 두루 巡航하는 방식으로 운영되었다. 정기 및 순유 여객선이 각광을 받자 모든 여객선이 이에 집중되고 드디어 정기항로와 순유를 겸하는 배가 나타나기 시작했다. 1961년 프랑스가 건조한 6만 톤급의 프랑스호는 바로 전형적인 예이다.

대형여객선의 시대는 서서히 사라져 퀸메리호는 1967년 경매로 캘리포니아 주 롱비치시에 300여만 달러에 팔려서 해양박물관으로 쓰이고 있다. 퀸엘리자베스호는 1969년 미국의 더 퀸(the queen)사에 매각되고 플로리다주에서 해상호텔로 꾸미려 했으나 다시 홍콩의 해운가 당호운 그룹의 Inland Navigation Shipping사에 팔렸다. 퀸엘리자베스 2호는 1969년 큐너드 화이트 라인사가 만든 6만 톤급 객선이다. 오직 이 배만이 지금까지 홀로 남아 순유선으로 쓰이고 있다.

제3장 화물선

1. 미국의 표준형 상선

미국은 제2차 세계대전 중에 놀라운 조선능력을 과시했다. 1930년경부터 1950년에 걸쳐 전 세계의 조선량은 연간 100만 톤을 오르내렸는데 미국은 단독으로 연평균 600만 톤, 많은 해에는 1,000만 톤 이상씩을 만들어 냈다. 전쟁에서 상실된 외항선복 3,470톤 중 그 대부분이 연합국 선복이었는데 미국의 신조 상선은 그것을 메우고도 남음이 있었다.

미국의 계획조선과 표준선형은 1936년에 공포된 상선법에 의하여 제정되었다. 이 법에 근거하여 같은 해에 대통령 직속기관이 해사위원회가 탄생하고 민간상선에 대한 자금의 대여, 운항 및 조선차액의 보조 등의 길이 열렸으며 한편 표준형선의 제정과 국유선 계획조선도 추진되었다.

미국 해사위원회가 제일 먼저 설계한 표준선형은 C1, C2, C3, C4 등 화물선이 있었는데 이는 평화 시에 많이 만들어졌고 수십 개의 임시조선소를 공업의 중심지로 만들고 주변의 기계공업시설을 동원하여 능률적인 방법으로 평균 30일 대량생산하여 대서양과 태평양에서 군수보급물자를 운반하는 수송선으로 큰 역할을 했다.

제2차 세계대전이 끝났을 때 '제2차 대전의 승리는 리버티선이 가져다준 것'이라는 말이 떠올랐는데 결코 빈말이 아니었다. 1943년부터는 해운활동에 쓸 수 있도록 새로운 전시 표준화물선, VC-2형 선이 설계 건조되었다. 그 이름도 빅토리C-2 또는 VC-2라 하고 보통 '빅토리선'이라 불렸다. 이들 미국의 전시 표준화물선들은 대전 후 세계의 해운을 부흥시키는 데도 큰 역할을 기했기에 가히 20세기의 대표적인 상선이라 한다.

2. 대형 탱커(V.L.C.C)

유조선은 근년에 그 크기가 급진적으로 대형화되었다. 그 주요한 선종으로는 '라지 탱커', '슈퍼 탱커', '자이안트 탱커', '매머드 탱커' 등이었다. 그 후 1956년 8만 톤급 DWT급 '유니버스 리더', 1959년 10만 톤급 '유니버스 아폴로', 1965년 16만 DWT의 '베르게센', 1966년 20만 톤급 '이데미츠마루', 1968년 30만 톤급 초대형 탱커 등이 나타났다.

30만 DWT급 탱커로서 처음 건조된 것은 유니버스급선인 유니버스 아일랜드, 유니버스 쿠웨이트, 유니버스 코리아, 유니버스 포르투갈, 유니버스 저팬, 유니버스 캐나다 등 6척이다. 이 탱커들은 미국의 NBC(natinal bulk carriers inc)가 일본의 유명한 미쓰비시 중공업의 나가사키 조선소, 이시가와지마 하리마 중공업의 요코하마공장에 주문하여 만든 것이다. 그리고 또 1966년에는 획기적인 33만 DWT 급 유조선 6척을 주문했는데 그것이 바로 유니버스 코리아 등 초대형 원유수송선 V, L, C, C의 탄생에는 NBC가 설계담당 중역인 한국인[高榮會]의 역할이 컸다. NBC사에서 그 기본계획을 담당한 책임자가 바로 고영회 씨이다.

NBC의 설계는 아주 참신하고 혁신적인 것이었다. 종래로 유조선의 주요 척도는 고정되었지만 유니버스급선은 길이 345M, 폭 53.5M 길이 32M 등이 전혀 뜻밖의 치수비례를 채택하여 전례 없는 33만 톤 DWT의 거선을 만들었다. 때문에 오늘날 대형유조선 V, L, C, C의 표준 크기는 30만 DWT 내외로 정착되고 그 치수비례는 모두 유니버스호의 것을 따르고 있다. 이렇게 유니버스선은 오늘날 V, L, C, C의 모형이 된 것이다.

3. 컨테이너선

컨테이너수송은 처음에 기차, 화물자동차 등 육상수송방법으로 시작되었다. 1957년에 현재 세계 제일의 컨테이너 기선회사인 시랜드사(Sea-land service co.)가 선편을 이용한 컨테이너 수송에 성공하였다. 그 후 1966년부터 컨테이너선이 국제항로에 진출하였다.

일반화물에 비해 해상 컨테이너수송은 포장비와 하역비를 절감할 수 있고 화물의 안전과 신속한 운송을 기할 수 있다는 데서 순식간에 전 세계의 여러 항로에 번져 컨테이너선은 해운계의 총아로 각광을 받게 되었다. 화물을 담은 컨테이너는 현재 그 규격이 국제적으로 통일되어 있고 그 치수는 가로 세로 8피트×8피트, 길이, 10피트, 20피트, 40피트의 것이 가장 많이 쓰이고 있다.

컨테이너선은 하역이 아주 간편하고 신속해서 일반화물처럼 복잡한 하역장치가 필요 없다. 때문에 컨테이너선은 최근에 급격히 대형화와 고속화의 이득을 충분히 누릴 수 있는 배이다.

제4장 특수선

1. 어선

인류가 어패류를 거두어 식량으로 삼아 온 지는 오래되지만 동력선을 활용하여 어업을 하게 된 것은 20세기 초부터이다. 그것도 1940년대까지는 극히 작은, 보잘것없는 소형선이었다. 그러나 제2차 세계대전 이후 디젤기관이 소형선에도 급속히 보급되고 한편 냉동냉장 기술도 발달하여 어선은 비로소 대형화하여 원양에도 진출하게 되었다. 전세계의 총 어획량은 1977년도에 7,350만 톤에 달하고 세계의 주요한 어업국은 일본, 소련, 중국, 노르웨이, 미국, 인도, 페루, 한국 등이다.

2. 수중익선과 호버크라프트

수중익선은 선체 밑에 항공기처럼 포일형 날개가 달려 있어 선체가 물 안에 잠기지 않고 물 위에 떠올라서 물의 저항을 받지 않고 고속으로 달릴 수 있는 배이다. 그 원리는 비행기 날개가 일으키는 양력으로 항공기 기체가 떠오르는 현상과 동일하다. 최초의 상업용 수중익선은 1956년에 건조되었고 이탈리아 본토와 시실리섬 간에 취역했다.

호버크라프트도 수중익선처럼 선체가 물 위에 떠올라 앉아 추진되는 배이다. 그러나 선체가 물에서 떠오르는 치맛자락처럼 바람이 빠져나가지 못하도록 스커트를 붙여 그곳에 송풍기로 압축공기를 불어넣어 수면과 선체 사이에 공기쿠션을 형성하여 선체가 물 위에 떠오르도록 하고, 항공기 프로펠러를 선체 위에 달아 항공식 추진을 하든가 아니면 수중에 박용 추진기를 넣어 고속으로 추진하는 것이다.

이 두 가지 추진방법을 구별하기 위해 항공기 프로펠러로 추진하는 경우를 호버크라프트, 박용 추진기를 쓰는 경우를 호버마린이라 하기도 한다. 이 같은 원리에 의하여 수륙양용 호버크라프트도 가능하다. 지금의 호버크라프트는 1953년 영국인 코커렐에 의해 개발되고 그 시작은 srn-1호가 도버해협을 횡단하는 데 성공함으로써 각광을 받기 시작했다. 호버크라프트는 선체가 물의 저항을 거의 받지 않아 일반 선박에서는 생각할 수 없는 고속을 쉽게 낼 수 있다. 호버크라프트는 70노트-100노트 이상의 속력도 기대할 수 있다. 그러나 호버크라프트는 파도에 약하다는 치명적인 결함을 가지고 있으며 선가가 비싸다는 것이 흠이다. 그러므로 현재 호버크라프트는 지중해처럼 파도가 작은 수역이나 영불해협처럼 거리가 짧은 항로에서 유리하게 사용되고 있다.

이와 같이 호버크라프트는 고속으로 운반능력이 크다는 데서 장래가 촉망되는 새로운 형태의 항공기와 선박의 중간 역할을 할 수 있는 교통수단으로서 장차 그 발전 가능성이 크다. 다만 그것을 육상 교통에 쓰는 경우에 기성도로의 노폭을 조절하는 문제와 소음과 먼지를 처리해야 하는 문제 등이 남아 있다.

3. 원자력상선

세계 최초의 원자력은 미국이 1952년에 착공하여 1955년에 완공한 잠수함 노틸러스호이다. 1957년에 착공한 원자력 추진 순양함 롱비치호가 1961년에 준공되고, 원자력 항공모함 엔터프라이즈호가 1958−2961년에는 계속적으로 군함의 추진동력으로 이용되어 왔다. 한편 원자력은 군용선이 아닌 배나 상선에도 써 보려는 움직임이 활발하게 일어났다.

소련은 원자력 쇄빙선 레닌호를 1956−1959년에 완공하고 미국은 원자력 상선 사바나호를 1958−1962년까지 4년간 만들었으며 동독은 원자력 광석운반선으로 한호를 1963−1968년에 준공하고, 일본도 1968년부터 특수화물선 무츠호를 만들기 시작했다. 소련의 레닌호는 세계 최초의 비군용 원자력선이고 미국의 사바나호는 세계 최초의 원자력 상선이라 할 수 있다.

사바나호는 상업적 수익의 목적보다 원자력 상선도 안전하게 운항될 수 있다는 사실을 입증하고, 원자력선에 필요한 선원과 기술요원을 양성하기 위해서 만들어진 배이다. 사바나호는 원자력선으로 연료보급 없이 3만 해리를 항속할 수 있다. 그러나 상선으로는 성공하지 못했다. 동독의 철광석 운반선으로 한호는 그래도 어느 정도 계속적으로 운영된 원자력 상선이다.

결론

19세기를 역사에 관심시대라고 한다면 20세기는 미래에 관심을 가진 시대, 21세기는 해양에 관심을 가진 시대라고 말할 수 있다. 1850년대 이후 인류해양에 관한 식견이 장족의 진보를 거두었다. 그러나 바다는 단순히 교통로이고 물고기나 소금의 공급원이었던 시대는 이미 지나갔고 지금은 해양이 에너지로 이용되고 있다. 또한 전 세계적인 협력으로 해양탐구가 기대됨으로 해양을 보존하는 것도 잊어서는 안 된다.

21세기는 선박의 전용화, 대형화, 고속화와 병행하여 배의 모든 부분에서 자동화가 적극적으로 진행되고 있다. 자동화 장치는 또한 대형화 고속화를 가져왔다. 현재 자동화의 범위는 점점 더 확대되어 가고 있다.

해양사 시간을 통하여 해양에 관한 많은 지식을 알게 되었다. 벤허, 신라인들에 대하여, 장보고에 대하여, 타이타닉호 등 많은 비디오 시청자료를 통하여 우리들의 식견을 넓히고 해양에 더욱 큰 관심을 갖게 되었다. 또한 시청보고서, 조별 리포트, 주제별 리포트 등을 통해서 자신이 바다에 대한 관점과 결심도 갖게 되었다.

이런 시간들을 계획하고 쉽게 이해할 수 있도록 교수님께서 피나는 노력과 심혈을 기울였음을 알 수 있었다. 또 우리 학교에 전례 없는 독특한 교수방법으로 우리들을 가르쳤음을 인정한다.

　교수님 그동안 우리가 교수님을 실망하게 또 애타게 한 적도 많았습니다. 철없는 우리들을 용서해 주리라 믿습니다. 교수님 그동안 수고 많았습니다. 우리들에겐 감사의 마음밖에 없습니다. 문희주 교수님께서 하시는 일과 가정에 주님이 동행하시고 축복하여 주시기를 바라며 우리들의 찬란한 앞날을 기도해 주세요. 부디 항상 건강하세요.

IV

주제별 개인 리포트

디젤기관의 발명과 발전

5기 기관학과 렴세준

Ⅰ. 서론

필자는 본 소고를 통하여서 디젤엔진의 발명과 디젤엔진의 특징, 그리고 디젤엔진의 발전에 대해서 살펴보고자 한다. 또한 디젤기관이 삶에서의 도움과 배와 자동차 기관으로서 그 발전과정 등에 대해서도 알아보고자 한다.

본 소고에서는 소구기관, 가솔린기관, 가스기관이나 터빈엔진 등에 대해서는 언급하지 않고 디젤기관에 한하여 기술함을 밝혀 둔다.

Ⅱ. 디젤기관의 발명

디젤엔진을 발명한 독일의 루돌프 디젤(rudolph diesel) 박사가

1894년에 발명한 디젤엔진은 휘발유 엔진보다 높은 경제성과 열효율을 내기 때문에 19세기 말 일대혁명을 일으킨다.

독일 왕실학교에 입학하던 첫날 과학실에서 강력한 공기 압축력으로 불을 일으키는 기구를 발견하고 깊은 흥미를 가지게 된다. 벤츠나 다임러가 발명한 가솔린엔진 자동차의 단점을 파악한 디젤은 불나기 쉬운 가솔린 엔진을 대신할 수 있는 엔진으로 적합한 것이 바로 공기압축점화식 열 엔진이라고 믿고 연구에 정열을 쏟은 결과 1894년 2월 드디어 엔진의 실린더 내에서 공기를 강제로 압축시켜 얻은 높은 열에 의해 연료를 점화, 폭발시키는 '열 엔진'을 발명한다.

디젤은 이로 인하여 가솔린엔진과 증기엔진 재조업자들 간의 시기와 모함, 중상, 모략 등이 심해졌으며, 회사 내 간부들의 재산을 둘러싼 암투, 부정, 부패 등으로 정신착란증이 심해져 1913년 9월에 영국에 세워진 디젤엔진 공장의 준공식에 참석하기 위해 탄 배에서 바다로 뛰어들어 자살하게 된다. 그가 이 세상에서 끼친 과학적 발명과 그 공헌도, 그리고 이로 인해 새롭게 발전하게 된 해양활동의 업적은 말로 다 할 수 없을 것이다. 그러나 인간 디젤이 비운의 인생은 정말로 안타까운 일이요, 불행한 일이 아닐 수 없다.

Ⅲ. 디젤기관의 특징

경유를 연료로 쓰는 디젤엔진의 작동은 4사이클 가솔린 엔진과 거의 같다. 다른 점은 흡입하는 공기를 압축시켜 분사된 연료를 자연착화시키는 것이다. 압축비는 1:20 이상으로 가솔린의 약 20배 정도이고 실린더에 흡입하는 공기는 압축되면서 높은 압력으로 500도 가까운 고열이 되므로 경유의 착화온도인 300도를 넘어서기 때문에 자연 착화되어 연소되는 것이다.

높은 압축비와 폭발 압력으로 높은 토오크를 얻을 수 있고 값싼 경유를 사용하는 경제적인 이점은 있지만 고압에 견디려면 무거운 주철의 블록을 사용하여야 하는 난점과 압축비를 높이기 위한 스트로크가 길어 고회전이 어렵고 또 가속 페달을 밟아도 곧 회전력이 올라가지 않는 결점이 있다.

연소실로 분류하면 다음과 같다.

1) 직접분사식(direct injection type)은 구조가 가장 간단하므로 2사이클엔진에는 대부분 이 형식을 쓰고 있다. 구조는 실린더헤드와 피스톤헤드 사이에 마련된 연소실 안에 연료를 분사하여 연소하도록 되어 있다. 따라서 연료를 완전 연소시키기 위해 구멍형 노즐을 사용하여 150~300kg / ㎠의 고압으로 분사한다.

2) 예연소실식(precombustion chamber type)은 주 연소실 윗부분에 예연소실이 있어 그 속에 연료를 분사하여 연료의 일부를 연소시키면 이때 발생한 압력에 의해 남은 연료를 주 연소실로 분출하여, 소용돌이를 따라 공기와 잘 혼합해 연소시키는 것이다. 일반적으로 예연소실의 용적은 용적비(전 압축용적에 대한 예연소실 용적의 비)가 30~50%이다.

3) 와류실식(swirl chamber type)은 실린더 헤드에 와류실을 만든

것으로, 압축행정 시 와류실 안의 공기에 소용돌이를 일으켜 여기에 연료를 분사하여 연소시키는 것이다. 즉 예연소실식에서는 연료를 부분적으로 연소시키지만 와류실 안에서는 전부를 완전히 연소하도록 되어 있다. 따라서 와류실의 용적은 전 연소용적의 70~80%를 차지하고 실린더로 통하는 통로는 하나이다. 와류실식은 직접분사식과 예연소실의 중간적 특성을 가졌다고 할 수 있다.

4) 공기실식(air chamber type)은 주 연소실 외에 공기실이 있는데, 연료를 주 연소실 안에 분사하면 그 일부가 공기실로 들어가 연소되고 이 연소로 인해 공기의 분출에너지를 크게 해 연소를 향상시키는 것과, 공기실 안에는 연료를 분사하지 않고 피스톤의 하강에 따라 공기실에서 공기를 분출하여 산소를 공급하고 소용돌이를 일으켜 연소시키는 것이 있다.

Ⅳ. 디젤기관의 발전과 운용

물레방아처럼 생긴 수차를 달아 그것으로 물을 헤쳐 움직이는 배였다. 미국에서는 1819년에 그 배로써 대서양을 횡단하는 데 성공하였다. 1836년에는 스크류가 발명되고, 그 후 증기터빈, 디젤기관 등이 쓰이게 되자 배는 크고 빠른 속력을 낼 수 있게 만들어졌다. 특히 디젤기관은 경제적일 뿐만 아니라 여러 가지 이점이 있기 때문이다.

디젤기관이 자동차에서의 운용은 18세기의 증기기관, 19세기의 가솔린기관의 발명으로 자동차 역사는 시작되었으며 디젤기관이 개발됨에 따라 자동차공업은 일대혁신을 이루게 되었다. 1769년 프랑스의 니콜라스 조셉규노는 증기기관을 동력원으로 증기자동차를 제작했다. 이 증기자동차가 자동차의 시초라 할 수 있다.

차시대의 디젤기관은 연료를 피스톤 상단부 연소실로 직접 분사하여 연소하는 방식, 고압을 일정하게 유지하여 연료를 분사하는 commom rail시스템 적용, 각 실린더의 인젝터를 ECU에선 전자 제어하여 고압 연료의 분사 시기, 양, 압력 등을 정밀제어, 기존 동급 디젤엔진 대비 1. 출력 24% 향상, 2. 연비 15% 유리, 3. 소음, 진동 및 배기가스 저감 효과를 올리게 되었다.

디젤기관의 발전현상은 이전에 커다란 엔진들이 지금의 소형엔진으로 대체하고 원래의 마력을 발휘할 수 있다. 매일 발전하는 지금 상황을 보면 금후 어떤 변화가 나타나겠는지 상상하기 어렵다.

Ⅴ. 결론

위에 논술을 통해서 극도로 발전하고 있는 지금 시대와, 디젤엔진의 커다란 발전을 통해 우리가 지식을 더욱 쌓아야 한다는 것과 기관사로서 응당 갖추어야 할 지식들을 갖추어야 한다는 것을 알 수 있다. 이번 이 기회에 많은 것은 느끼게 되었다. 읽어 주셔서 감사하다(위의 모든 자료는 인터넷 내용을 참고하였음을 밝혀둔다).

가스 터빈과 선박에서 활용

5기생 기관학과 이성

I. 서론

처음으로 들어 본 해양사 과목을 오늘 이 기회를 타서 해양에 대해 한층 더 알게 되었다. 4년 동안이라는 학업을 통하여 가스 터빈에 대해 알아보면서 가스 터빈을 선박에서 어떻게 발전하고 활용할 것이며, 선박이 항해할 경우 육지에서 멀리 떨어진 대양에서는 발전된 에너지를 가지고 어떻게 선박을 추진시켜 나가는 중요한 역할을 하는지 이것으로 해양인에게 큰 도움이 되기를 바란다.

II. 가스 터빈엔진의 역사

1910년대에 처음으로 현재의 가스 터빈엔진의 형태를 갖춘 엔진이 개발된 이후 가스 터빈 엔진은 급속도로 발달하였다. 이 중에서도 항공기용 가스 터빈엔진만큼 정밀기술을 필요로 하고, 가스 터빈을 구성하고 있는 재료의 특성이 까다롭게 요구되는 기계는 없을 정도이다. 가스 터빈의 발달은 재료의 개발과 밀접한 관계가 있다.

최초의 실용성 있는 가스 터빈엔진은 1872년에 영국 스톨즈가 특허를 취득하여 1904년에 이르기까지 무려 32년간을 개발에 힘을 기울여 엔진의 시험품까지 제작했으나 낮은 작동가스 온도와 낮은 부품효율 때문에 실패하고 말았다. 프랑스에서는 1894년에 rene armengaud와 caharles lemale이 실제로 동력 전달 가능한 최초의 가스 터빈엔진을 만드는 데 성공하였다. 이 엔진은 5000rpm에서 375kw의 출력을 낼 수 있었다.

1939년에 이르러 Brown Boveri사는 자체개발로 4000kw용량의 비상용 가스 터빈 발전소를 건설하고, 1941년에는 1650kw의 가스 터빈을 스위스의 철도기관차에 설치하여 사용하였다. 항공기 동력원으로서의 가스 터빈엔진은 영국의 Royal Artcraft DR. A. A. Griffith와 Sir Whittle에 의해 거의 같은 시기에 구상되었다.

1930년 Whittle이 터보제트엔진의 특허를 내었으나 독일인에 의해 최초의 제트기인 Heinkel 178이 1939년 8월 7일에 성공적인 시험비행에 성공하였다. 반면 미국의 가스 터빈엔진의 연구는 유럽에 비해서 비교적 활발하지 못했다. 1902년에 Sanford Moss가 Cornell대학에서 연구하여 미군의 첫 가스 터빈엔진을 시운전하였다. 이후 1941년 GE사가 영국에서 가스터빈엔진의 기술을 도입하여 1년 이내에 가스 터빈엔진과 항공기체의 설계제작을 완료하고 1942년 10월 2일에 캘리포니아주의 모스에서 미국 최초의 제트기비행기가 성공적으로 만들어졌다.

그 이후 군사력의 증대와 함께 가스 터빈의 기술과 효율이 증대되어갔다. 대표적인 가스 터빈엔진 제조회사로는 G. E. Pratt&Whitney, Rolls Royce 등의 회사들이다. 가스 터빈의 이용은 항공기뿐만 아니라, 열병합발전소 사업시설 전반에 걸쳐 많이 사용되고 있으며 가스 터빈엔진이 가진 정밀성과 효율 등으로 그 사용빈도가 증가하고 있다. 중국에서도 각 기업과 국내 대학의 각 연구소에서 활발한 연구가 진행 중이다.

Ⅲ. 가스 터빈엔진의 이론

가스 터빈엔진은 이상적인 기본 열역학적 사이클인 Brayotn Cycle에 의해서 작동하는 기계장치로서 가스 상태의 작동유체를 압축 및 팽창하는 과정에서 동력을 연속적으로 얻어내는 엔진이다. 연속적인 운동이므로 주요 구성품에는 왕복운동이 필요 없으므로 다른 내연엔진에서의 피스톤과 피스톤 실린더 같은 상호 마찰부분이 없어서 윤활유소비가 매우 적으며, 왕복운동기계의 특징인 저항운동이 대폭 감소되고 회전운동이기 때문에 고속운전이 가능하다. 그리고 추운 날씨에 내연기관엔진에서 보이는 엔진 냉각으로 인한 작동불량이 없다.

가스 터빈엔진은 회전운동과 압축성 가스에 의해서 움직이기 때문에 형태가 원주형으로 제작이 가능하고, 왕복운동에 필요한 거리가 필요 없기 때문에 크기가 줄어든다. 또한 터빈은 압축된 가스의 팽창에 의해서 작동을 하기 때문에 부하변동에 대한 반응이 매우 빠르다. 이러한 장점 때문에 가스 터빈엔진은 항공기의 동력기계로서 아주 적합하며, 선박, 산업용으로도 그 응용사용이 증가하고 있다.

1. 가스 터빈엔진의 Cycle

기본적 이상 사이클은 브레이튼 사이클(brayton cycle)이며 이상적 재생사이클, 이상적 중간냉각 사이클의 열역학적 사이클이 있다.

1) 이상적 재생사이클-브레이튼 사이클에서 개방사이클은 방출되는 많은 열량이 대기 중으로 배출되어 낭비가 되는 것을 알 수 있다. 이 방출되는 열량을 열 교환기를 통해서 방출열의 일부가 연소전의 공기를 가열하는 데 사용하면 사이클의 소모열량을 재활용함으로써 사이클 전체의 열효율을 향상시킬 수 있다.

2) 이상적 재생사이클-브레이튼 사이클에 있어서 팽창과정을 2단계로 나누고 단계 중간에서 공기를 냉각시켜주면 온도가 브레이튼 사이클에서 보다 증가되므로 압축에 필요한 압력이 감소되므로 가용축력이 증가한다.

3) 이상적 중간냉각 사이클-흡입에서 압축과정을 2단계로 나누고 중간에서 공기를 냉각시켜주면 온도가 브레이튼 사이클보다 증가하므로 압축에 필요한 압력이 감소되므로 가용출력이 증가한다.

2. Cycle의 분류

가스 터빈엔진은 엔진 내부를 흐르는 작동유체를 대기에 배출해 버리느냐 또는 재사용하느냐에 따라서 개방사이클과 밀폐사이클로 크게 나눈다.

1) 개방사이클 - 엔진에 흡입된 대기공기는 엔진을 작동시킨 후에 배기가스로서 대기에 배출되므로 항상 새로운 대기공기를 사용하게 된다. 따라서 배기열을 회수활용하지 않는 한 열효율이 낮다. 하지만 구조가 간단하고 부피가 작기 때문에 항공기의 동력기관과 같은 용도에 아주 적합하다. 차량용, 선박용, 엔진들도 열 교환기를 사용하여 배기열을 일부 회수, 활용하는 개방사이클의 응용이 많아지고 있다.

2) 밀폐사이클 - 엔진 내부에 작동유체를 밀폐시켜 놓고 배출되는 작동유체를 재사용하는 사이클이다. 따라서 이 밀폐된 가스가 변질하거나 외부로 새어 나가는 일이 있기 전에는 항상 같은 유체를 사용할 수 있으며. 이 유체는 공기 아닌 다른 가스를 사용하여도 무방하다. 그리고 압력이 높으면 가스의 밀도가 커진다는 효과를 이용하여 사이클의 작동압력을 높여서 엔진의 크기를 감소시킬 수 있다는 장점이 있다.

Ⅳ. 가스 터빈엔진의 구조

가스 터빈은 가스발생기와 동력발생기 두 부분으로 구분한다. 가스발생기는 회전식 압축기(rotary compressor), 연소기(combustor 또는 burner) 터빈(turbine)의 주요 부분으로 구성되어 있다. 엔진의 시동순서에 있어서 먼저 압축기를 외부의 힘(압축공기, 시동모터) 등에 의해서 회전시켜 주면 압축기는 대기의 공기를 흡입하여 압축시키고 이 과정이 아무 손실이 없는 이상적인 상태에서 이루어졌다고 하면 다음의 압축된 공기가 터빈에 흘러 들어가서 역시 손실이 없는 이상적인 상태에서 팽창을 하여 터빈을 작동시킨다면 여기서 발생하는 출력은 압축열을 작동하는 데에 소요되는 일과 같은 것이다.

위의 과정과 같이 압축기와 터빈을 직렬로 하게 되면 자전은 가능하나, 사용할 수 있는 출력은 가장 이상적인 상태하에서도 생기지 않는다. 실제에 있어서는 손실 때문에 자전도 불가능하다. 그러나 압축공기가 터빈에 들어가기 전에 연소기 내에서 고온으로 가열하여서 압축공기의 에너지 수준을 높인 후에 터빈을 통해서 팽창시키면 터빈의 출력이 증가한다.

이 출력으로 압축기를 돌리고 남는 것이 사용 가능한 동력이 된다. 기계적 손실, 유체의 점성효과에 의한 손실, 가스의 혼합 및 혼류에서 생기는 손실, 불완전연소에서 오는 손실 등은 실제 엔진에 있어서는 불가피한 것이므로, 각 구성부품의 성능과 효율이 상당히 높지 않으면 충분한 가용 에너지를 얻을 수 없다. 가스 터빈엔진의 구조를 F100-PW-229엔진: 초음속기(ㄹ-15, ㄹ-16), PW4000엔진; 아음속기(보잉747, 에어버스300) 예를 살펴보자.

1) 공기 흡입구(inlet)

공기 입구나 흡입구 덕트는 엔진의 일부가 아니라 기체의 일부에 속한다. 터빈엔진 흡입구는 압축기에 일정한 공기를 공급해야 하며 흡입구 덕트는 가능한 최소의 항력을 만들어야 한다. 흡입구에서의 아주 적은 불연속적인 공기 흐름이라도 중대한 효율 손실을 가져오고 설명할 수 없는 많은 엔진 성능에 문제를 일으킨다. 만약, 흡입구 덕트에 수리가 필요하다면 반드시 플러시 패치(flush patch)로 하여 항력 형성을 막아야 한다. 흡입구에는 아음속 흡입구, 초음속 흡입구, 벨마우스형 흡입구 등이 있다.

2) 압축기(compressor)

압축기 부분은 연소기에 필요 충분한 공기를 공급하는 일을 한다. 연소의 연료 에너지와 압축기와 터빈의 기계적인 일 등이 압력 에너지(위치 에너지)로 전화될 때 압축이 일어난다. 압축기는 작동 유체의 가속도의 원리로 작용하고 확산에 의해 운동 에너지를 압력 상승으로 바꾼다.

압축기의 기본적인 목적은 엔진 흡입구로 들어가는 대량의 공기 압력을 높여서 디퓨저로 보내고 디퓨저는 다시 정확한 속도, 온도, 압력을 만들어서 연소실로 보낸다. 현재 압축기 효율을 85%에서 90% 정도로 과거에 비해 상당히 발전했다.

압축기의 또 다른 목적은 엔진 브리드에어를 이용해 고온부분의 부품을 냉각시키며 베어링 시일을 억압시키고, 흡입구 박빙을 위하여 가열된 공기를 공급하고 연료시스템 제빙을 위한 열을 제공하는 것이다. 압축기에는 원심형 압축기, 축류형 압축기, 조합형 압축기 등이 있다.

3) 연소기(burner)

기본적으로 외부 케이스 내부에 구멍이 있는 라이너, 연료분사 계통과 시동점화 계통 등으로 구성되어 있다. 연소실은 흐르는 가스에 열에너지를 더해서 팽창시키고 가스를 가속화시켜서 터빈부분으로 내보낸다.

연소가 이루어지면 연료에 열이 더해져서 가스의 체적이 증가하지만 흐름 영역은 변함이 없기 때문에 가스의 가속을 일으킨다. 산소분자와 연료분자를 점화온도까지 열을 가해서, 이들 사이에 상호 작용으로 연소가 생기고 이 때문에 팽창하고 가속이 생긴다. 연소기에는 멀티플캔형 연소기, 캔애뉼러형 연소기, 애뉼러형 연소기 등 세 가지가 있다.

4) 터빈(turbine)

터빈의 기능은 배기가스와 운동에너지 일부와 열에너지를 기계적인 일로 변형시켜서 압축기와 보조기계를 구동시킬 수 있게 한다. 터빈은 흐르는 가스의 압력을 낮춰서 에너지를 뽑아낸다. 이런 과정은 터빈스테이터 베인의 트레일링에이지와 로터블레이드에 의해 형성된 노즐에서 압력이 속도로 전환된다. 터빈은 가스 터빈엔진에서 가장 응력을 많이 받는 구성품이다. 터빈 블레이드가 받는 응력은 30,000psi 이상이다.

5) 배기구

배기 부분은 터빈의 바로 뒤에 위치해 있고 수축형 외부 배기콘과 내부 테일콘으로 대부분 구성되어 있다. 배기콘은 배기 콜렉터(exhaust collector)라고 하는데, 이는 터빈에서 방출되는 배기가스를 모아서 점차적으로 일정한 가스 형태로 전환시키기 때문이다. 이러한 균일한 가스 흐름은 배기플러그(exhaust plug)라고도 부르는 배기콘과 이 콘을 지지하고 있는 방사형 지지 스러스트에 의해 이루어진다.

V. 가스 터빈엔진의 형태

가스 터빈엔진에 있어서 가스발생기는 모두 같지만, 동력발생 부분의 형태와 구조에 따라서 터보프롭, 터보축, 터보제트, 팬 또는 바이패스를 엔진의 4가지로 분류한다.

1) 터보프롭엔진−동력발생기부분에 동력터빈과 배기노즐을 장치하여 동력터빈으로는 프로펠러를 돌리고, 나머지 가스 에너지는 노즐을 통해서 분사시켜 추력으로 활용하는 엔진을 말한다. 기계적 에너지와 제트추력 에너지와 두 형태를 동시에 사용하는 것이 특징이다.

2) 터보축엔진−순전히 회전식 기계 에너지만을 공급하는 것으로서, 가스발생기 하류에 동력터빈만을 연결시키고 감속장치를 통해서 동력을 전달한다. 이 엔진은 주로 지상, 선박, 차량 등의 동력용으로 사용되며, 고속운용이 아니므로 공기흡입구는 bell−mouse형으로 되어 있다. 작동가스는 터빈에서 대기압으로 팽창을 하기 때문에 제트 추력은

생기지 않는다. 헬기용으로는 제트 추력이 별도로 필요하지 않기 때문에 터보프롭엔진보다는 터보축엔진을 사용하여 회전날을 돌린다.

3) 터보제트엔진 - 배기노즐을 가스발생기의 하류에 부착하여 순전한 제트추력을 동력으로 사용하는 엔진을 말한다. 가스 발생기와 배기노즐 사이에 후부연소(after burner)를 추가하여 가스를 재가열한 후에 배기노즐로 분사시켜서 추력을 증가시키는 것으로 전투기와 같이 짧은 시간 동안 급속한 추력의 증가를 필요로 하는 아음속기에 응용된다. 그림에서의 F - 100 - PW - 229엔진이 터보제트엔진이다.

4) 바이패스엔진 - 터보프롭과 터보\제트의 특성을 혼합했다 할 수 있다. 이 엔진은 동력터빈과 배기노즐이 동력발생부분을 구성하고 있다. 여기서 동력터빈으로는 저압저온이지만, 다량의 공기흐름을 발생하는 팬(FAN)을 회전시킨다. 제트의 추력은 가스의 유량과 흐름속도를 곱한 것이기 때문에 팬에서 나오는 흐름은 속도는 늦지만 유량이 크기 때문에 상당한 양의 추력을 얻을 수가 있다. 배기노즐에서 분사되는 가스 속도는 빠르지만 유량이 비교적 적다. 민항기 9W 400엔진으로 민항기 같은 아음속기의 동력기관으로 사용되며 현재 최신 전투기의 엔진에서 바이패스를 장치하여 응용하고 있다.

Ⅵ. 결론

가스 터빈은 현재까지 비행기 엔진으로 많이 사용되었지만 최근의 소형 쾌속선, 여객선 등에는 가스 터빈엔진을 장착하여 항행하기에 이르렀다. 증기터빈이 대형저속선에 사용과 달리 가스 터빈 엔진을 오히려 비행기엔진으로 개발되어 선박엔진으로 발전을 하게 된 것이다.

연구하는 기관사, 앞서가는 기관사는 이와 같이 새롭고 다양한 기술을 빨리 받아들이고 개발시키고 적용시켜 나가는 역사의식, 선진의식이야말로 해양사(역사)를 배워 나가는 참된 학생의 자세라고 믿는다.

한국해양세력의 활동 및 변천과정

5기 항해학과 김은철

Ⅰ. 서론

일찍이 인간은 뗏목이나 통나무를 만들어 삿대, 노, 돛 등을 이용하여 강과 호수에서 활동하여 왔다. 그 후 생활이 진보에 따라 이집트의 파피루스선과 같은 배가 출현하게 되었고 목재를 조립해서 배를 만들게 되었다. 배는 강이나 호수, 바다 등 물에 떠서 사람이나 물건을 운반하는 수단으로서 일찍부터 인간생활에 기여하여 왔다.

이집트 왕국 시대의 큰 무역선을 건조한 그때로부터 오랜 세월이 지나는 동안 세계의 많은 나라들은 끊임없이 전쟁수행, 식민지쟁탈, 무역활동을 20세기에 이르기까지 해상을 통해 진행하여 왔다. 필자는 이 글에서 한국의 해양활동과 변천과정에 대해 간단히 서술하려고 한다.

Ⅱ. 고대 한국의 해양활동 및 변천과정

우리 민족은 한반도의 지리적 특성으로 인해 삼면의 바다와 긴 해안선, 넓은 바다를 끼고 살면서 고대로부터 바닷가에서 어류와 해초류 채취 등을 중요한 생업으로 살아왔다. 오랜 바다생활의 경험과 생산력의 발전에 기초하여 배를 만들어 바다에 진출해 해상활동의 풍부한 경험을 축적하였다. 이미 고조선 시기에는 수군을 건설하여 외래침략을 저지하는 등 연해를 지켰으며 해상활동도 활발하였다.

1. 삼국시대의 해양세력과 활동

삼국시대에 각국은 강력한 수군력을 바탕으로 해전, 해상원정, 기지설치 등 여러 가지 해상활동을 수행하면서 제해권 장악에 심혈을 기울였다.

1) 고구려시대

한국 역사에 고구려라는 나라가 있다. 군사력이 강하고 역사상 가장 넓은 영토를 차지했던 나라, 한반도 중부 이북에서부터 만주벌, 요하, 연해주와 멀리 북방의 초원까지 장악한 나라였다. 고조선을 계승한 고구려는 대륙과 한반도 해양을 장악함으로써 동아지중해의 중핵국가의 역할을 히였다. 하어 고구려는 해양을 경제활성하에 최대한으로 활용하였다. 일본서기에 따르면 279년부터 일본열도에 진출한 것으로 알려져 있다. 특히 월(鉞 현재의 후크이현) 지역은 고구려와 호족 간의 교역이 오래전부터 있었다.

그러면 이러한 능력을 갖추게 한 고구려의 현실적인 해양력은 어느 정도일까? 당시 고구려항로는 황해와 동해로 다양했으며 어느 지역으로도 항해가 가능했다. 황해북부 연근해항로, 황해중부 횡단로, 황해중부 사단항로, 황해 사단항로, 동해중부 사단항로 등 다양했으며 특히 홋카이도(삿포로 근처)까지 이어주는 연해주 항로도 있었다. 선박은 사신선, 전투선, 민간교역선 등이 있었다. 800필의 말을 싣고 황해를 종단하여 양자강유역까지 들어가는 등 큰 배로 이루어진 대선단이 있다. 배 안의 2개의 돛대를 갖추고 기록으로 보아 50–100명 내외의 인원을 태웠다. 근해항로를 많이 활용했지만 동해를 건너가거나 황해를 종단하기 위해서는 별과 해를 관측하는 천문항법을 이용 하였을 것이다.

고구려는 특히 4세기에 이르러 남북으로 분단된 한족과 북방의 유목민족 그리고 고구려 백제 등이 정치 군사적으로 대결할 때부터 해양을 훌륭하게 활용하였다. 즉 대륙과 동서, 북으로 팽창하여 만주지방을 완전히 석권하고, 남으로 과감하게 진출하여 백제, 신라는 물론 가야까지 국가전략수립의 영향권하에 두었다. 뿐만 아니라 장수왕 시기에 이르러 동해는 물론이지만 해양력을 바탕으로 황해중부 이북의 해상권을 완전히 장악하였다. 고구려는 대륙과 해양을 공유하면서 각국들의 교섭을 관리하고 통제하고 조정했다. 이같이 고구려 장수왕은 활발한 남진정책과 해양활동을 통해 외교, 군사 경제 문화적으로 고구려를 동지중해의 중핵국가로 만들었다.

2) 백제시대

해양활동이 뛰어난 국가인 백제는 '백가(百家)'가 바다를 건너와서 그러한 이름이 붙여졌다고 한다. 주몽의 아들인 이 집단은 압록강하구로 출발, 연근해항로를 이용하여 남하한 다음 경기만에 정착하였던 것이다. 백제는 해양으로 뻗어나간 천해의 조건을 갖춘 도시국가로서 첫출발을 하였다. 고구려와 낙랑, 대방 등 중국세력과 싸우고 있을 때 해로를 이용해서 나라를 치고 주민들을 포로로 잡아갔다. 이때 이미 백제는 전 시대부터 활용되던 황해횡단황로를 자신의 것으로 재정비하였다.

백재는 황해를 횡단하고 발해만에 진입하는 일은 별로 어려운 일이 아니었다. 이미 완전히 장악한 경기만을 출발하여 먼 바다로 나가다가 산동반도의 중간 못 미쳐서 북상하면서 요동반도와 산동반도 사이로 접어들었을 것이다. 그러나 이곳은 섬들이 이어진 지역이라 수로가 협소하고 물길이 복잡해서 항해에 어려움이 많다. 더구나 장도, 대흠도 등 큰 섬에 근거한 해상호족들의 저항도 만만찮았을 것이다. 이러한 악조건을 극복하면서 백제가 요서 지방에 식민정권을 장기간 설치하였다면 백제의 국력은 물론 해양력은 고구려와 마찬가지로 대단하였을 것이다.

백제는 정복 군주인 근초고왕 때에 고구려의 만부를 쳐서 경기만을 내해로 삼고 황해를 건너 동진과 교역하면서 해외진출로 삼았다. 그리고 남으로는 전라도 해안까지 영역을 넓혀 일본 열도로 가는 출해구로 삼았다. 475년에 고구려 장수왕에게 한성을 점령당하는 국난을 겪기도 했지만 수도를 웅진(공주)으로 옮기고 나서 백제는 금강을 출해구로 삼아 황해로 진출하면서 국가재건을 도모하였다. 동성왕에서 무령왕과 사왕에 이르기까지 백제는 줄기차게 해양으로 진출하였다.

그렇다면 전성기의 백제인들은 어느 정도의 해양능력을 보유하였고 또 어떤 항로를 거쳐 중국남부와 일본열도로 진출했을까? 일본서기에는 백제의 배와 신라의 배에 대한 기록이 꾸준히 나온다. 응신천황 때에는 길이 10장의 배를 만들게 했다. 그 후에도 우수한 배의 상징으로 백제선이 등장하는데 645년에는 왕명으로 백제선을 만든다. 후쿠이현의 대석유적에서 출토된 동탁엔 마스트 높이 18-20, 길이가 15M에 달하는 대형배가 나온다.

백제는 해양력을 바탕으로 해외로 진출하면서 다시 강국이 됐고, 점점 더 일부의 고대국가에 강한 영향력을 행하였다.

3) 신라시대

신라는 4세기 늦게까지 내륙이 분지인 경주 지역을 크게 벗어나지 못한 국가로 이해한다. 하지만 초기부터 국제성이 강한 나라였고 경주는 바다로 이어진 해항도시였다.

태양여신인 아마테라스 오오마카와 싸우다 실패한 스사노오노미코스는 그의 뿌리 나라인 신라로 돌아가고 후손들은 이즈모 지역에서 지배권을 확립한다. 그 시대에 사용된 선박의 규모는 알 수가 없다. 신라왕은 응신천황에게 배 만드는 장인을 보낼 정도였다. 신라배들은 가을에서 초겨울까지 북풍계열의 바람을 이용하여 남진하였다. 그러니 대한해협을 건너다니는 신라 배나 왜의 배는 돛을 단 상당한 수준의 범선이었다. 그리고 초기부터 해군이 있었다. 석탈해 때는 가야와 화산지구에서 싸웠다.

조분왕(233년) 때는 해상에서 왜와 화공 전까지 벌였으며 유례왕(289) 때는 왜국이 쳐들어온다는 것을 듣고 범선을 수리했다. 그러면 다시 한일항로는 어떠했을까? 신라인들은 주로 경주외항인 감포, 눌지왕 때 박재상이 출발한 울산, 아달라왕 때 연오랑과 세오녀가 출발한 포항의 영일만 지역 등 항구에서 일본열도로 의욕에 찬 항해를 시작하였다. 초기에는 좀 더 안전하게 대마도를 경유하며 큐슈북부 지역에 도착했지만 해양능력이 점차 향상되면서 혼슈남단 시마네현 도토리현 지역으로 확대되었다.

모험심이 강한 신라인들은 낮은 수온과 강한 북서풍을 일으키는 거친 파도를 헤치며 항해했다. 반대로 이즈모에서 연안을 향해 큐슈 가까이 내려간 다음 대마도를 향해 북동진하는 하류에 올라타면 신라의 해안에 도착할 수 있다. 신라인의 조선기술은 매우 뛰어났다. 신라는 752년에 일본의 나라 동대사에서 대불개안식을 하였는데, 이때 축하 겸 사절 700명을 7척의 배에 태워 보냈다. 1척에 약 100명이 탄 셈이다. 신라와 왜인들 사이에 벌어진 어쩔 수 없는 갈등관계는 대한해협의 섭리였다. 때문에 신라는 처음부터 수군을 키우며 해양능력을 강화시켜야만 했었다.

Ⅲ. 통일신라 이후 시대의 해양세력과 활동

1) 통일신라시대

통일신라 시기에는 연안경비를 위해 수군이 설치되고 외국과의 교역도 활발했다. 본격적인 해양경영이 이루어졌다. 신라 흥덕왕 3년 (828년) 중국에서 돌아온 장보고 대사는 왕을 알현하고 남해안의 해적들을 소탕하여 해안 지역 주민들의 삶을 안정시키고 해상교역을 흥정하고자 완도에 진을 설치할 것을 건의하였다. 왕의 허락을 얻어 사졸 1만여 명으로 전라남도 완도에 청해진을 설치하였으며 장보고는 청해진의 대사로 임명되었다.

청해진을 근거로 동아시아의 제해권을 장악하고 한, 중, 일의 해상은 물론 동남아로의 해상교역을 개척 확대하여 고대동아시아 전체의 해상무역 발달에 크게 기여하였다. 장 대사는 대량매물사라는 교역시설과 그의 무역선인 교환선을 중국에 파견하였으며 일본에는 회역사라는 무역사절단을 파견하고 박다(博多, 현재의 후쿠오카)라는 곳이 현지 무역지점을 설치하는 등 사적 민간교역은 물론 국가교역까지도 했을 정도였다. 이처럼 동아시아에서 청해진 위상은 하나의 독립된 해상왕국 그것이었다. 짧은 기간에 온갖 어려움을 극복하고 인류역사상의 골품제도나 국내사정에 조선술, 풍부한 해양지식이 뒷받침되었기 때문이다.

역사를 돌이켜 볼 때 비록 장보고 대사의 꿈과 이상이 국가적 차원에서 계승되지 않았지만 그의 기개와 포부는 한민족의 의식과 기질로 면면히 계승되어 고려의 건국에 기여하였으며 임진왜란 시에 구국의 등불이 바다에서 피어오를 수 있었던 것이다.

2) 고려시대

후삼국을 통일한 고려 역시 강력한 해양 전통을 계승하고 있었다. 태조왕건의 선조는 독자적인 해양세력을 보유하면서 중국과의 해상 교역을 통해 호족이 되었으며 왕건은 이 해상세력을 바탕으로 후백제의 요충지인 나주곡량(904-935)과 덕진포해전(910년)에서 승리하여 훗날 고려창건의 세력기반을 다질 수 있었다.

1380년에는 왜구의 선단 500여 척을 진포에서 함포를 이용하여 격파하였으며 당시 해전에서 함포의 사용은 서구보다 약 2세기 빠른 것이었다. 고려연안에 왜구가 빈번히 침입하자 최영 장군은 1357년 전라도 지역에 침입한 왜선 400여 척을 격파하고 내륙을 방어하였다. 이처럼 고려는 강력한 해양전통과 해양력을 지닌 나라였기에 세계를 제패한 몽고족의 침략을 반세기 동안 견지하여 국가를 보존할 수 있었다.

3) 조선시대

조선시대에 들어서는 조선과 중국 명나라의 권농억말정책과 해금조치, 수군 천시풍조와 유교사상 등에 의해 초기의 강력한 수군력 및 해양전통은 점차 악화되어 갔다. 이로 인해 삼포왜란 중 갖은 왜란이 발생하였으며 결국에는 수십만 왜군의 침략으로 민족의 운명이 풍전등화에 처하는 임진왜란이 1592년 4월에 발발하였다. 임진왜란 1년 전 유성룡의 추천으로 전라좌수에 부임한 이순신 제독은 철저한 훈련과 무기개발 등 군비확보를 통해 전쟁에 대비하였으며 이 기간에 세계 최초의 철갑선인 거북선을 건조하였다. 임진왜란이 발발하자 연전연패하는 지상군과는 달리 이순신 제독이 이끄는 수군은 옥포, 서천 당포 한산도, 사천, 부산포 등 각종 해전에서 연전연승하며 왜군을 격멸하고 제해권을 완전히 장악하여 결국 왜군이 수륙양면 전진정책을 좌절시키고 반전의 기반을 마련하였다.

1592년 5월 7일 첫 출전에서 7월 초 한산도 해전까지 불과 2개월여 만에 아군의 함선은 한 척도 격침되지 않고 적선 300여 척을 격침시켰다. 이는 세계해전사상 유례가 없는 것이었다. 1597년 9월 중순 조선 수군을 완전히 격멸시키기 위해 수백 척의 대함대로 공격해오는 왜군에 맞서 이순신 제독은 비장한 각오로 결사보국의 결의로 전쟁에 임하였다. 결국 이순신 제독은 단 12척의 전선으로 10배가 넘는 133척에 이르는 왜군의 대함대를 궤멸시키고 다시 전세를 반전시켰다. 1598년 11월 19일 본국으로 도망가는 왜선 500여 척을 맞아 벌어진 임진왜란 최후의 전투인 노량해전에서 이순신 제독은 전투를 독려하다 적의 유탄에 맞아 장렬히 전사하였다.

조직의 버림을 받고 어느 누구도 도와주지 않았으나 스스로 무기를 만들고 스스로 식량을 조달하며 수없이 왜군을 물리쳐 누란의 위기에 처한 민족을 구한 위대한 영웅은 당시 침략군인 일본에서 훗날 군신으로 추앙했던 이순신 제독이 우리 민족의 영웅일 뿐만 아니라 세계해전사상 불멸의 신화를 남긴 인류의 영웅으로 칭송되었다.

Ⅳ. 근현대 한국해군 세력과 활동

1) (1945 - 1953)한국해군 창군과 한국전쟁

대한민국해군은 1945년 11월 11일 손원일 제독의 중심이 되어 창설한 해병병단을 모체로 하여 1948년 정부수립과 함께 대한민국으로 정식 발족하였으며 1946년에 진해를 중심으로 해상경비를 개시한 이래 인천기지 창설을 시발로 목포, 묵호, 부산, 군산, 포항, 진해에 해군기지를 창설하여 해안 경비태세를 갖추었다. 한편 1949년 4월 15일 진해덕산 비행장에서 해병대를 창설하여 진주, 제주지구 공비토벌작전에 혁혁한 전과를 세움으로써 '해병대'를 국민에게 널리 알리기 시작했다.

한국해군이 한국전쟁(1950 - 1953) 이후의 변화를 살펴보면 해군은 개전 당시 병력 및 물자의 현저한 열세에도 불구하고 옥계해전과 대한해협해전에서 승리하고 인천상륙작전을 계기로 한반도 해역의 제해권을 완전히 장악하여 적극적으로 공세를 펼쳐 나갔다. 한편 해병대는 도솔산지구 전투 등 수많은 전투에서 승리를 쟁취함으로써 "귀신 잡는 해병대"의 위용을 전사의 길이 남겼다.

2) 한국해군과 해양세력의 변화

1963년 구축함을 도입하여 대망의 구축함시대를 열었으며 1972년에는 한국 스스로의 힘으로 국산 고속정을 건조하였으며 1975년에는 국산전투함까지 건조하게 되었다. 또한 이때 대잠초계 항공기 함재헬기를 보유하게 되었을 뿐만 아니라 함대함미사일 발사성공 등

적의 해상 도발을 격멸 및 억제할 수 있는 막강한 전력을 보유하게 되었다. 1981년에는 국산 호위함을 취역시킴으로써 원해에서의 작전도 수행할 수 있는 기반을 구축하게 되었다.

한국해군은 1992년 잠수함 장보고함 도입 이후 잠수함이 국내양산체를 갖추었으므로 1995년에는 첨단해상초계기인 p-3을 도입, 대잠전력을 강화하였다. 1998년에는 한국형 구축함인 광개토대왕함을 실전배치하였으므로 기뢰가설함(mls), 소해함(msh) 등의 건조취역으로 21세기 대양해군건설을 발전해 나가고 있다. 또한 현재 국제상의 한국의 해양력 수준은 전 세계의 21퍼센트에 이르며 일본 다음으로 세계 2위에 이르고 있다. 수산물 생산량은 324만 톤으로 세계 11위에 있다.

V. 결론

이처럼 한민족은 근대에 들어 유교의 영향으로 침체기를 겪기도 하였지만 고대로부터 매우 강력한 해양 전통을 보유하고 있었으며 이러한 해양 전통은 동아시아의 어느 민족보다도 우수한 항해술과 조선술, 풍부한 해양지식을 기반으로 한 것이었다. 천혜의 바다로 눈을 돌려 비약적으로 발전한 한반도는 지금 대륙을 발판으로 일본을 방파제로 삼아 막강한 실력을 자랑하며 태평양을 향해 우뚝 솟아오르고 있다. 이제 21세기 한반도는 과연 어떤 모습으로 탈바꿈할까 기대가 된다.

추진기의 종류와 발달과정

5기 기관학과 김영무

Ⅰ. 서론

문희주 교수님이 해양사 시간을 통하여 필자의 생각이 너무나 제한되어 있었고 의식을 가지지 못한 자신을 발견하게 되었다. 즉 필자에게는 어제와 오늘 그리고 내일을 바라보는 훈련이 부족했었다. 기관학과에서 4년째 학습하면서 필자는 추진기에 관심을 가졌었다. 그러므로 이번 기회에 추진기의 정의와 종류, 추진기의 발달과정에 대해 연구 조사하여 필자 나름대로의 생각들을 적어보려 하며 또 스크류 프로펠러로부터 바라보게 된 21세기 'fish propeller'에 대해 상상을 넓혀 보려 한다.

Ⅱ. 추진기의 정의와 종류에 대하여

사회통념상의 선박이라 함은 물체의 부양성을 이용하여 수상을 항해하는 데 사용되는 일정한 구조물을 말한다. 따라서 제조 중의 선박 및 침몰선 등은 선박이 아니다. 다만 준설선, 해저자원 굴착선, 기중기선, 등대선 등은 사회통념상의 선박이기는 하나 추진력이 없으면 선박법의 선박이 아니다.(1)

그러므로 선박법상의 선박으로써 추진력을 얻는 장치를 추진기라고 정의할 수 있다. 필자가 소학교 시절에 늘 즐겨 놀았던 '뱃놀이"에서 우리 스스로가 이름 지은 아이디어를 내 놓은 것이다. 그때 당시 비 온 뒤에 운동장에 빗물이 고이게 된다. 촌스러운 우리는 그것을 하나의 바다로 가정하게 되었고 우리 손으로 이제 추진력을 가진 작은 배를 만들어 본다.

그 방법은 나무연필을 절반 쪼갠다. 그러면 길쭉한 나무복판에 연필심 자리의 오목한 직선이 생기게 된다. 이제 연필을 깎았을 때의 테이퍼 부분을 선수로 하고 선미 뒷면은 수면과 수직으로 된다. 선박으로 되려면 부양성을 가진 이 가정 배에 추진력만 주면 된다. 그때 우리는 추진력으로 볼펜 잉크를 이용하였다. 선미 끝부분에 볼펜 잉크를 일정한 양, 일정한 무게로 떨어뜨려 놓는다. 그러면 자연히 그 무게에 의해 선수가 조금 들리고 선미가 약간 물에 잠기게 된다. 그러므로 볼펜 잉크가 물에 용해되면서 물을 밀며 장난감 배에 추진하게 된다.

이렇게 볼 때 이 배의 추진기로는 볼펜 잉크가 되는 것이고 추진력은 볼펜 잉크가 물에 용해되면서 생기는 힘으로 나가게 된다. 그렇다. 이 방법으로는 선체무게가 가벼운 장난감 배에는 가능하지만 실제 큰 선박에서는 볼펜 약으로 추진할 수 없는 것이다. 하지만 이러한 아이디어로 우리 지혜로운 선조들은 여러 가지 추진방법으로의 추진기들은 발명했었다. 이제 두 번째 부분으로 추진기의 발달과정에 대해 연구하고자 하여 여기에서 먼저 각 추진방법으로 나눈 추진기에 대해 소개하여 보겠다.

1. 풍력추진: 주로 범을 이용하여 풍력으로 추진하는 것을 말함
2. 공중 프로펠러: 프로펠러기의 엔진과 프로펠러를 배에 부착한 것을 말함
3. 공중 제트: 공중프로펠러의 엔진과 프로펠러 대신에 제트기의 엔진을 부착한 것을 말함
4. 외차: 수차와 같은 외차를 양현중앙 또는 선미에 고정하여 배를 추진시킨다.
5. 스크류 프로펠러: 나사 면의 일부를 날개 면으로 하는 몇 개의 날개를 가진 프로펠러로써 배를 추진시킨다.
6. 보이드 슈나이더 프로펠러: 선저에 회전하는 수평 원반에 몇 개의 날개를 고정하여 원판과 같이 회전시켜 추력을 얻는 것을 말함.(2)

이 외에도 추진 방법에는 여러 가지가 있겠지만 여기에서 두 번째 부분 추진기의 발달과정에서 필요한 것들을 첨부하고자 한다.

Ⅲ. 추진기의 발달과정

추진기의 발달과정을 알아보려면 역사를 거슬러 올라가 19세기 수천 년 전부터 살펴보아야 할 것 같다.

맨 처음 사람들은 강을 건너기 위해 나무 조각에 엎드려서 발로 개발을 치면서 물 위에서 다니기 시작했다고 문희주 교수님한테서 들은 적이 있다. 그 후에 그들은 또 나무를 찍어 한데 묶어서 뗏목을 만들어 이제 엎드린 자세로부터 뗏목 위에 서서 나뭇가지로 추진하게 되었으며 엎드렸다 섰다 하다가 이제는 편안히 앉아 노를 젓는 데까지 발달되었다.

그런데 이러한 추진 방법은 인간의 힘으로 하였기에 필경 인간의 힘은 한계가 있는 한 큰 바다로 나가기에는 곤란하므로 강, 하천, 호수 등에서 사용되는 것으로 제한을 받았다.

이 뒤를 이어 사람들은 인력보다 큰 힘을 가지고 있는 풍력이라는 자연의 힘을 이용하게 된 것이 범선의 출현이었다. 이제는 강한 힘으로 바다에 진출할 수 있게 되었다. 여기에서 자연의 두 가지 측면, 즉 인간에게 부를 가져다주는 반면 위험도 가져다준다는 사실을 알 수 있다.

그 후 범선을 도태시킨 것이 물갈퀴를 장치한 물레방아 모양의 외륜을 만들어 소나 말로 그것을 움직이게 해 보려는 데서 출현한 외차였다. 이 추진기는 대형상선에 많이 쓰이게 되었으나 많은 결함을 가지고 있다.

첫째로 둥근 바위에 방사성으로 고정시켜 놓은 물갈퀴는 날개가 물에 들어갈 때 수면을 치고 물에서 빠져나올 때 물을 차올려서 효율이 좋지 않았다.

둘째로 외륜이 물에 잠기는 심도가 문제이다. 외륜은 그 지름의 5분의 1가량이 물에 잠겨서 작동하는 것이 이상적인데 배의 적하에 따라 물에 잠기는 심도가 달라질 뿐 아니라 파도에 따라서도 물에 잠기는 심도가 순간적으로 달라진다. 그러므로 외륜은 파도가 세면 고르게 작동하지 못하고 배의 적하상태에 따라서도 무리가 가게 된다.

셋째로 외륜은 구조상으로도 파도에 대해 약해서 거센 파도가 치면 손상되기 쉽다.

넷째로 외륜을 군함에 장비하면 선현에 크게 노출되어 적의 포격으로 쉽게 기능을 상실해 버릴 염려가 있고 선체 중앙에 넓은 자리를 차지하여 포의 수가 줄어들고 화력이 약화되는 치명적인 결함도 있다.

외륜이 이러한 결함을 해결할 수 없어 여러 가지 다른 방법이 발명되었다. 그중 두 각을 나타낸 것은 스크류 프로펠러이다.(3)

Ⅳ. 스크류 프로펠러로부터 본 21세기 추진기

스크류 추진기는 1800년경부터 그 원리적인 것이 연구되고 있었으나 1860년경이 되어 현재의 스크류 추진기의 원형이라 볼 수 있는 것이 만들어지게 되었다(4)

스크류 추진기는 성능이 좋고 튼튼하여 신뢰성이 있을뿐더러 가격도 싸며 주기의 토오크, 회전수를 최대한까지 사용할 수 있으며 일정 방향으로 회전시킨 채 역추력을 얻을 수 있으며 토오크와 회전수를 임의로 설정할 수 있는 반면에 구조가 복잡하고 보스부가 크게 되며 공동현상을 일으키기 쉬우며 보스의 길이가 길게 되는 결함이 있다.(5)

스크류 추진기의 가장 큰 결함은 공동현상이 쉽게 일어난다는 데 있다. 그렇다면 어떻게 공동현상이 일어나지 않게, 또는 쉽게 일어나지 않는 추진기를 만들 수는 없는지 필자는 생각을 해 보았다. 공동현상이 일어나는 두 가지 큰 원인, 즉 프로펠러 회전속도가 너무 빠른 것과 파도로 인하여 선박이 기울어지므로 프로펠러가 바닷물 밖에 노출될 때이다.

그렇다면 프로펠러와 축 사이에 발전기와 연결된 power 전달장치를 설치하여 power가 급증했을 때 과도히 발전기를 돌리는 데 소모함으로 프로펠러의 회전속도를 낮추어 공동현상을 방지할 수는 없을까 생각한다. 또 다른 한 가지는 프로펠러에 감측장치를 설치하여 바닷물 깊이 일정한 위치에 프로펠러 전체가 자동으로 아래위로 이용하게 하므로 파도칠 때 바닷물 밖에 노출하는 것을 방지하는 것이다.

이러한 특징으로 보아 21세기 프로펠러를 'flush propeller'라고 이름 지었으면 한다. 왜냐하면 물고기는 물속에서만 정상 활동을 할 수 있다는 의미에서 'flush propeller'도 물속에서만 공동현상이 없이 정상적으로 동작할 수 있다는 말이다.

결론

솔직히 처음에는 해양사 시간을 그다지 좋아하지 않았다. 왜냐하면 전혀 접촉해 보지 못했던 논문을 쓴다는 데 부담을 가졌었다. 그러나 우리는 할 수 있었다. 힘써 뭔가를 써내려고 노력할 때 필자는 어린 시절 즐겁게 놀았던 "뱃놀이"로부터 추진력에 대해 정의를 내릴 수 있었다.

기관학과 과목을 통해 그 종류에 대해 적을 수 있었으며 문희주 교수님 지도하에 추진기 역사에 대해 연구조사하게 되었다. 또 필자는 여기에서 자신의 상상력을 제한 없이 펼쳐 볼 수 있었다. 그러므로 해양사 과목을 더욱 사랑하게 되었다. 최후로 지도교수 문희주 교수님께 감사를 드린다.

항해계기에 대하여

5기 항해학과 서강

Ⅰ. 서론

선박이 항해할 경우 육지에서 멀리 떨어진 대양상에서는 자기 선박의 위치를 정확히 결정하여 적절한 침로를 취하는 것이 가장 중요한 문제이며, 충돌이나 좌초의 위험이 많은 연안에서는 자선 주위의 상황이나 수심 등에 특별히 주의를 하여야 할 필요가 있다.

따라서 항상 안전하고 능률적인 항해를 위해서는 장소와 경우에 따라 자선의 위치나 방향은 물론 주위의 상황도 완전히 알아야 할 것이다. 즉 수시로 여러 현상을 정확하게 측정할 필요가 있다. 때문에 필자는 항해계기에 대해서 소개하려 한다. 이 문장이 이후에 바다를 누비며 살 우리 항해학과 동기들에게 조금이나마 도움이 되기를 바라는 마음에서 보낸다.

Ⅱ. 깊이를 측정하는 계기

항해 계기는 해상에 있어서 배의 위치를 결정하여 목적지로 안전하고 신속하게 배를 유도하기 위한 계기이다. 항해 계기는 사용목적에 따라 깊이, 방위, 속력, 항정 및 선위를 알기 위한 것과 기타 항해의 안전 확보 및 조선의 보조로 사용하기 위한 것으로 분류할 수 있으나, 캠퍼스나 레이더와 같이 선위의 결정 및 충돌 위험의 유무의 판단 등 여러 가지 용도로 사용할 수 있는 것도 있다.

깊이를 측정하는 측심기는 수심 및 저질을 측정하는 계기로서, 입, 출 항시 연안 항해 시 또는 수로 측량이 불리한 해역을 항행할 때에 사용한다. 현재 널리 쓰이고 있는 것은 수용 측심기, 켈빈식 측심기 및 음향 측심기의 세 종류가 있다.

1. 측연(lead line, hand lead)은 추와 측심삭으로 되어 있는 간단한 것으로서 항해 계기로서는 가장 오래된 것이다. 추가 해저에 닿으면 측심삭에 새겨 놓은 눈금으로 수심을 재고, 추의 하부에는 오목한 구멍에 비누나 파라핀 또는 수지를 채워서 측심을 하면 거기에 모래, 진흙, 자갈 등이 묻는 것을 보고 저질을 알 수 있다. 아무것도 묻지 않으면 저질은 바위이다.

수심이 얕은 해역에서는 수용 측연이라 하여 무게가 약 7-14파운드, 측심삭은 약 45m의 것이, 깊은 해역에서는 무게 약 28파운드, 측심사 200m의 것인 심해 측연에 이용된다.

음향 측심의가 발달한 요즈음에도 수용 측연이 잘 사용되고 있으나 심해 측연을 사용하는 일은 거의 드물다. 줄에는 캄캄한 밤중이라도 깊이를 알 수 있도록 가죽이나 로프로 일정한 간격의 마크가 붙어 있다.

2. 켈빈식 측심의는 측연을 기계적으로 사용하도록 한 것으로서 추, 측심삭, 와이어를 감아올리는 드럼으로 구성되어 있다. 와이어의 길이는 미터로 표시되어 있으나 깊이는 와이어의 맨 끝에 연결된 보호관으로 측정한다.

이것은 상판은 밀폐되고 하판은 개구된 유리관으로서 내부에 중크롬산을 칠해 두었다. 수압으로 해수가 튜브 내로 침입하면 갈색의 중크롬산은 이 백색의 염화은으로 변화하므로, 변색된 부분을 표심 측으로 재어 수심을 알게 한다.

이 측심의는 영국의 물리학자이며 수학자인 켈빈경이 발명하였으므로 켈빈식 측심의라는 이름이 붙었다.

3. 음향 측심의는 잠수함을 탐지하기 위하여 제1차 대전 직후에 개발된 계기이다. 이것이 수심 계측에 이용되면서 측연이나 켈빈식 측심의와 비교하여 매우 우수한 성능을 갖고 있다는 것이 인정되어 측심용으로 급속히 보급되었다.

원리는 간단하여, 해저로 초음파를 발사하여 이것이 해저에 반사되어 되돌아오는 시간을 계측하여 깊이를 측정하는 것이다. 구조는 선저에 부착된 음파를 보내는 송파기, 반사음을 수신하여 전기 신호로 변화시키는 수파기, 전기 신호를 증폭하는 증폭기 및 증폭된 신호를 수심으로 표시하여 기록하는 기록기로 구성되어 있다.

이것을 무기로써 잠수함의 탐지 및 잠수함의 항행 수단으로 이용된 것이 소나(sonar)로서 초음파를 빔 모양으로 회전시키면서 발사하는 방법에 의하여 수중에 있는 고체의 거리와 방위를 측정한다. 또한 움직이고 있는 물체 중에 고체의 거리와 방위를 측정한다. 또한 움직이고 있는 물체의 반사음의 도플러 효과에 의하여 속력을 알아낼 수도 있다.

최근에는 해양 개발에도 크게 이용되고 있는데, 소나를 물고기 떼의 발견을 위하여 이용되는 것이 어군 탐지기이다. 특히, 스캐닝 소나라 불리는 것은 어군 탐지만이 아니고 암초 등도 탐지되어 레이더와 같이 표시된다.

Ⅲ. 방위를 알기 위한 계기

1. 마그네틱 컴퍼스(magnetic compass)는 나침의 또는 나침반으로 불리며 자석이 남북을 가리키는(지자기의 방향과 일치함) 성질을 이용한 것이다. 마그네틱 컴퍼스의 역사는 생각했던 바와는 달리, 유럽의 선박이 이용하게 된 것은 12세기 말이다. 마그네틱 컴퍼스가 발명되기까지는 해안, 태양, 별 등에 의해 방위 측정이라든가, 육지를 알 수 없을 때는 구약 성서의 '노아의 방주'에서 비둘기를 날려 육지가 가까운 것을 알았다고 기록하고 있는 것처럼 새의 방향 감각 등을 이용하여 항해했다.

날씨나 밤낮의 구별 없이 안개 속에서도 흐린 날이나 어두운 밤에도 방위의 측정이 가능한 마그네틱 컴퍼스의 발명은 획기적인 것으로서 항해하는 데 지대한 영향을 주었다.

구조는 방위를 기록한 원형의 컴퍼스 카드에 자석을 부착하여 자유로이 카드가 회전할 수 있도록 중심을 피봇으로 지지된 것이다.

마그네틱 컴퍼스에는 선교에 설치하여 조사를 기준으로 하는 기준 컴퍼스, 조타용의 조타 컴퍼스, 구명정 등에 사용하는 보트 컴퍼스 등이 있다.

최근의 대형선에서는 다음에 설명하는 자이로컴퍼스가 주로 사용되고 있다. 마그네틱 컴퍼스는 최상 선교에 설치하고 조타실에서는 거울로 비쳐보는 반영식이 많이 이용되고 있다.

2. 마그네틱 컴퍼스는 자차, 편차 등에 의한 오차가 있어 선박이 이동하는 데 따라 항상 변화하기 때문에 진방위를 알기 위해서는 정확한 수정이 필요할 뿐만 아니라. 지북력도 약한 이외에 황천 시에는 선체가 경사함으로써 생기는 경선 차 때문에 컴퍼스 카드가 좌우로 크게 동요됨으로 침로를 확실히 읽기가 곤란하다.

이들의 결점을 해소하고 항상 진방위를 알 수 있고, 황천 시에도 강력한 지북력에 의해 높은 정도를 유지하며 고위도 지방에서도 사용 가능한 것이 자이로컴퍼스다. 자이로컴퍼스 본체는 마스터 컴퍼스라고 불리며, 마스터 컴퍼스의 시도를 전기적으로 **빼**내어 선재 각 장소에 설치한 리피터 컴퍼스를 작동시키는 것이 가능하다.

리피터 컴퍼스는 대형선에서는 선교 중앙의 앞부분에 조선용으로, 양현에 방위 측정용으로, 조타 석에는 조타용으로. 선장실에는 선장의 감시용으로 작은 것이 5개나 설치되어 있다. 기타 레이더, 방향 탐지기, 침로 기록기, 자동 조타 장치 등에도 마스터 컴퍼스에서 방위 신호가 보내진다. 자이로컴퍼스의 원리는 자이로스코프의 운동을 지구의 자전과 일치시킴으로써 항상 진짜 북쪽을 가리키도록 한 것이다.

선박을 소정의 침로에 직진시키려면 조타구 컴퍼스를 보고 선박이 침로에서 이탈된 것을 알아야 하고 키를 좌우로 회전시켜 선박을 원 침로에 복귀시켜야 하는데 이와 같은 조작을 자동적으로 하는 기계 장치가 자이로 파일럿이다.

IV. 속력 또는 항정을 알기 위한 계기

선박의 속력이나 항정을 계측하는 기구를 측증의라고 한다. 로그 라는 말은 통나무의 의미로서 옛날에는 배의 속력을 계측하는 데 통 나무를 바다에 던져 선측을 통과하는 시간을 맥박을 이용하여 수를 헤아린 것에서 유래된 것으로, 던진 통나무가 속력 또는 항정을 계 측하는 기구의 총칭이 되었다.

또한, 통나무를 투입하여 계측한 속력을 기입하는 노트는 항해일 지라고 부르게 되었다. 측정의에는 다음과 같은 종류가 있다.

1. 속정용 유목

선상에서 해면에 통나무를 던져 선상에 새겨 놓은 2개의 관측선 사이를 통나무가 통과하는 시간을 계측하여 속력을 구하는 방법이 다. 아주 원시적인 방법이나 신뢰성이 높아서 요즈음에도 신조선의 공식 시운전할 때 운동 성능의 측정을 하는 데 사용되는 수도 있다. 대수 속력을 계측하는 계기이다.

2. 수용 측정의

속정용 유목은 던진 통나무를 회수할 수 없고, 또한 야간 사용이 불편하므로 부채꼴 판에 측정삭을 연결하여 선미에서 바다로 던지면 일정한 시간에 흘러나간 줄의 길이로써 속력을 계측하도록 한 것이다. 시간을 계측하는 데는 14초의 모래시계를 사용한다. 14초 동안에 흘러나간 측정삭의 길이가 배의 소격이 되어 일정하므로, 각각의 속력에 대응하는 것에 매듭을 만들어 길이를 계측하지 않고서도 즉시 속력을 판단하도록 하고 있다. 이 매듭을 나타내는 노트라는 말이 속력을 나타내는 단위로 사용된 것이다. 수용 측정의는 대수 속력을 계측하는 계기이다.

3. 예상식 측정의

수압에 대하여 회전하는 회전자를 끌어서 그 회전수에 따라 항정을 알아내는 장치이다. 이 측정의가 나타날 때 특허를 얻었다 하여 페이턴트 로그라고 부르기도 한다.

4. 동압식 측정의

수류에 의하여 생긴 압력은 유속의 제곱에 비례한다는 것이 알려지고 있다. 선저에 전방을 향하여 구멍이 뚫려 있는 동압관과 아래쪽을 향하여 구멍이 뚫려 있는 정압관을 설치하여, 동압관으로 유압과 수심 압력을, 정압관으로 수심 압력을 알아내고, 이의 압력 차를 스프링으로 균형을 이루게 함으로써 지침을 움직여 속력을 알고 이를 시간으로 적산하여 항정을 알 수 있게 한 것이다.

속력은 전진 방향에만 계측되고, 계측이 가능한 최저 속력은 2노트이다. 다음에 설명하는 전자 측정의가 개발되면서 생산은 되지 않고 있으나 현재 가장 널리 이용되고 있다. 보통 sallog라고도 하는데 이것을 이를 제작한 스웨텐의 회사의 머리글자 sal을 인용하여 부른 것이다.

5. 전자 측정의

자계의 가운데를 도체가 운동하면 속력에 비례한 기전력이 생긴다고 하는 전자유도의 법칙이 있다. 이 법칙을 이용하여 자계의 방향, 운동의 방향 및 기전력의 방향을 상호 직각 관계로 한 속력 수감부를 선저에서 돌출시켜 선속에 비례한 기전력을 측정하여 속력을 구하는 것이다.

6. 도플러 측정의

선저에서 발사된 초음파가 해저 등에 반사되어 되돌아온 음을 수신하여 배의 속도를 계측하는 기계로서 도플러 소나라고도 불린다. 도플러라는 것도 물리학에서 도플러 효과라고 하는 현상으로서, 빛이나 소리와 같이 파동으로 전파하는 것의 주파수나 파장이 파를 보내는 광원과 관측자 상호 간의 운동에 따라 변화하며 관측되는 현상인 것이다.

위의 측정의는 어느 것이나 대수 속력을 측정하는 것인 데 비하여 도플러 소나는 해저에 반사된 음의 주파수를 계측하는 것으로 대지 속력이 구해진다. 그러나 수심이 깊으면 해저로부터 반사음이 약해지므로 대지 속력의 계측이 가능한 것은 백수십 미터까지이다. 해저로부터 반사음이 약해지면 온도나 밀도가 다른 물 덩이로부터 없어도 속도의 계측이 불가능한 것은 아니다. 대수 또는 대지의 어느 것이나 속도의 표시는 자동적으로 표시된다.

또한, 도플러 소나에서는 아주 느린 속도의 계측이 가능하여 최소 계측 속도는 0.01m / sec(0.02노트)이다. 초대형선은 중량이 크므로 빠른 속도로 착안하면 선체나 안벽이 손상을 받을 가능성이 있으므로 미속으로 조정할 필요가 있어 5㎝ / sec 정도로 착안한다. 이 때문에 선수미의 가로 이동 속도를 정밀하게 계측 가능한 도플러 소나는 초대형선의 조선에 훌륭한 위력을 발휘한다.

초대형선이 착안하는 안벽에는 SAMI(Doppler Speed of Approach Measurement Indicator: 접안 속도계)라고 불리는 장치를 갖추어 안벽으로부터 접안 속도를 계측하여 배에 전해 주는 방식을 채용하고 있는 것도 있다.

보통 후술하는 인공위성에 의한 해군 항행 위성(NNSS)은 전파의 도플러 효과를 이용한 것이다.

V. 선위를 알기 위한 계기

1. 육분의(sextant)

고도나 2개의 물체의 협각을 측정하는 계기이다. 통상은 태양, 달,

별의 수평선으로부터의 고도를 측정하여 선위를 구하는 천문 항법에 이용되지만, 산의 높이 또는 2대의 수평면상에 있는 물체의 협각을 계측하여 선박 위치를 구하는 것도 가능하다. 프레임, 거울, 망원경으로 구성되는 간단한 구조이지만 0.1분까지 계측할 수 있는 매우 정도가 좋은 계기로서, 인공위성으로 선위계측을 하는 오늘날에도 항해 계기로서의 육분의는 의연히 중요한 위치를 차지하고 있다.

2. 방향 탐지기

전파를 발신하고 있는 방향을 탐지하는 전파계기로서는 가장 오래된 것이지만, 선박 안전법의 관계 부령인 선박 설비 규정에서 설치가 의무화되고 있는 중요한 계기이다.

원리는 안테나의 지향성을 이용한 것으로 휴대용 라디오의 감도가 방송국의 방향과 라디오의 방향에 따라 다른 것과 같은 원리로 전파의 도래 방향을 아는 방법이다. 실제로는 안테나를 움직여 방위를 측정하는 것이 아니고 루프 안테나를 고정한 채 안테나에서 수신된 전파를 방향 탐지기 내의 코일에 끌어들여 회전하는 코일과 조합시켜 방위를 아는 고니오미터라 부르는 장치를 이용하고 있다.

루프 안테나와 수직 안테나를 공용하여 8자형 특성과 하트형 특성을 이용하여 수신기 출력을 음 또는 영상으로 바꿔 무선 표지국의 방향을 측정하는 것이다.

해안선에는 적당한 간격으로 무선 표지국이라 불리는 표지 전파를 발사하는 시설이 설치되어 있는데 무선 표지국들의 방위를 측정하면 선위가 구해진다.

조난선의 위치가 확실하지 않은 경우에도 전파를 내보내고 있으면 방향탐지기에 의해 방위를 알 수 있으므로 그 방향으로 진행하면 조난선을 발견할 수 있다. 또한, 북양 어업 등에서 어선이 모선에 귀향하는 경우 등에도 방향 탐지기가 이용되고 있다.

3. 로란(loran)

1평면상에서 2개의 정점으로부터의 거리 차가 일정한 점의 궤적은 2정점을 초점으로 하는 쌍곡선이 된다는 원리를 응용한 것으로, 전파의 정속성 및 직진성을 이용한 것이다. 곧 2개의 송신국을 1조로 하여 양쪽의 국에서 일정한 시간차를 두고 전파를 발사하면, 그 펄스 파가 선박에 도달하는 시간차를 측정하여 선박의 위치 선을 구하는 쌍곡선 항법이다.

4. 데카

쌍곡선 항법의 일종으로 제2차 대전 중 노르만디 상륙 작전에서 처음으로 사용되어 대성공을 거두었다.

데카의 특징은 정확도가 극히 높다는 것과 경험이 없는 사람도 정확한 선위를 구할 수 있다는 것이나, 유효 범위는 비교적 좁아 낮에는 약 300마일, 밤에는 약 200마일이다. 로란이 2국으로부터 전파 도달 시간차를 측정하여 선위를 구하는 것에 비하여, 데카는 후술하는 오메가와 같이 2개 전파의 위상 차를 측정하여 선위를 구하는 것이다. 위상이란 파의 진행, 지연을 나타내는 말로서 위상계로 위상 차를 측정한다. 데카 수신기는 연근해 항해에서 유효하게 이용되고 있으며 대형선은 물론 소형선에도 점차 그 수요가 늘어나고 있다.

5. 오메가 항법

쌍곡선 항법의 하나로, 원리는 데카와 같이 전파의 위상 차 측정에 의한다. 이 항법의 최대 특징은 초장파를 이용하여 지구상의 모든 지점을 8개소의 오메가 국으로 커버하는 것이다.

오메가라는 이름이 붙은 것은 이 이상의 항법 시스템은 앞으로 개발될 수 없다고 하는 자신을 갖고 알파벳의 제트에 해당하는 그리스 문자의 마지막 문자 오메가를 따서 한 것이다. 사용 주파수는 초장파의 10.2킬로헤르츠로서 이 파장은 29.468미터이다. 전파는 지표와 전리층과 D층의 사이를 마치 레이더에 사용되는 초단파가 도마관내를 전달하는 것처럼 전달되어 전파 손실이 적고 비교적 작은 출력으로 지구 전 지역에 도달된다. 레이더에 사용되는 도파관이란 단면이 긴 네모꼴인 구리로 된 관으로 초단파를 발생시키는 마그네트론으로부터 마스터의 안테나까지 연결된 것이다.

국과 국을 연결하는 기선상의 레일 폭은 1/2파장으로 14,734미터이다. 측정 가능한 것은 147미터인데 이것이 오메가로 측정 가능한 최고 거리가 된다. 오메가에서는 8개의 송신국 사이에는 로란이나 데카와 주국과 종국의 관계는 없고, 각국이 약 10초의 주기로 같은 주파수의 전파를 순차로 정해진 시일 주파수의 전파를 사용하고 있으므로 동시에 발사하면 수신 측에서는 어느 국에서 발사한 전파인가 알 수 없기 때문이다.

서로가 3.000-8.000마일이나 떨어진 8개국이 1조로 되어 순차로 전파를 발사하는 때에는 정확한 시계가 있어야 한다. 이 때문에 미국해군 천문대의 표준 시계를 기준으로 한 세계 협정 시와 동기시켜 전파를 발사하고 있다. 각국에는 각각 4대의 세슘원자 발진기를 갖추어 500만 분의 1초 이내의 정확도를 유지하고 있다.

데카와 같이 연속된 지속 전차로 하지 않기 때문에, 위상 차를 비교하는 데에는 앞에 수신한 전파의 위상을 기억시켜 두는 방식을 채택하고 있다.

6. 위성 항법 시스템

GPS의 정식 명칭은 NAVSTAR / GPS인데, 이것은 NAVIRATION SYSTEN WITH TIME AND RANGING / GLOBAL PSSITIONAL SYSTEM의 머리글자를 딴 것으로, 시간과 거리를 사용한 항법 방식으로 전 세계적인 위치 결정방식이라는 뜻에서 유래된 것이다.

NAVSTAR / GPS 는 종전의 위성 항법 장치인 NNSS(NAVYNAVIGA-STION SATELLITE SYSTEM)의 2가지 약점, 즉 약 107분에 한 번의 빈도로 위성이 관측자의 상공을 통과하는 10분 동안밖에 위치를 나타낼 수 없다는 점과, 도플러 측정에 의거하여 관측자의 이동속도를 비교적 정확히 알아야 한다는 단점을 보완한 것으로서, 적절한 수신 장치를 갖춘 수신자가 해상, 육상 또는 대기원의 어디에 있든지 간에 매우 높은 정확도의 3차원의 위치, 속도 및 정확한 시간 정보를 범 세계적으로 24시간 제공하여 주는 위성항법 장치로 현재 사용 중인 전파 항해 계기 중 가장 최신의 전천후 위치 측정 시스템이라 할 수 있다.

GPS시스템은 크게 우주 부분과 사용자 부분 및 제어 부분의 세

가지 부분으로 나눌 수 있다.

　우주 부분은 21개의 윤용위성과 3개의 예비위성을 포함하여 55도의 기울기를 가지고 등간격으로 6개의 궤도에 4개씩 배치되어 있다. 지구 중심을 기준으로 한 궤도 반경은 26,500KM 정도이며, 이는 지구 표면에서 약 20,183KM의 중고도이다. 위성이 지구를 선회하는 주기는 0.5항성으로 되어 있다.

　이들 위성에서는 위치 측정에 필요한 데이터를 주파수 확산방식으로 변조시켜서 2개의 L-밴드 주파수의 전파로 보내는데, 2차원 측위에는 3개의 위성, 3차원 측위에는 4개의 위성으로부터 이 전파를 수신하여 위치를 산출하게 된다.

　이들 우주 부분의 위성에서는 원자시계가 설치되어 있어서 모든 위성이 아주 정확한 시각 정보와 정보의 2종류의 정보를 RF신호에 실어서 전송한다. 사용자 부분은 위성으로부터의 시각 정보와 궤도 정보를 수신하여 수신기의 위치 결정 및 시각 비교에 사용되며 선박, 육상, 항공기 또는 미사일이나 우주선 등에 탑재된 모든 수신기가 이에 해당된다.

　제어부분은 1개소의 주 제어국과 5개소의 가시국 및 지상 안테나로 구성되며, 주 제어국은 각 위성의 위치 계산 및 궤도 예측과 GPS시각의 제어 그리고 위성의 조정 및 작동 상태 등을 감독한다. 이들 제어 부분에서는 GPS위성을 정확하게 추적하여 궤도 수정 자료와 위성 클록에 대한 바이어스 요소를 주기적으로 위성에 보낸다.

　GPS에 의한 측위는 위성으로부터 발사되는 전파의 지연 시간을 예측하고 궤도까지의 거리에서 현재 위치를 구하는 방법이다.

7. 레이더

레이더는 RADIO DETECTION AND RANGING의 약어로서 근본 원리는 극초단파의 직전성, 정속성, 반사성 및 지향성을 이용한 것으로 지향성 회전 안테나인 스캐너를 사용하여 펄스파를 발사한 후 그 전파가 물류에 의하여 반사되어 되돌아올 때까지의 시간을 측정하여 거리를 알고 또한 그때의 스캐너 방향에 의하여 그 물표의 방향도 알 수 있는 항해 계기이다.

물표의 위치를 표시하는 방법에는 각종 방식이 있으나 선박에서 이용되고 있는 것은 PPI인데 이것은 해안지형의 해도를 보는 것처럼 표시된다.

레이더는 제2차 세계대전 중에 개발된 것으로, 군용으로서 사격에 이용된 해전의 최초는 1941년 5월 26-27일의 야간에 독일의 전함 비스마르크호가 영국의 구축함을 포격한 것이고, 일본의 경우는 미국이 1942년 11월 11일 밤 사보 섬 근처를 남하 중인 일본 함대에 대한 공격이 최초이다.

대전 후 레이더는 상선의 항해 계기로서 사용하게 되어 항해의 안전에 거대한 공헌을 하고 있다. 선위의 측정, 협시계에서의 충돌, 좌초의 방지 등에 지극히 유용하게 이용되어 레이더는 나침판과 함께 선박 운항에 가장 큰 영향을 준 발명이라 할 수 있다.

레이더의 구조는 송수신기, 안테나, 지시기로 되어 있다. 송수신기의 미그네트론에서 발생한 전파는 도파관을 통하여 펄스파를 내보내고 있다. 목표에 부딪친 전파는 반사하여 일부는 안테나로 수신되어 도파관을 역으로 통하여 송신기의 증폭기에서 증폭된 후 지시기의 브라운관에 들어와 목표물을 휘점으로 나타낸다. 지시기에는 형광 물질을 바른 스코프가 있고 자기 선박의 위치를 나타내고 있는 스코프의 중심에서 밖으로 주사선이라 하는 밝은 줄이 뻗쳐 있는데, 이것은 스캐너와 같은 속도, 같은 방향으로 회전하고 있다. 따라서 스캐너가 1회전할 때마다 스코프의 주사선도 1회전하고, 그때마다 선박의 주위에 있는 전파의 반사체인 물표의 영상이 스코프에 나타난다.

통상적으로 1만 톤급의 화물선은 17마일 내외로 비칠 때, 언덕과 같은 해안은 반사가 양호하여 멀리 비치지만 사막과 같은 평탄한 해안에서는 반사가 약해서 10마일 내외에서도 비치지 않을 수가 있다. 또한, 파도도 영상으로 비치기 때문에 황천 시에는 작은 어선은 파도의 반사 속에 들어가 버려 알아내기가 곤란한 때도 있다.

레이더를 장비한 배가 안개 속에서 충돌하는 수도 있는데, 이것은 레이더에서는 배의 영상이 점으로 비쳐 본선으로부터의 방위와 거리는 알 수 있으나 침로와 속력을 알 수 없는 것이 큰 원인이다. 상대 선박의 방위와 거리를 시간의 경과와 함께 제도하고 있으면 침로와 속력은 알 수 있으나 이것은 옛날 방법으로서 상대 선박이 급히 침로를 바꾸면 레이더에서는 알 수가 없다.

레이더에 나타난 선박을 전산기로 처리하여 상대의 침로, 속력, 본선과의 충돌 위험의 유무를 계산하여 표시하는 장치를 자동 레이더 플로팅 원조장치라 한다. 이는 일명 충돌 예방 원조 장치라 하는 것으로 레이더로부터의 정보, 자이로컴퍼스나 로그로부터의 신호를 내장된 고정도의 마이크로컴퓨터로 처리하여 충돌회피에 필요한 정보를 제공하는 장치이다. 그러나 기본이 되는 것은 레이더로 스콜 속에 들

어가 영상을 잘 알 수 없는 선박 등에 대한 효과는 없지만, 인간을
대신하여 영상을 자동적으로 플로팅하여 충돌 위험의 유무까지 판정
한다는 점에서 매우 유효한 계기이다.

VI. 결론

우선 바다를 탐구하고 바다를 누비게 할 수 있도록 이 학교를 보
내주신 하나님께 감사드린다. 또한 제가 항해학과 전공으로서 항해
계기를 연구하고 공부할 수 있는 기회를 주신 문희주 교수님께 감사
드린다. 선박이 항해할 때 항해계기를 떠나면 마치 항해사가 눈을
잃어버리고 항행하는 것과 마찬가지다. 항해를 하기 위해서는 장소
와 경우에 따라 자선의 위치나 방향은 물론 주의 상황도 알아야 할
것이다. 이 모두 항해계기 덕분으로 해결해야 한다. 이번 공부를 통
해 항해계기와 항해에 대한 중요성을 한층 깊이 인식하게 되었다.

미래에 바다를 누비고 세계를 누비며 살아갈 우리 항해사로서 먼
저는 항해계기의 중요성을 알고 그 항해계기를 정확히 다룰 수 있는
능력과 지혜를 가져야 한다. 그 밖에 선박은 관련된 다종의 기술 분
야를 집대성한 것으로 선박과 그 운항에는 다방면에 걸친 전업적인
지식과 배를 자유롭게 하고 있다. 우리 모두 이런 지식과 기능을 몸
에 익혀서 배를 자유롭게 다룰 줄 알고 바다를 정복하여 민족과 이
사회에 쓰임이 될 수 있어야 하겠다.

한 학기 동안 교수님 정말 수고 많으셨습니다. 밤늦게까지 수업을

위하여 휴식하지도 못하고 맡은 바 수업에 그만큼 많은 심혈과 관심을 투자한 데 대해 진심으로 감사드립니다. 교수님 항상 건강하시고 주님의 축복을 많이 받기를 간절히 바랍니다.

콜럼버스와 신대륙의 발견

5기 기관학과 이경학

Ⅰ. 서론

필자는 본 소고를 통하여 콜럼버스가 찾기 위한 항해의 필요성에 대하여 그 당시 유라시아 대륙의 시대적 배경과 콜럼버스가 왜 신대륙에 대한 열망과 이를 위한 그 자신과 각 나라들 간의 관계는 어떠한지 알아보고 또한 신대륙 항해를 가능케 한 것은 무엇인지에 대하여 당시의 조선술, 항해술에 대하여 살펴본 뒤 그의 새 항로와 신대륙 발견의 과정과 그 이후 사정에 대하여 기술하고자 한다.

본 소고에서는 콜럼버스 이전의 오랜 해양의 역사와 유럽의 전체적 입장 등을 말하지 않고 콜럼버스가 그의 항로와 관계된 나라와 사람들에 대해서만 언급하고자 한다. 그리고 결론적으로는 본 항해와 지리적 발견에 따른 입장을 간단히 표명코자 한다.

Ⅱ. 신대륙 항해의 필요성(시대적 배경)

새로운 항로의 탐색과 발견에 필요한 막대한 비용과 그것이 실패하였을 경우의 희생을 감수할 능력은 역시 통일국가를 이룩한 왕권에 구할 수밖에 없었다. 번영을 자랑하던 베네치아나 한자도시들은 구태여 새로운 항로를 찾을 필요가 없었으며, 영국이나 프랑스는 어느 정도 지중해무역이나 북해무역의 혜택을 받고 새로운 항로를 찾아야만 할 절박한 이유나 필요성도 없었다.

포르투갈 및 이와 경쟁적인 입장에 있는 에스파냐는 지중해무역으로부터 소외되어 있었고, 이슬람에 대한 강한 적개심을 가지고 있었으며, 새로운 항로의 발견으로 초래될 경제적 이득에 대한 강렬한 갈망과 필요성이 있었다. 뿐만 아니라 그들은 다 같이 대서양연안에 위치하고 있다.

이베리아반도에서의 두 왕국의 성립은 바로 끊임없는 이슬람과의 투쟁이었다. 그러므로 그들의 마음과 몸에는 이슬람에 대한 적개심과 이슬람을 타도하고 크리스트교를 전파하려는 염원이 가득 차 있었다. 따라서 프레스터 존이 다스리는 망각된 강력한 기독교 국가가 동부 아프리카나 아시아의 어느 곳엔가 존재한다는 전설은 그들에게 있어 큰 관심의 대상이 아닐 수 없었다.

후추를 비롯한 각종 향료는 지중해를 통한 동방무역의 종교상품이었고 그것을 가져온다는 것은 이를 독점하는 이탈리아 도시들의 경제적 번영을 보면 쉽게 알 수 있는 일이었다. 만일 동방과 직접 교역할 수 있는 길이 발견된다면 이슬람교도인 아랍상인이나 이탈리아 상인이 독점하고 있는 저 막대한 경제적 이득을 대신 차지하고 경제적 번영을 누릴 수 있을 것이 아닌가.

동방에 대한 유럽인의 관심과 호기심은 13세기에 몽고족의 원나라 조정에 오래 머물다가 귀국한 베네치아의 마르코 폴로(Marco Polo, 1254-1324)의 '동방견문록'과 같은 여행기로 더욱 더 커졌다. 유럽인에게 있어 동방은 향료만이 아니라 중국산 제조물과 각종 보석의 산지이기도 하였다.

마르코폴로 여행기에는 중국보다 더 동쪽에 지빵고라는 황금의 나라가 있다는 것이 기록되어 있었다. 그러므로 동방과의 직접적인 접촉의 길을 발견한다는 것은 매우 매력적이고 경제적 이득이 클 뿐 아니라. 신앙심을 높이고 국가적인 영광을 가져다주는 것이기도 하였다. 때는 마침 르네상스 시대로서 팽창의 기운이 감돌고, 새로운 것과 미지의 세계에 대한 호기심은 강력하였으며, 위험과 곤란을 무릅쓰고 이에 도전하려는 모험정신이 유럽에 팽배해 있었다.

15, 16세기에 있어서의 탐험과 해외진출에는 세 가지 분야에서의 기술적인 발전이 절대적인 조건이었다. 첫째로 지리학과 천문학에 대한 지식의 확대와 그것의 실제적인 항해문제에서의 적용, 둘째로 조선과 항해기술의 발달, 셋째로 화약이 해전에 이용되고 발달되었다. 처음의 두 분야의 경우 유럽인들은 고대시대와 인접한 이슬람세계로부터 필요한 지식을 획득하였으나, 이러한 지식을 실제로 현실에 응용하는 면에 있어서 르네상스기의 유럽인들은 놀라울 만큼 독창적이었다.

13세기 이래 이탈리아와 카탈로니아의 항구에는 전문적인 수로학자들이 있었고 그들에 의하여 해도가 작성되고 있었다. 이러한 해도는 날이 갈수록 보다 더 정확해지고 항해자에게 큰 도움을 주었으나 육지가 보이지 않는 먼 바다에 나갔을 때 선박의 위치를 측정할 길이 없었다. 이런 경우 항해자는 지리학과 천문학 등 모든 지식을 총동원하여 추측 항선으로 항해하는 수밖에 없었다.

Ⅲ. 신대륙 항해의 가능성(조선술, 항해술의 발달)

조선술도 15세기에는 발달하였다. 중세 말에 지중해와 북해 방면을 왕래하는 무역선의 주종은 노와 돛을 병용하는 육중한 갈렉선이었고, 돛은 큰 사삭형의 것이 사용되었다. 15세기에 들어서면서 마스터의 수가 하나로부터 4개까지로 늘고, 항해를 전적으로 돛에 의존하는 범선이 발달하게 되었다. 뿐만 아니라 아랍 선박의 삼각범이 도입되어 사각범을 겸용하는 발이 빠른 경쾌한, 그러면서 원양항해에도 견딜 수 있을 정도로 견고한 카라벨선이 나타났다. 초기의 탐험과 발견에 사용된 선박의 대부분은 바로 카라벨선이 있으며, 16세기에는 사각범과 삼각범을 병용한 대형선박에도 적용되어 원양항해의 대형선박과 카라벨선으로 구성되었다.

1497년 바스코다가마로 하여금 4척의 배가 인도로 항해하게 되었다. 이 경험을 살려 무풍지대를 피하여 멀리 육지로부터 떨어진 희망봉을 우회하고 아프리카 동해안의 항구들에서 필요한 물자를 보급하면서 다음 해 인도의 캘리컷에 도달하였다. 지배자는 별로 호의를 보이지 않고 기득권을 가진 아랍상인들이 방해도 있었으나 신항로 개척의 목표였던 후추와 향료를 입수하여 리스본으로 돌아왔다.

카나리아제도만은 에스파냐와의 오랜 분쟁과 시비 끝에 에스파냐 소유로 낙착되었으나 그 밖의 주된 섬들 즉 마데이라, 아조에스 및 베르데(Cape Verde)제도는 포르투갈령으로서 15세기에 식민이 행하여지고 설탕과 포도주의 산지로 개발되었다. 이와 같이 대서양 쪽의 섬들이 발견되고 식민이 행하여지는 과정에서 항해자나 모험가의 관심과 호기심도 강해지고, 특히 크리스트교도가 번영 속에 살고 있다고 전해진 가공의 섬 아틀란티스(Atlantis 또는 Amtlla)를 발견하는 것은 그들의 꿈이었다.

제노아의 선원 출신인 콜럼버스(christopher columbus, 1446~1506)는 그들과 달리 현실적인 생각에서 대서양의 서항을 생각하고 있었다. 그는 많은 책을 읽지는 않았으나, 다이어 추기경의 지리책을 읽고 피렌체의 지리학자인 토스카넬리(Toscanelli)와의 서신교환 등을 통하여 지구가 구형이며, 인도로 가기 위하여 아프리카 남단을 우회하는 것보다 대서양을 서쪽으로 항해하는 것이 훨씬 가깝다는 나름대로의 계산을 하였던 것이다.

이는 콜럼버스만의 잘못은 아니었다. 프톨레마이오스 그보다 앞서 비교적 정확하게 지구의 둘레를 계산한 에라토스테네스(Erathosthenes)보다 4분의 1 내지 6분의 1 정도 작게 계산하였고, 유럽과 아시아 사이에 광대한 대륙과 바다가 있다는 것을 아무도 몰랐던 것이다. 그리하여 콜럼버스는 대서양을 서항하는 경우 인도는 평균 3노트의 속도로 약 1개월의 항해 거리에 있다고 판단하였다.

Ⅳ. 새 항로와 신대륙의 발견

콜럼버스는 처음 그의 계획을 포르투갈에 제시하였으나, 이미 디아스에 의하여 인도항로 발견의 문턱까지 와 있다고 생각한 포르투갈로서의 새로운 모험에 투자할 생각은 없었다. 결국 경쟁적인 입장에 있던 에스파냐의 이사벨라 여왕의 후원을 가까스로 얻게 된 콜럼버스는 1492년 8월 3일 3척의 배를 가지고 팔로스항을 떠났다. 그는 한 달 가까이 걸려 카나리아제도에 도착하고, 거기를 출발한 지 41일 만에 지금의 바하마 제도 중의 어느 섬에 도착하여 이를 산살바도르라고 이름 지었다.

그는 인도의 어느 곳, 적어도 그보다 훨씬 동쪽에 있다는 지빵고 근처에 도착한 것으로 알고 그 일대를 탐험하고 다음 해 귀국하였다. 그는 그 후에도 3회에 걸쳐 항해를 하고, 향료와 황금을 찾았으나 허사였다. 그는 죽을 때까지 인도 근처에 도착한 것으로 믿었으나. 재정의 부담만 늘어나는 데 지친 에스파냐와 왕실의 후원도 끊겨 모기제도라는 야유를 받으면서 이 위대한 신대륙의 발견자는 실의와 가난 속에 세상을 떠났다.

콜럼버스가 첫 번째 항해에서 돌아온 후 에스파냐의 요청도 있고 또한 포르투갈과의 분쟁 염려도 있어, 교황 알렉산더 2세는 베르데 제도의 서방 약 500킬로미터 해상에 상상적인 경계선을 설정하고,

이후 발견되는 육지를 경계선의 서쪽은 에스파냐령, 동쪽은 포르투갈령으로 한다고 정하였다. 포르투갈은 구태여 이에 반대할 필요를 느끼지 않았으나. 경계선은 1,300킬로미터가량 더 서쪽으로 이동시킬 것을 요청했고 인도 근처에 도착했다는 콜럼버스의 보고를 믿고 있던 에스파냐도 이에 찬성하였다.

콜럼버스의 항해는 인도로 가는 서방항로의 탐험을 크게 자극하게 되었다. 영국에 살고 있던 베네치아 출신의 존 카보트도 1496년 헨리 7세의 후원을 얻어 지금의 캐나다 동해안에 도달하였고, 피렌체 출신의 아메리고 베스푸치도 여러 번 신대륙으로 건너가 중남미 쪽을 탐헌한 끝에, 이곳이 종전의 유럽인에게는 알려지지 않았던 '신세계'일 것이라는 의견을 발표하였다.

그리하여 이 신대륙은 최초의 발견자인 콜럼버스와는 관계없이 베스푸치의 이름을 따서 '아메리카'라고 불리게 되었으며 독일의 지리학자 발트 제뮐러는 1507년에 간행된 세계지도 속에 유럽과 아시아 사이에 기다란 육지를 하나 그려 놓고 이를 아메리카라고 기록했다. 그 후에 에스파냐의 식민지가 되어 있던 이스파니올라에 살던 에스파냐의 모험가 발보아는 황금을 찾고자 파나마지해를 횡단하여 처음으로 태평양을 바라보게 되었다.

V. 결론

15세기로부터 16세기에 걸쳐 유럽인들은 '새로운 섬, 새로운 땅, 새로운 바다'를 찾아 나서고 그것들을 실제로 발견하였다. '지리상의 발견'이라고도 하는 이 '대항해시대'에 행하여진 새로운 항로와 신대륙의 발견은 유럽이 전 세계로의 팽창과 확대의 계기가 되었으며, 그 후 유럽의 발전은 물론이요, 지구상의 거의 모든 지역과 모든 사람을 포함한 세계사의 발전에 지대한 영향을 미치게 되었다.

선박재조기술과 발달과정

5기 기관학과 박경송

Ⅰ. 서론

본 소고에서는 선박제조의 필요성에 대하여 최근까지 고안된 기술 등에 대하여 기술하고 선박의 제조기술에 있어서 강철선 이전 시대와 이후 시대로 나누어서 선박제조기술의 발달과정에 대하여서 기술하고자 한다.

본 소고는 어디까지나 선박의 제조와 발달과정이므로 이 선박의 쓰이는 구체적 용도나 항해과정에 대하여서는 개략적으로만 소개하고 선박의 조선과정과 발달과정으로만 제한하였음을 밝히는 바이다.

Ⅱ. 선박제조기술의 필요성

인명과 재화를 싣고, 항해하는 배는 우선 충분한 안전성이 요구되고, 다음으로 높은 효율성이 요망된다. 현대의 기선에서는 옛날의 '판자 한 장 밑은 지옥'이라고 말하던 위험은 없어졌다. 강선(鋼船)에 있어서 선박안전법과 그 관계법규에 의하여 선체・기관・속구(屬具)의 모든 것에 대해서 엄중한 기준이 정해져 있다.

선체 구조는 견고하게 공작되고, 그 중앙부에 선수・선미・기관실은 특히 튼튼하게 만들어진다. 선체의 종강력재에는 용골・중심선거더・사이드 거더・선측 종통재・갑판 거더・내저판・끝판 종격벽(縱隔壁)이 있고, 횡강력재에는, 늑골・늑판・보・빔브래킷・횡격벽이 있다. 이 두 강력재를 연결하는 것은 외판・갑판・선수재・선미골재・보 기둥이고, 이것들을 서로 짜 맞추어 견고한 선각(船殼)을 만들고 있다.

보통화물선에서는 배의 수미부(首尾部)를 제외하고, 선박바닥은 2중 바닥구조로 견고하게 하여, 좌초했을 경우에 해수가 금방 선내에 침수되는 것을 막음과 동시에, 그 부분을 연료탱크・청수탱크・밸러스트탱크 등으로 구분해서 이용하고 있다. 또 2중 바닥 상부는 상갑판까지 횡격벽을 적당한 간격으로 세워 선창 내를 구획함으로써 선내에 화재가 일어나거나, 침수해도 1구획 내에 그치게 할 수 있다.

2중 바닥의 양측은 선내에 괴는 오수(汚水)를 저장하는 빌지웰로 되어 있는데, 여기에는 기관실의 펌프로부터 배수관이 투입되어 괸, 선내의 오수를 수시로 선외로 배출한다. 이처럼 배의 수중에 있는 밑 부분은 방수(防水), 배수(排水)에 대해서 만전을 기하는 구조로 되어 있다. 갑판에는 상갑판 밑에 중갑판·하갑판·최하갑판, 위에 선루갑판·단정갑판·유보(遊步)갑판·선교갑판 등이 있다.

선창 상부의 개구(開口)는 해치라고 하는데, 여기에서 화물의 출납을 하고, 항해 중에는 튼튼한 강제창구판(鋼製艙口板)으로 밀폐된다. 선내의 거실·창고에는 선수부에 묘쇄고(錨鎖庫)·갑판창고·도료고·해도실·등구고(燈具庫), 중아부에 의료고·냉장고·선원실·식당, 선교에 조타실·해도실·무선실, 그 부근에 선장실·항해계기실, 선미부에 조타기실·선구고(船具庫)가 있다.

배의 중요 시설로는, 무선통신설비·계선설비(닻·닻줄·양묘기·계선줄)·구명설비(구명정·구명뗏목·구명buoy·구명동의·구명줄발사기)·소방설비(화재탐지기·가스소화장치·증기소화장치·소방원장구)·방배수(防排水)설비(각종 배수 펌프류)·조타설비(기·조타기)·재화설비(마스터·데릭·양화기)·환기설비(통풍기·화물제습장치·냉온방장치)·항해계기(컴퍼스·측정기·측심기·육분의·시진의·방향탐지기·레이더·로랑·데카·쌍안경·탐조등)·선등(마스트등·현등·선미등·홍등·정박등) 등이 있다. 배는 선체 자신이 풍랑에 의한 동요에 강함과 동시에, 쉽게 경사하거나 전복되는 위험이 있어서는 안 된다.

동요감쇄장치로는 선체하측부에 만곡부 용골을 설치하고 객선 등에서는 횡요감소 탱크나 자이로 안정기를 설치하는 것이 있다. 배는 파동에 의한 횡요에 강해야 하고, 그러기 위해서는 화물선은 적하배분(積荷配分)에 주의가 긴요하다. 배의 상부가 무거운 배는 중두선

(重頭船)이라 하여 복원성이 적고 복원주기가 길다. 반대로 선박 바닥부가 무거운 배는 경두선(輕頭船)이라 하여 복원성이 크기 때문에 복원주기가 빨라서 승선이 나쁘다.

배의 이 두 가지가 극단적일 경우에는 위험하게 되므로 그 중용을 얻도록 노력해야 한다. 횡요주기가 적당한 상태를 안정선이라 하는데 그 주기는 12~15초가 좋다. 배는 일반적으로 공선(空船)일 경우. 중두(重頭)의 경향이 강하므로 이 결함을 메우기 위해 배의 상부구조물에 경금속을 사용하는 일이 많다. 고부(高部)에 선실이 많은 객석에서는 선박 바닥에 상당한 고정 밸러스트를 실어서 중두성을 감소시킨다.

최근의 조선은 대부분 블록 건조에 의한 용접법을 채택하고 있기 때문에 공기(工期)가 짧고 리벳을 사용한 배에 비해서 가볍다. 배에 닿는 수압이나 풍압을 줄이기 위해 선체상부의 선교·마스터·굴뚝, 등을 모두 유선형으로 하고 선수를 구형선수(球型船首)로 해서 증속(增速)을 꾀하는 객선·화물선·유조선이 많다.

Ⅲ. 강선시대 이전이 선박제도

배의 발달은 지식의 발달과 함께하였으며 따라서 배의 기원(起原)은 매우 오래된다. 인류문화의 발상지인 고대 이집트·메소포타미아 및 인도·중국 등은 모두 큰 강의 유역에 있고 바다와 가까이하고 있어 일찍부터 물의 혜택을 받았다. 최초의 배는 BC500년경 이집트

의 나일강 하구에서 파피루스(papyrus)라는 풀을 엮어 만든 '갈대배'
라고 전해진다.

배의 양끝이 모두 휘어 올라간 모양의 이러한 배는 지금도 아프
리카 내륙의 차드 호수에 남아 있는데 지금의 배의 모양에도 그 원
형이 남아 있다. 1970년 노르웨이의 인류학자 헤이에르달은 이 파피
루스배의 현대판 타그세호를 재현하여 대서양 횡단에 성공한 바 있
다. 원시시대의 배는 강이나 호소(湖沼)의 물 위에 뜨는 부체(浮體)
에서 출발하였으며 현재 세계 각처에서 유물이 발견되고 있다.

그 계도(系圖)를 보면 부목(浮木) · 벌주(筏舟) · 통나무배 · 가죽배 ·
꿰어맞춘배 · 쪽매배 · 구조선(構造船)의 순으로 추정된다. 부목은 목
재를 물 위에 띄운 것이고, 벌주는 나무나 풀을 엮어 부체로 만든
것으로서 파피루스배는 벌주에 속한다. 통나무배는 나무의 중앙부를
파낸 배이고, 가죽배는 에스키모족의 카약과 같은 짐승의 가죽으로
만든 배이다. 꿰어 맞춘 배는 나무판을 서로 붙여서 만든 배이다.
이러한 배는 모두 소형이고 약하며 평수용(平水用)이다. 목재를 견
고하게 짜 맞추어서 우선 배의 골격을 만들고 이것에 외판과 갑판을
붙인 구조선(조립선)이 출현한 것은 기원전 15세기경으로 보인다.

이때부터 약 1,000년 동안 지중해 안에서 활약한 해양민족 페니키
아인이 목선으로 물자교역을 위한 연안항해를 통해 크게 번영한 것
으로 유명하다. 당시의 항해는 노에 의한 추진이 주이고 돛은 간혹
사용되었다. 페니키아인에 이어 이 지방은 그리스, 로마시대를 맞이
하면서 목선은 점차 크고 견고해져 흔히 지중해형선(地中海型船)이
라고 불리는 것으로 발전하였다. 그 대표적인 것을 갤리선이라는 것

으로서 선측에 많은 노를 달아서 배를 짓고, 대형인 것은 2단 3단의 갤리선이 출현하였다.

이 형태의 배는 폭이 넓고 갑판은 타원형이며 외판은 평평하게 붙이는 것이 특징이었다. 이 지중해선과 대조적으로 북유럽에서는 8세기 중엽부터 덴마크·스칸디나비아 지방에 살던 노르망디인들이 북해형(北海型)의 배를 만들어 북해에서 활약하였다. 이 형태로부터 발달한 것이 바이킹선으로 선수미(船首尾)가 뾰족한 세장형(細長型)의 선형을 하고 있으며 외판은 비늘 달기가 특징이며 경쾌하게 범주(帆走)하였다.

이 두 선형은 10세기경부터 전 유럽의 해상에서 서로 다투어 각각의 장점을 취한 배를 만들었는데, 그 크기가 200~300t인 것도 출현하였다. 11~13세기 십자군전쟁 당시에는 해상수송을 통해 다수의 군사를 서유럽에서 팔레스티나로 옮기는 관계로 조선술·항해술이 발달하였다. 당시의 배는 선수와 선미에 높은 선루(船樓)가 있고 그 밑을 거주구로, 중앙부를 화물창고로 하고 있었다. 2개의 돛대에 각각 큰 돛을 올려서 범주하였다. 그 후 항양선은 이 형태가 크게 된 것으로서 배라고 하면 모두 목조범선을 뜻하였으며 목선시대는 19세기 후반까지 계속되었다.

1492년 콜럼버스가 산타마리아호를 타고 아메리카 대륙을 발견할 당시 항양선, 한 예를 보여주는 배이지만, 전장 29m, 무게 233t이며 세 개의 돛대를 가진 횡범선에 불과하였다. 17~18세기는 영국·프랑스·네덜란드에 의한 해양탐험이 황금시대이지만, 그때 사용된 탐험선도 수백 t의 것을 넘지 못하였다. 원래 목선은 재료입수라는 점이나 선체강도라는 점에서 길이 60m, 톤수 1,000t 이상의 것은 건조하기 곤란하였다.

Ⅳ. 강선시대와 기계선박의 발달

목선으로 최대의 기록을 가진 배는 1859년 미국에서 건조한 아드리아틱호(108m, 3670t)가 유명하다. 1세기 초부터 목선에 이어 출현한 목철선·철선은 1860~1880년까지 약 20년간 사용되었다. 순수한 철선의 선두를 달린 배는 평수선으로는 1818년 영국의 발칸호, 항양선으로는 1843년 영국의 그레이트브리튼호이다. 이색 호화선 그레이트이스턴호(1858~1888, 영국)는 18,015t의 철선으로서 유명하다.

강선의 출현은 항양선으로서는 1879년 영국의 로트마하호로 이후 급속이 철선으로 바꾸어 강선시대를 맞이하게 되었다. 배의 추진장치는 유사 이래 돛에만 의존하는 시대가 오래 계속되어 19세기 말까지도 대형기선에 병용되어 오다가 20세기 초에 막을 내렸다. 배에 증기기관이 처음으로 이용된 시기는 1801년이고, 기선의 선조 풀턴의 외륜선 클러먼트호가 허드슨강을 달린 것은 1807년이다.

1918년에는 미국의 기범선(機帆船) 서배너호가 증기기관으로는 처음으로 대서양을 횡단하였다. 스크류(프로펠러)를 처음 장착한 철선은 1846년에 건조된 사라산드호(영국)이고, 1881년에는 비로서 2축선이 탄생하였다. 석탄연료의 왕복동기관(往復動機關)뿐이었던 배의 기관은, 1884년에 증기터빈기관이, 1905년에 디젤기관이 발명되어, 점차 선박용 기관으로 채택되었다.

그러나 1914~1918년의 제1차 세계대전까지는 상선(商船)이나 군함이 모두 구식의 왕복운동 기관선이 대부분을 차지하였다. 본격적인 터빈·디젤선 시대는 1930년대부터 시작되었다. 그 후 제2차 세계대전까지의 조선·조기(造機)의 기술이 비약적으로 발전하여, 수천 t의 우수한 화물선이 바다를 누볐고, 호화여객선이 영국·미국·프랑스 등지에서 건조되어 취항하였다.

북대서양에 군림한 여객선으로는 총톤수 8만 t급의 노르망디호(프랑스), 퀸메리호(영국)·퀸엘리자베스호 등이 있다. 이와 같이 19세기 후반까지는 항양선의 대부분이 수백 톤의 목조범선이었다. 20세기는 수천 톤에 달하는 대형의 강재기선시대가 되었고, 목선은 연안의 소형선에만 한정되게 되었다.

배의 속력은 일반화물선이 20킬로미터 전후에 달하고 있다. 주기관은 석탄연료의 왕복운동기관이 완전히 그 자취를 감추었다. 증유연소의 고마력을 자랑하는 디젤기관 또는 증기터빈기관이 주로 사용되며 1축 또는 2축선이 대부분이다. 1960년경부터 배의 합리화 전용선이 고성능화가 되어 대형, 초대형의 유조선 어느 것이나 불과 30명 정도의 승무원으로 가동할 수 있는 자동화선이다. 컨테이너선은 화물을 컨테이너에 넣고 수송하는 배로서 하역 시간을 대폭 단축하고 화물의 해륙 일반수송에 편리한 경제성을 가지고 있다.

V. 결론

필자는 본 소고를 통하여 선박제도 기술과 및 그 발달과정에 대해 알아보았다. 해양사의 발달은 곧 선박제조기술임을 알게 되었다. 또 선박의 발달과정, 즉 배의 역사를 알게 되면서 인류의 두뇌 발전과 또 그에 대응하는 인간들의 생존의식을 알게 되었다. 배 역사의 중요성과 선박제조기술의 발달은 '우리 자신이 어떻게, 누구를 위해 하는가'를 더욱 확실히 알려준다.

우리는 해기사로서 본 소고를 통하여 보았듯이 우리 조상들이 발달시켜 온 해양사를 더욱 발전시키기 위하여 노력하는 해기사가 되어야 하겠다. 이러한 해양의 역사가 곧 우리 조상들이 땀 흘려 세운 헌신의 노력이라고 본다.

배 이야기 독후감

5기 항해학과 박호남

  역사 속에서 인류가 바다에 진출함으로 말미암아 배의 역사도 인류역사만큼 유구하다. 해양인의 꿈을 가지고 해양대학에 들어와서 많은 배의 이야기와 바다에 관한 이야기를 들어왔었지만 책 '배의 이야기'를 읽고 나니 이렇게 저렇게 불리는 선박 이야기들이 그렇게 유래된 것이라는 것을 알게 되었다.

  인류는 처음에 통나무와 동물의 가죽을 꿰매어 바람을 넣은 튜브를 타고 물을 건넜을 것으로 추정된다. 그리고 갈대를 엮어 만든 배와 대나무를 묶어 만든 배. 석기시대와 청동기시대에 이르러 통나무를 파내어 배를 만들었다.

  이렇게 하루, 일 년, 한 세기를 지나서 배는 지금의 모습으로 발전을 가져왔다. 배가 지금으로 오기까지 많은 곡절과 재미있는 이야기도 많다. 그중의 한 가지가 항해영어를 배우면서 배를 대명사로 'she'라고 하는 것이었다. 왜 배를 여자로 불러야 하는가 의문이 났지만 확실한 답을 찾을 길이 없었다. 이 책을 읽음으로 머릿속 맨 밑바닥에 버려졌던 옛 의문들이 삼삼히 떠오르고 또 하나하나 풀려 나가게 되었다.

배의 곡선에 따라서 배의 성능이 좌우된다 해도 과언이 아니다. 여성들 역시 곡선의 몸매를 원하는 것이 배와 같다는 것이다. 그리고 페인트하는 것이 여성이 화장하는 것과, 아랫부분을 노출시키지 않는 등등의 여러 점들이 모두 여성과 동일하다는 것이다. 하지만 여성으로 비유되는 가장 중요한 이유는 남성만이 타는 것 때문인 것이다.

수만 톤이 넘는 쇳덩어리로 만든 배가 물에 뜨는 것은 놀라운 일이 아닐 수가 없다. 하지만 그 원리는 아주 간단하다. 쇠로 만든 세숫대야가 물에 뜨는 것과 마찬가지 원리라는 것을 알았을 때 그 놀라움은 아주 자연스러운 것으로 납득 될 것이다. 그 크기를 비교할 수는 없지만 대야에 앞으로 나갈 수 있는 추진 장치를 달아놓은 것이 배라고 생각하면 된다.

배를 보지 못하고는 배가 움직이는 데 대해서 많은 상상을 할 수 있을 것이다. 시동은 키로 하는 것인가, 뒤로 후진할 수 있는 것인가, 무엇으로 추진하는 것인가, 급정거할 때도 브레이크를 사용하는 것인가, 이런 것들에 대하여서 자동차처럼 생각할 수도 있고 비행기처럼 생각할 수도 있다.

그러나 배는 자동차도 비행기도 아니다. 배는 자신의 독특한 방식과 운전방식이 있는 것이다. 우선 배는 키를 사용하지 않는다. 배도 시동을 걸어야 움직이는 것은 마찬가지지만 배는 유압으로 조절된다. 그리고 프로펠러를 돌려 물을 잘라 배 뒤로 밀어냄으로 앞으로 나아간다. 프로펠러의 회전속도에 따라 배의 속도도 달라진다. 배도 뒤로 갈 수 있다. 프로펠러를 전진방향과 반대로 회전시키면 후진이 된다. 그러나 엄청난 덩치를 가지고 있는 배를 뒤로 몬다는 것은 효율적이지 못한 일임에 틀림없다.

배는 앞으로 간다는 가정하에 만들어졌기 때문이다. 배는 전속으로 달리다가 엔진을 정지시킨 후에도 멈출 때까지 정지거리가 보통 5~6km에 달한다. 따라서 배를 멈추기 위해서는 이 정도 거리서부터 엔진을 끄고 서서히 목적한 장소로 가면 된다. 조금 빨리 멈추려면 지그재그 방향으로 운전하는 것이 요령이지만 비상시에는 프로펠러를 역회전시키는 방법과 닻을 사용하는 방법이 있다.

배의 나이에 3배 하면 사람의 나이와 같다고 볼 수 있다. 즉 23년 된 배는 사람 나이로 따지면 69세에 맞먹는다. 결코 작은 나이가 아닌 것이다. 그러나 나이가 많아서 무조건 늙었다고 생각하면 안 된다. 선주와 선원들이 자기 몸같이 아끼고 보살피면 20년 넘은 배가 10년도 안 되는 배보다 나을 수 있다.

지금까지 건조된 배 중에서 가장 큰 배는 어떤 것인지 당신은 생각해 보았는가, 프랑스의 에펠탑(306m)보다 152.5m가 더 긴 이 배는 1976년 일본의 한 조선소에서 건조한 바로 바이킹호이다. 이 배는 564.650톤으로 길이가 458.5m에 달한다.

배는 사용목적에 따라 크게 상선, 군함, 어선, 특수임무선 등 4종류로 나눌 수 있다. 상선은 객선과 화물선, 등 20여 종으로 나뉜다. 화물선은 일반화물선과 냉동화물선, 컨테이너선, 바지운반선, 차량운반선, 목재운반선, 칩 운반선, 시멘트운반선, 석탄운반선, 살화운반선, 광석운반선, 겸용선 등이 있다.

500만 부산 시민을 한꺼번에 실어 나를 수 있는 배가 있다. 초대형유조선이라고 불리는 이 배는 산유국으로부터 원유를 수송하는 기능을 가지고 있다. 그러니까 부산 시민을 모두 실어 나를 수 있는 것은 아니다. 부산 시민의 몸무게를 합한 만큼의 원유를 실을 수 있다는 얘기다.

이 배가 한꺼번에 나를 수 있는 원유는 300.000톤이다. 이 배에는 또 헬리콥터 4대가 동시에 이착륙을 할 수 있는 헬리포트도 가지고 있다. 1960년대 들어 원유의 수송량이 증가하면서 등장하기 시작해 1970년대 중반까지 건조량이 계속 늘어난다. 이는 경제발전으로 원유의 소비량이 크게 늘어나면서 대량수송의 효용성이 부각됐기 때문이다. 심지어는 500.000톤급의 배까지 있으며 '떠다니는 섬'으로 불렸다.

유람선은 19세기 말 유럽의 부유층이 해외여행을 하는 대상으로 발달했다. 당시엔 비행기가 없었기 때문이다. 그러나 지금과 같은 유람선은 1960년대부터 시작된다. 비행기의 개발로 여객을 빼앗긴 여객선 승객을 다시 찾을 수 있는 자구책으로 초대형 호화선이 나오게 된다. 교통수단의 형식인 것이 아니라 리조텔의 개념으로 승객을 확보하고 있다.

액화천연가스 운반선도 여객선과 마찬가지로 건조하기가 쉽지 않다. 이 배를 건조하는 조선소는 최고의 기술을 가진 것으로 대접을 받을 수 있다. 천연가스를 액화시켜서 운반하면 엄청난 효율성이 있기 때문에 162도의 극저온에서 운반한다. LNG선 1척이 한 번에 실어오는 양은 125.000톤으로 한국도시가스 사용량의 4일치다. 이 배가 폭파했을 경우를 가상해 보았는가. 조사결과 우선 사고지점으로부터 수 킬로미터는 가진공상태가 돼 모든 생물체가 죽음을 맞이할 것이고 주위와의 기압 차이로 엄청난 폭풍과 해일이 반경 수십 킬로미터를 쑥밭으로 만들 것이다. 때문에 만일의 사고에 대비해 아예 담배를 못 피우는 선원들만 선발해서 승선시킨다.

컨테이너선은 박스 모양으로 된 컨테이너를 수송하는 배다. 화물선과는 비교도 안 될 정도로 간편해 수송의 혁명을 이루었다. 최근 건조되는 컨테이너선들은 보통 25노트 이상이다. 모터보트와 비슷한 속력이다. 컨테이너 종류가 다양하게 개발되면서 짐을 빨리 나르는 것에 국한되지 않고 습도와 온도는 물론 산소량까지도 조절하는 기능을 갖추어 야채나 과일의 신선도를 그대로 유지할 수 있는 컨테이너가 개발되면서 컨테이너선의 효용성이 더욱 커지고 있다. 컨테이너선은 부가가치가 높아 조선소에서도 선호하는 선형 중 하나다.

자동차 운반선의 큰 특징은 일반 배와는 달리 화물을 실을 때 크레인을 사용하지 않는다는 데 있다. 선적할 자동차를 그대로 몰고 올라가 자차하듯 정해진 장소에 세워 놓으면 된다. 배 안에 들어가 보면 화물창이 마치 거대한 주차하듯 흡사하게 되어 있으며 보통 10명의 운전자가 1개 조로 팀을 이루어 차를 화물창에 세우면 작업자들이 차를 고정하게 된다.

최근에 들어와서 자동차는 물론이고 비행기보다도 더 빠른 배가 나오고 있다. 배는 물에 떠서 다니는 것이 아니라는 인식의 변화로

물 위를 스치듯 나는 배가 나오고 있다. 이 배는 배와 비행기의 중간 형태를 띤 새로운 개념의 배다. 배로서 부력을 의존하지 않기는 첨이다. 생김새도 비행기같이 생겼으며 최고시속 500㎞를 낼 수 있다. 이렇게 빠른 속력을 낼 수 있는 것은 물 위를 2m~3m가량 떠서 날아다니기 때문이다. 한 가지 약점이라면 예기치 못한 상황에서 앞에 장애물이 나타났을 때 평면공간에서 방향을 바꾸기가 어렵다는 것이다.

멀지 않아 바다에서는 다닐 수 있지만 강에서는 다닐 수 없는 배가 나오게 된다. 초전도선이라고 하는 이 배는 바닷물에 염분이 많아 전류가 잘 통하는 반면 강물에서는 전류가 잘 통하지 않아 추진력을 얻을 수 없다는 것이다. 프로펠러 없고 따라서 소음과 진동이 없으며 프로펠러가 아닌 초전자 전자석의 힘으로 움직이는 것이 특징이다. 또한 프로펠러선의 한계인 50노트를 뛰어넘어 100 이상을 낼 수 있을 것으로 전망되고 있다. 따라서 대형선들도 초고속 운항이 가능한 것이다.

선박 역시 사람과 같이 국적이 있다. 공해상에 나가면 반드시 자신의 국적을 표시해야 하기 때문이다. 국적이 없는 배는 보호를 받을 수 없다.

배에서 석양을 바라보면서 파이프 담배연기를 뿜어내는 선장의 모습은 낭만적이었다. 선장이라고 하면 구레나룻의 수염을 기른 얼굴에 근육질의 건강한 체구를 가진 모습이 떠오른다. 그러나 선장들은 대다수가 곱상한 얼굴을 하고 있으며 체격도 작은 사람이 많다. 선장은 뱃사람들이 올라갈 수 있는 최고의 직책이다. 배 안에서는 대통령보다도 높은 위치로 선원들의 존경을 한 몸에 받는다. 배에서 선장의 말은 곧 법이라고 보면 된다.

선원이라고 하면 우선 거친 모습이 연상되지만 실상 선원 중에는 여자처럼 생긴 사람이 의외로 많다. 선원들은 해양대학을 졸업한 사관과 일반 부원 선원으로 구분된다. 사관은 선장을 비롯한 기관장, 통신장, 일등항해사, 일등기관사, 이등항해사, 이등기관사, 삼등항해사, 삼등기관사가 있다. 항해사는 운항을 기관사는 기관을 책임진다. 부원선원은 운항직장, 운항수 조리장, 조리수 등이 있다.

배도 다니는 길이 있는가 묻는 사람이 많다. 그렇다. 배도 길이 있다. 그러나 배는 그때그때 운항하기 좋은 항로를 잡아 다닌다. 그렇지만 항구에 들어갈 때에는 정해진 해역으로 운항을 해야 한다. 2등항해사가 출항 시 기상조건이나 항로상태 등을 감안해 항로를 설정한다.

배도 자동차와 마찬가지로 음주운전은 금한다. 전에는 음주운전이 가능하였지만 미국 알래스카에서 있었던 엑슨 발데즈호 사건이 계기가 되어서 지금은 음주문제를 국제적으로 금지한다.

야간운전 시에 배는 헤드라이트를 켜지 않아도 각종 첨단 항해장비가 실려 있어서 스스로 항로를 따라 운항할 수 있다. 배가 스스로 목적지를 향해 가는 것이다. 하지만 배나 지도에 나와 있지 않은 장애물 등과 충돌할 위험이 있을 수 있기에 레이더를 통해 관찰하여야 하며 24시간 동안 항해사들이 운항실에서 돌아가면서 당직을 서야 한다.

가장 중요한 것은 밤에 위치를 알아내기가 어려운 것이다. 나침반이 발명되기 전까지만 해도 야간이나 안개가 꼈을 때는 항해가 불가능하였다. 하지만 지금은 인공위성을 이용한 위치탐지기를 사용하기 때문에 밤중에도 자기 위치를 알 수 있고 또 항해의 안전 또한 보장한다. 하지만 기계가 아무리 첨단을 달려도 사람의 눈보다는 못한 것이다.

영화 '타이타닉'을 보면 침몰 직전에 무선구조 신호를 다른 배에 보내는 것을 볼 수 있다. 당시에 사용하던 sos는 지금은 사용되지 않고 있다. 지금은 더욱 간편한 인공위성을 이용한 세계해상조난 및 안전제도(GMDSS)를 사용하고 있다.

배를 첨 타서 고통스러운 한 가지가 있다. 바로 뱃멀미다. 사람에 따라서 그 정도가 다르지만 그래도 고통스러운 것은 마찬가지다. 뱃멀미에 관하여 민간요법이 있다는데 첫째 배를 처음 타는 사람이라면 식사를 적게 한다. 둘째 울렁거리기 시작하면 아무것도 먹지 마라. 셋째 배의 앞뒤를 피하고 가운데로 가라. 넷째 술을 마시지 말라. 그리고 먼 곳을 바라보고 자세를 똑바로 하라와 같은 많은 방법들이다.

한 가지 재미있는 것은 배를 오래 타서 뱃멀미를 하지 않는 오랜 선원들은 육지에 오르면 육지멀미를 한다는 것이다. 심하면 토하는 경우까지 있다. 멀미가 죽음보다 고통스럽지만 멀미 땜에 죽었단 사람 못 보았다는 것이 또한 작가의 재미있는 표현이다. 이 모든 것이 오늘날까지 발전하여 온 배의 모습이고 그 가운데서 생활하여 온 뱃사람들의 현실이다.

지금도 배의 역사는 끝나지 않았고 배의 이야기는 우리가 만들어

가는 것이다. 최초의 배가 만들어진 것이 단순히 강을 건너는 것이었지만 배의 이야기를 계속 만들어 가는 우리 해양인은 배의 이점을 이용하여 세상에 보다 많은 혜택을 주어야 한다. 배는 할 일이 많다. 따라서 우리가 할 일도 많다.

바다를 지배하는 민족이 세계를 지배한다고 한다. '그러나 우리는 그 무엇을 지배하기 위한 해양인이 되는 것이 아닌가' 자신의 재간으로 많은 사람들의 행복을 제공하는 크고 아름다운 꿈을 가슴에 키우는 멋진 해양인이 되어야 할 것이 아닌가 다시 생각해 보게 된다. 배를 잘 알고 자기 절로 만듦으로 더욱 바다에 나감에 막힘이 없고 다시 무서웠던 바다를 바라보는 의식이 바뀔 것이다. 바다는 순하다. 조건을 하나 부가한다면 바다를 아는 사람에게 한해서 그렇다.

해상법의 발달과 현대 해상법

5기 항해학과 황철남

Ⅰ. 들어가는 말

필자는 해양대학에서의 4년의 학과과정을 마치는 동시에 실습을 앞두고 해상법의 흐름에 관해 알아보고자 한다. 해상법에 관하여 많은 대학의 법과에서 해상법을 필수과목으로 삼아 가르치고 있고, 법학교수의 연구 발표도 많이 이루어지고 있는 걸로 알고 있다. 하물며 해양인으로서 준비하고 있는 우리에게 있어서는 꼭 거쳐야 할 과제가 아닐까? 또 이제는 해상법의 발전을 기대할 수 있는 그런 시대가 되지 않았나 생각한다.

시간과 지식의 제한으로 다양하게는 정리하지 못했지만 이 글이 많은 독자들에게 해상법을 이해하는 데 조금이나마 도움이 되기를 바라고 이 글을 쓰기까지 많은 협조를 아끼지 아니하신 문희주 교수님과 최일A 등 여러 동기생들에게 진심으로 감사를 드린다.

Ⅱ. 근세 이전의 해상법

1. 고대 로드 해법

오늘날의 해상법은 옛날의 해상 습관에서 발달하여 온 것이다. 이 점은 이미 해상법이 특수성의 하나인 관습성 기원성으로 설명하고 있고, 이것이 현대에 있어서 국제적 통일성의 근원으로 볼 수 있다.

인류 문화의 발생지가 강과 해안을 연결한 지역임을 고려하고 보면, 이미 선사시대에 있어서 수상교통에 의한 교역이 이루어졌음도 고고학을 통하여 밝혀지고 있다. 지금부터 6천 년 전에 이집트와 메소포타미아에서도 하천교통이 이루어졌다고 본다.

고대 서방세계에 있어 해상활동은 이집트에서 페니키아로, 그리고 그리스에서 로마로 이동하면서 고대 유럽의 해상법이 발달하였다. 서기전 800년에 그리스의 도시국가는 지중해의 해상무역을 지배하면서 특수 법원에서 국제해상법을 집대성하였고 이 기간에 있어서 그 유명한 로드 해법(rhodian sescode)이 성립되었다.(1)

2. 고대 로마 해법

로마시대에는 그리스가 독자적으로 해상법을 발전시켰던 것과는 달리 지주적으로 해상법을 발달시기지 못하였다. 이 시대의 특징은 자주적인 해상법이 없었고 그 대신에 민법 체계 속에 포함시켰다는 것이다. 로마의 해상에 관한 로드법(DE Lege Rhodia de Jactu)을 규정하한 것을 보면 여기에는 선박 소유자(dominus navis), 운항자(esercitor), 선장(magister), 해원(naute), 하주(mercator) 및 여객(viator), 선박소유권, 해적과 충돌의 위험, 공동훼손, 운송책임, 용선, 해난구조, 해상대차의 규정을 두었다. 그리고 이들 규정 이외에 몇 개의 소권(acetic)제도를 규정하고 있다.

8세기 동로마제국에서는 로그해법전이라는 이름의 해법전이 편찬되었으나 이것은 고대의 로드 해법전이 아니라, 비잔틴의 로드 해법적인 것이다. 이 법전에는 해상 채권, 운송, 공동훼손, 해난구조, 선박충돌, 해상범죄 등의 불법행위 등을 규정하고 있었다. 따라서 이 법전은 광대한 로마제국의 해상활동에 실효성 있게 적용되었다. 그 후에 있어서 유럽과 아프리카해법에 많은 영향을 주었던 동일적인 해법으로 볼 수 있다.

3. 중세 올레론 해법

동로마제국의 멸망과 함께 해상기업도 매우 위축되었으나, 정치적, 경제적, 지도력이 이태리도시로 이전되면서 적극적으로 발전하였다.

중세에 있어서 가장 유명한 해법은 올레론 해법(Rolls of oleron)으로 이 법은 아퀴타인(Aquitaine), 영국 및 플랜더스(Flanders) 사이의 포도주운송에 관한 규정이었다. 이 법이 문헌상으로 가장 오랜 기록은 14세기 초이나 실제로 편찬된 것은 1266년 이전으로 추정되고 있다. 이 법은 집권자의 명령이나 또 제정법이 아니라 올레론 법원에서 특정사건에 판례를 집성한 것이고 또한 로마 및 이태리의 해법 규정을 지방관습이 채택한 것이다.

이 올레론 해법은 로드 해법과 마찬가지고 해사에 관한 판결이 일반원칙 중에 아주 우수한 것으로 판정받고 있으며 지금까지 변함이 없다.(2) 이 법은 중세 북해와 대서양의 보편적인 법원이 되었고. 특히 네덜란드 지방인 플랜더스의 담시 판례(Judgement of Damme)의 근원이 되었다. 그리고 이 법은 중세의 비스비 법(Laws of Wisby), 한자동맹의 해법(Laws of Hanse League) 및 루백(lubeck) 시 등의 사상동맹의 해법에 큰 영향을 주었다. 또한 런던과 소련의 노르고르드 사이 북유럽 여러 항구도시의 해법에도 영향을 주었다. 특히 이 법은 초기의 영국해법의 법원이 되었다.

올레론 해법의 특징을 보면 올레론 해법은 근대 상법의 기본이 되는 일반 원칙이 많이 포함되고 있다. 그 주요 내용은 선박소유자의 면책, 선장대, 투하, 불가피한 충돌, 투하의 점유금지, 해사책권 등이 그 특징이라고 볼 수 있다.

4. 중세 피사의 해사조합법

이태리에서는 피사의 해사조합(Maritime guild)이 1200년에 설립한 피사해사법원(Maritime court of pisa)은 해사분쟁을 관할하면서 판례를 축적하였다. 이 영향을 받아서 지중해의 항구도시는 해상문제를 관할하는 해사법원인 Sea councel을 설치하여 독자적으로 해법전을 편찬하였다.

유럽대륙을 북해연안에서는 15세기에 코들랜드섬의 비시비항을 중심으로 하여 발전한 비스비해역을 올레온해법과 한자동맹의 해사관습법을 계수하였다. 이 해법은 북해연안 해법의 발전에 큰 영향을 주었기 때문에 오늘날, 이를 기리는 뜻에서 1968년 헤이그규칙의 개정규칙을 비스비 규칙이라 부른다. 1924년에 헤이그 규칙을 합쳐서 헤이그－비스비 규칙이라고 하고 있다. 그리고 16세기 말경에 법률가 귀동이 편찬한 프랑스의 귀동드라메흐(guidon de la mar)는 로마법의 이론을 기초로 하여서, 북유럽과 지중해 해법을 모아서 편찬한 해법전으로서, 루이 14세의 해사침련의 편찬에 많은 영향을 주었다.

Ⅲ. 근대시대의 해상법

1. 프랑스

1681년 루이 14세로부터 루이 14세의 해사칙령이 탄생되었다. 이 칙령은 18세기 전반까지 통일을 이루지 못하고서 지방적 관습법의 모습을 가지고 있었던 지역해법을 통일시키는 계기가 되었다.

프랑스 대혁명과 나폴레옹이 왕위에 오른 후에 루이 14세의 사상 칙령과 해사칙령을 대신하는 새로운 법체계를 만드는 과정에서 1806년에 상법전 제2초안을 완성하였다. 이 초안을 1807년 9월에 프랑스의 상법전으로 공포되었다. 프랑스의 상법편찬기술을 종래 독자적으로 법영력을 이루었다. 어떤 해법을 로마법체계의 원칙을 적용하여 공법과 사법으로 분리하면서 해사법규정은 해상법 및 해상보법이라는 이름을 붙여서 상법전의 한 부분으로 편찬되었다. 이러한 편찬기술은 근세 후기에 있어서 대부분의 유럽 해안국에 영향을 주었다.

2. 독 일

중세에 한자동맹을 중심으로 활발한 해상 활동을 전개하면서 올레론해법을 거수하여 독자적인 해법을 발전시켰으나 이를 근세 독일의 해법으로 발전시키지 못하였다. 다만, 독일이 통일국가를 형성하면서 통일 법전의 필요성을 인식하고서 1861년 보통상법(부상법)의 제5편에 해상법을 규정하였다. 독일 상법도 프랑스의 1807년 상법전의 영향을 받은 것이며 제5편의 해상법규정은 1856 프로이센의 상법 초안의 제3법 해상법을 기초로 하여 항구도시인 함부르크의 기초위원회에서 확정한 것이다. 프로이센 초안은 루벡크(lubeck)항소원의 판례와 한자(hanza) 지방의 해사관습법 등을 고려하여 독일법의 고유한 제도에 적합하도록 성안한 것이다.

독일의 해법사에서 보면 독일이 보통상법을 제정하기 전에는 한자동맹의 해법과 루이 14세의 해사칙령을 받아서 프로이센왕국은 1727년 프로이센해법을 만들었다. 그 후에 이 법을 계속하여 1794년 프로이센 보통법에 해법규정을 포함시켰다.(3)

그리고 이와 관련하여 넓은 뜻의 게르만 해법으로서는 이 법 이외에 1761년 단치히(danzig) 시의 개정조례와 1781년의 소련 지방의 내수-해상 항해령이 있었다.(4)

3. 영 국

영국은 중세에 있어서 해사활동이 아주 제한적이었으므로 해법의
필요성이 없었으나 13세기 이르러서야 해법의 필요성이 제기되었다.
1339년부터(Yarmouth) 부리스톨(Bristol) 및 런던 등의 항구에 해사
및 상사 문제를 해결하는 법원을 설치하였다. 이 법원에서는 올레론
해법과 그 항의 관습법을 재판 규범으로 이용하였다. 이 법원은 그
유명한 해사법원(court of admiralty)으로서 해군 장관이 개설하였다.
그러나 이 법원은 보통법원의 관할권과의 다툼이 생겼기 때문에(5)
1873년 법원법(Judicature act, 1660)에 의하여 고등법원(high court of
justice)에 흡수되어 폐지되었다.

이 시기에 영국은 유럽대륙과 거의 동일한 해법체계의 법 위에
속했다. 영국의 근대 성문해법은 1660년의 항해조례(navigation act,
1660)에서 시작한다. 이 법은 영국의 중상주의 정책을 근간으로 해
운업을 육성하기 위한 산업경찰법의 특징을 가지고 있었다.(6)

4. 미 국

미국의 해법은 17세기 영국의 북아메리카 식민지 경략에서 시작
되었고 해사판례는 해외 영토에서 재판관할권을 가진 부해사법원
(vice-admiralty court)이 담당하였다. 그리고 1776년 미국이 독립한
후에도 뉴욕, 뉴저지와 필라델피아 등지에서 여전히 영국의 해법을
원용하여 적용하였다. 미국은 1776년에서 1789년 법원법(judiciary

act, 1789)에 의하여 연방법원이 설치될 때까지 각 주는 해사법원을 설치 운영하였다.(7)

그러나 미국이 독립하고 헌법을 제정하면서 미국의 사법권은 모든 해사의 관할 사건에 미친다(all cases of admiralty and maritime jurisdiction)를 해운판례(cases of shipping law) 또는 포획심검 및 보통 해사관할의 판례(cases within the prize and jurisdiction)로 명기하지 아니하였기 때문에 그 이후에도 영국의 해법을 원용(adoption)하는 것을 의미하는 것인지에 대하여 의문이 있었다.(8)

그리고 미국의 해사 관할은 1850년에 이르러서야 확정되었다. 즉 선박(9), 가항수역(10) 그리고 선원의 업무 등에 관하여 정의의 개념을 한정하기 위하여 해사관할의 범위를 확정하였다. 미국의 민형사법은 각 주가 독립적으로 입법과 관행에 따른다. 여기서 말하는 연방의 통일적 관행의 원천은 유럽의 전통적 해법을 의미한다.

그리고 미국의 보통해법(Femeral Maritime Law)이란 미국이 독립 선언을 공포하기 전해인 1755년부터 1789년까지의 독립 이전에 행해졌던 해법판례와 관행을 말한다.

5. 한 국

한국은 조선조 600년 동안에 쇄국정책을 펴왔기 때문에 해상법은 전혀 발전하지 못하였고 다만 지방에서 징수한 곡세를 한양(서울)으로 운반하기 위하여 강과 포구에 조창이 발달하면서 내수운이 약간 발전하였다. 그러나 대한제국 고종 4년에 일본법을 번역하며 법률이 시행규정과 사칙을 입법하였다.

1960년부터 시작한 국내법의 준비작업이 완료되고서 한국도 독립된 해사관계법을 가지게 되었다. 이때로부터 일본법을 번역한 것이 아니라 국제해법회가 채택한 해상운송에 관한 국제 해사협약을 연구하여 대폭 수용하였다.

Ⅳ. 현대 주요 해상국의 해상법

1. 영 국

영국은 19세기 중반 빅토리아 여왕의 통치 시기에 영국의 해상력이 증강되었고 해외 식민지의 통치강화 등으로 해사법원의 관할권이 일시적으로 확대된 때도 있었다.

그 후 프랑스의 해상칙령의 영향과 19세기 초부터 전세기에 걸쳐 구축된 식민지의 통치를 공고히 하기 위하여 해상공익법을 포괄하는 1854년에 상선법(Merchant Shipping Act-MSA, 1854)을 입법 공포하였다. 그리고 영국은 해사법원의 판결을 중심으로 한 해사 흑서(Black Book if The Admiralty)를 편찬하였고, 1894년에는 유명한 1894년 상선법(Merchant Shipping Act-Msa)을 국회입법으로 제정하여 현재까지 이르고 있다.

영국은 1968년 헤이그 비스비 규칙으로 수용하여 1971년 해상물건운송법을 입법하였다. 영국은 현재 똑같은 해상물건운송법-코그사를 두 가지 입법한 형태이다. 앞의 법은 해상운송계약을 내용하고 있는 반면에, 뒤의 것은 선하증권과 해상운송장의 법적 성질과 효력을 중심으로 하고 있다. 그리고 용선계약은 표준용선 계약서를 근거로 한 보통법의 판례법으로 발전시키고 있다.

해상보험법은 이른바 1906년 해상보험법(Marine Insurance Act — MIA, 1906)에 의하나 계약내용은 상사 자치규법인 해상보험약관을 사용하고 있다.

2. 미 국

미국은 해상물건운송과 관련하여 1893년 하터법(Hater Act, 1893), 1915년 선원법, 1916년 선하증권법, 1928년 존스법(jones act) 헤이그 규칙을 계수한 1936년 해상물운송법(Carrage of goods by sea act — cogsa, 1936), 1935년 선박소유자 책임제한법, 1946년 상선 매매법(merchsnt ship mortgage act, 1952), 1920년 선박저당법(ship mortagage act, 1920), 1910년 연방 해사우선특권법(Federal Maritime Lien Act, 1910) 등의 해상거래 관계의 성문법이 입법되었다. 그리고 용선계약은 항해용선, 정기용선 및 나용선으로 구분하며 보통법의 원칙을 바탕으로 하여 영국과 같이 판례법으로 발전시키고 있다.

미국의 해상관계법은 20세기 중반 이전의 국제해법회에서 성안한 국제해상법약만을 수용하여 입법하였기 때문에 영국의 해상법에 비교하여 그 발전이 상당히 늦다. 미국은 국제 해상관계협약이 자국의 해운 정책에 일치하지 않는 이상 거의 비준하지 않고 있다. 다만 해상안전에 관련하여 국제해사기구가 채택한 해사협약 보기를 들면 해상교통의 안전, 해양환경의 보전 및 인명 안전에 의한 협약은 비교적 빨리 국내법으로 입법하고 있다.

3. 프랑스

프랑스는 상법전의 해상법 규정을 포함하고 있으나 필요한 관계법령은 독립법으로 입법하여 왔다. 예를 들면 1885년 선박저당법, 1810의 선박충돌 협약을 수용한 1915년의 상법 개정, 1911년의 해난구조협약을 수용한 1915년의 해난구조법, 1924년의 헤이그 규칙을 수용한 1936년의 해상물건운송법, 1926년의 선박 우선 특권－저당원협약을 수용한 1924년 해상운송특권법 등이 있다.

그러나 국제 해상거래의 환경변화와 국제해상법의 변화에 부응하기 위하여 1966년 이후 대폭적으로 해상법을 개정하였다. 특히 위 1966년의 해상법은 대륙법계의 해상법 가운데 처음으로 용선계약의 종류를 항해용선(Affretement au voyage), 정기용선(Affretement atemps), 나용선(Affretement‘copue－nue’) 및 재용선(Sous－affretements)으로 구분하여 규정하였다. 그리고 1976년 해사채권협약의 발효를 효력발생의 요건으로 하여 1967년 선박 기타 건조물의 지위에 관한 법률을 개정하였다. 최근에는 1965년 원자력선 운행자의 민사책임에 관한 개정 법률을 반포하였다.

해상보험규정은 해상보험법에 포함되어 있으며 1976년 해상보험법도 입법하였다. 그리고 1968년에 헤이그 비스비 규칙 및 1979년 동

규칙의 의정서를 비준하고서 1986년 12월 23일 법률 제1292호로서
위 1966년의 해상법을 개정하였다.

4. 독 일

독일이 통일국가로 성립하자 1861년 보통상법(Das allgemeine deutche
Handelsgeset zbuch ADHGB, 1861)의 초안을 독일 상법으로 시행하
였다. 여기에 포함된 제5편의 해상은 1865년 프로이센의 상법초안을
바탕으로 뤼베크 항소원의 판례와 해사관습법을 고려하여 독일의 고
유한 법체계 속에서 정립하였다. 이 법은 1897년 독일 제국의 상법
(Handelsgesetzbuch fur das Deuch Reich-HGB, 1987)으로 확정되어
서 1900년부터 신상법이 시행되었다.

그 후에 1902년과 1927년의 선원규정의 개정, 1908년 해상보험법
의 개정 및 선박충돌협약과 해난구조협약을 채택한 1913년의 개정
등이 있었다. 그리고 1940년 선박물권법을 입법하여서 등기선과 건
조 중인 선박의 저당권, 소유권, 용익권 및 등기의 절차와 효력 등
을 규정하여서 관련 민상사법의 규정을 개정하였다.

그리고 1943년 선박의 저당증권 은행법, 1951년 선박국기법, 1957
년 선원법 등을 제정하였다. 또한 1972년에는 1952년의 선박 가압류
협약 및 1957년 선박소유자책임제한 협약을 국내법으로 입법하여
해상범을 개정하였다.

1975년에는 1969년 유류오염의 민사책임 협약과 1971년 유류오염
보상기금 협약을 국내법화하였다. 그리고 1985년 12월 19일 법률에

의거하여 독일상법전의 해상법 규정 가운데 선하증권 및 해상운송선의 책임 등의 규정이 헤이그 비스비 규칙과 동일하게 개정되었다. 1986년에는 1976년 해사채권 협약을 국내법화하여 해상법을 다시 개정하였다.

5. 일 본

일본이 서양의 문물과 제도를 도입하여 근대화 혁명을 시작했던 명치유신 이후에 서양형 선박을 도입-운항하면서 해상법이 발전하기 시작하였다. 명치 초기에는 선박의 안전과 항행의 안전을 위한 해사 공법은 영국의 관행과 제도를 도입하여 상당한 수준에 이르렀다. 그러나 해상법 분야는 이보다도 발전이 늦었고 德川시대의 관습법이 주로 지배하고 있었다. 다만 명치 3년 1월 27일 포고에서 증기선규칙과 상선규칙을 발표하였다. 그리고 명치 8년 12월 4일 조례에서 선박소유자의 운송채무와 주의의무를 규정하였다.

제2차 세계대전 이후에 일본은 헤이그규칙을 비준하고서 국내법으로 해상물품운송법을 제정 공포하였다. 그리고 국제해사기구에서 채택한 국제 유류 오염손해의 민사책임협약과 국제 유류오염 기금협약을 비준하고서 국내법으로서 유촉장해보장법을 입법하였다. 또한 일본 국적선에 외국 선원을 고용하기 위한 준비로서 zhaohe63년에 선원법과 선박직원법을 개정하였다. 그리고 일본은 특수하게 선원의 사회보장제도를 시행하기 위하여 특별법인 선원보험법을 두고 있다. 일본은 또 국제해사기구의 국제 해양오염방지협약을 근거로 하여

1907년에 해양오염방지법을 입법하였다.

6. 러시아 - 구소련

러시아 해사법은 구소련의 해사법을 그대로 계수하여 사용하고 있다. 구소련의 해상법은 소련의 최고 상임간부회의에서 1968. 9. 17 공포하였다.(9) 구소련은 공산주의 국가체계였으므로 선박을 국유로 하고 있다. 이러한 체계를 근간으로 하여 소련의 해상법은 해상활동에 대하여 국가관리를 기본원칙으로 하고 있다. 다시 말하면 소련의 사회-정치 제도의 특질상 사거래가 허용되지 않기 때문에 해상행위에 있어서 사적 자치는 인정되지 않았다. 소련을 이어받은 러시아는 이 법을 해운의 기본법으로 적용하였다.

V. 맺음말

법은 윤리의 단계를 벗어나 규정된 체계를 갖춘 것으로서 개인과 개인의 형법이나 민법 등에서 벗어나 해양법은 곧 개인법적인 차원보다는 지역사회나 국가적, 국제적 요소가 짙다.

또한 해상법은 해상거래의 기본법이다. 이 법은 국제 무역거래가 해상운송기업을 바탕으로 하고 있으므로 세계경제의 발전에 따라서 세계 각국은 통일의 필요성을 인정하여 왔다. 때문에 국내입법에 있어서도 국제적 영향을 많이 받고 있다. 진보경향은 해상기업이 경제

변화에 가장 민감하게 반응을 보이며, 시대의 발전에 따라서 끊임없이 진보를 해 갈 것이다.

특히 21세기는 인류에게 보인 마지막 보고인 해양을 합목적으로 보존하고 이용하는 당위성을 인정한다면 해양에 적용할 법률이 보다 필요하다고 본다.

고대이집트 해상활동

5기 기관학과 조영민

Ⅰ. 서론

필자는 본 보고서를 통하여 이제까지 '중국밖에'라는 밀봉된 관점을 허물고 보다 더 넓은 세상과 열린 세계에서 또 다른 고대이집트의 해상활동을 통하여 잔잔한 우리의 사고방식을 활기 띤 새 세대의 발전 풍랑에 발맞추고자 한다.

본론에서 고대이집트를, 고대문명국가로서의 이집트에 대하여 살펴보고 이어서 구왕국, 중왕국, 신왕국의 3시대 별로 나누어서 그 해상활동을 알아보고자 한다.

결론적으로는 고대 이집트의 해상활동이 세계 해양사에 끼친 영향력을 평가하고 아울러 이를 통한 우리의 입장을 표명하고자 한다.

단 본 소고에서는 시대적으로는 해양사의 기초를 이루는 고시대로, 공간적으로는 이집트를 활동적인 면에서는 해양활동으로 제한하였음을 밝혀둔다.

Ⅱ. 고대문명국가 이집트

인류의 문명은 나일강 하류의 이집트, 티그리스-유프라테스 강변
의 메소포타미아, 인더스 강을 낀 인도, 황하유역의 중국에서 발상하
였다고 한다. 모두 큰 강을 끼고 있는 지역으로 일찍부터 수운이 발
달했다. 그 흔적은 여러 고장에 남아 있지만 그중에서도 이집트는
특히 유적이 많아 고대 선박에 관한 풍부한 자료를 남기고 있다.

나일강 계곡에 인간이 정착하기 시작한 것은 지금으로부터 약
8,000년 전의 일이다. 처음에는 노모스라는 정치집단을 이루고 군거
하다가 기원전 3100경에 처음으로 통일되어 제1왕조가 성립되면서
이집트의 역사는 시작되었다. 고대 이집트는 기원전 4세기에 이르기
까지 약 3,000년간에 26개 왕조가 교체되며 성쇠를 거듭했다. 그중
에서도 BC 2815~2270년간의 구왕국시대, BC 2010~1785년간의 중
왕국시대, BC 1580~1085년간의 신왕국시대에는 가장 문물이 발달
되어 고대문명의 꽃이 피고 부강을 누렸다.

이집트인들은 태양신을 비롯한 여러 신을 믿으면서 사람은 사후에
그대로 소생하여 영원한 생을 누릴 수 있다는 신앙을 갖고 있었으므
로 시체는 방부처리를 하여 미라로 만들어 후하게 장례를 치르고, 피
라미드 같은 거대한 무덤을 만들어 안치하며, 왕자들은 생전에 자기
스스로의 분묘나 장제전에는 사후에도 사용할 조도품 등을 부장하고

생전의 치적을 예찬하는 벽화도 새겨 놓았다. 이런 것들이 오늘날까지 남아 있어 이집트 문명을 풀이하는 열쇠구실을 다하였다. 그중에는 배의 모형과 벽화도 섞여 고대선 연구의 귀중한 자료가 되고 있다.

III. 구왕국시대

기원전 3100년경 이집트를 통일하여 제1왕조를 창건한 이는 메네스왕이다. 제1왕조시대에는 문자가 발명되고 태양력이 채택되며 피라미드의 전신인 왕의 방형 분묘도 축조되고, 왕은 신의 뜻을 터득한 파라오라 하여 왕권이 비로소 확립되었다. 그러나 이집트가 국세를 공고히 하고 위세를 떨치게 되는 것은 제3왕조부터이다.

제3왕조부터 제6왕조까지의 구왕국시대는 왕릉인 파리미드가 많이 건설되어 피라미드시대라고도 하고, 멤피스를 중심으로 번영하여 누비아로부터 철, 시나이에서 동 레바논에서 목재를 들여왔다. 제5왕조 때부터 왕인 파라오는 태양신'라'의 아들이라고 이르게 되었다.

이집트에는 원래 나무가 자라지 않으므로 이제 제2왕조 때부터 목재를 레바논 지방에서 들여다 건축, 가구, 조선 등에 쓰기 시작하여 제4왕조 무렵에는 상당히 큰 목선도 건조되기에 이르렀다.

구왕국시대인 기원전 2500년경의 분묘에 그려져 있는 배의 그림은 그 모양은 파피루스 서과 비슷한 점도 있으나 어엿한 목선이다. 이들은 조선학상 여러 가지 특징을 지니고 있고 상당히 진보된 조선술의 흔적을 보여주고 있다. 이 두 배는 모두 뚜렷한 키를 가지고 있다. 한 개씩 선미에 달려 있는 키는 그 타병 위 끝에 틸러까지 붙어 있다.

돛대를 뉘고 노를 저으며, 돛대를 세우고 돛을 펴는 그림은 나일 강에서 항상 북쪽으로 강을 내려올 때는 돛대를 뉘고 노를 젓는 것이 보통이다. 이런 점으로 볼 때 돛대를 뉘고 노를 저어 강을 내려오고, 돛을 올리고 강을 올라가는 모습을 알 수가 있다. 그러므로 고대 이집트 선은 대개 뉘고 세우는 작대기형 마스터를 가지고 있고, 마스터를 세웠을 때는 앞줄, 뒷줄로 지지했다.

구왕국시대에는 지중해 연안 여러 지방과의 무역도 성하여 대형무역선도 건조되어 배보다 크고 구조도 복잡한 것이었다. 그림을 자세히 살피면 갑판 위 사람의 가슴과 복부 높이가 선수에서 선미에 이르는 굵은 선이 그려져 있는데 그것은 '호깅 트러스'라고 하는 굵은 밧줄이다.

이집트의 배는 짧은 나무판자를 이어서 만드는 것이 특징이므로 용골이나 종통재가 없고 종강도가 아주 약했다. 바다에서 큰 파도를 만나면 선수와 선미부분이 내려앉아 배는 못 쓰게 되기 쉬웠다. 이 것을 방지하기 위하여 배의 앞뒤를 굵은 밧줄로 연결하고, 그것을 받치기 위하여 일정한 간격으로 작대기를 세우고 또 밧줄 중간에는 빗장 대를 넣고 비틀어 항상 밧줄이 긴장된 상태로 유지되도록 했다.

이 시대에 무역은 주로 레바논, 시리아, 소마릴랜드를 상대로 하여 이루어지고 수출품은 파피루스, 마포 등이고 수입품은 목재, 동, 향료, 향유 등이었다.

Ⅳ. 중왕국시대

제6왕조가 멸망한 후 이집트 전역은 내란과 분열로 혼란에 빠져 제7왕조부터 제10왕조는 명목만 유지되었다. 그러나 테베의 멘투호테프 1세가 새로운 제11왕조를 창건하고 나서 이집트는 다시 안정과 번영을 되찾아 중왕국시대로 접어들었다. 멘트호테프왕의 재상 메헨크베트레의 무덤이 테베에 있어 여러 가지 진기하고 정교한 배의 모형이 출토된 것으로 유명하다.

그 모형의 귀인이 타고 있는 유람선, 수행선, 새를 사냥하고 물고기를 낚시질하는 데 쓰인 사냥배, 그물로 물고기를 잡는 파피루스로 만든 어선, 빵을 굽고 음식을 만드는 부엌 역할을 하는 배 등 다양하다. 이들은 각기 별개의 것이 아니라 메헨크베트레가 나일강에서 행락할 때의 모습을 나타낸 일련의 파노라마식 모형 군이다. 또한 이들 모형은 강을 올라갈 때와 내려올 때의 모습을 나타낸 두 그룹으로 되어 있어 더욱 흥미를 자아낸다. 이들은 현재 뉴욕 시립박물관과 카이로 박물관에 진열되어 있다.

이집트인들이 목선을 만드는 방법은 아주 독특한 것이 있다. 그것은 제12왕조 세우스레스 3세의 피라미드 부근 모래에서 발굴된 목선에 잘 나타나 있는데, 선체를 작은 목편을 이어서 짜고 목판의 상호 집합은 목정, 구미형 클램프 등으로 이루어지며 판 사이에는 네모난 촉꽂이음이 쓰어 있다. 이와 같은 목선의 구조점은 많은 약점을 가지고 있고 특히 종강도가 부족하여 호깅 트러스 같은 것도 필요했지만 긴 목재를 쉽게 얻을 수 없는 이집트에서는 별 도리가 없었던 것으로 생각된다.

V. 신왕국시대

제12조왕조가 쇠퇴하고 나서 이집트는 다시 혼란에 빠졌다. 더욱이 기원전 17세기에는 힉소스족이 침입하여 왕위에 올라 이민족이 지배한 제15, 16왕조가 수립되었다. 힉소스족은 당시 오리엔트를 휩쓴 민족 대이동의 일파로서 말이 끄는 경쾌한 전차를 타고 이집트를 정복했다. 그러나 기원전 1590년경에 이르러 아아호메스 1세는 테베의 귀족들과 합력하여 힉소스를 내몰고 제18왕조를 열었다. 그 후 역대 왕도 주위를 평정하여 투드메스 2세 치하의 이집트는 오리엔트를 위압하는 강대국가로 성장했다.

하스셉스트 여왕 장제전에는 그녀의 일대기가 부각으로 새겨져 있는데 그중에는 오벨리스크 운반과 푼트 원정의 광경도 들어 있다. 하스셉스트 여왕은 아스완의 돌산에서 오벨리스크 2개를 가공하여 배로 나일강을 내려와 테베에 운반해 오도록 명하였는데 이 오벨리스크 한 개의 무게는 350톤, 길이도 약 100피트에 이르는 거석이다. 그 배는 호깅 트러스를 갑판 위에 다섯 개씩이나 설치하고 선체를 가로 받치는 보도 3열로 두어 선체의 강도를 유지해야 했다.

키는 각 현에 둘씩 설치하고 그 하나의 무게만도 4, 5톤이나 되었다. 오벨리스크 2개를 실은 거선은 나일강에서 끌어내린 셈이다. 이 배의 치수를 정확하게 알 수 없으나 길이 200피트, 폭 80피트, 배

자체의 중량, 즉 경하중량 800톤에 이르며 오벨리스크 2개를 실은 배 전체의 중량, 즉 배수량은 1500톤 정도에 이른 것으로 추산되고 있다.

이 같은 크기의 배는 이집트, 그리스, 로마 등 고대는 물론이고, 16, 17세기에 항양범선이 크게 발달한 때까지도 건조된 일이 없지 않을까 생각된다. 여왕이 세운 오벨리스크 6개는 뒷날 파리, 런던, 뉴욕 등에 다 흩어지고 그중 한 개만 이 제자리인 아몬라 신전 앞에 남아 있다.

하스셉스트 여왕은 진귀한 물품을 구해 아멘 신전에 바치려고 폰트에 무역선대를 파견했는데 하역인부들이 흑단나무, 향료, 상아, 금 등 귀중한 물자를 적재하고 있고, 밑의 그림은 배가 입항하여 돛을 내리고 노역을 하고 있는 광경이다.

이들은 얼마만큼 큰 배인가는 확실치 않아도 사람과의 크기의 비례로 보더라도 20M 길이는 훨씬 넘는 것이 확실하다. 선수와 선미가 내려앉은 것을 방지하는 호깅 트러스의 굵은 밧줄을 쳐놓은 모양이 뚜렷한데 Y형 지주 4개로 받치고 있다. 갑판 보는 외판을 꿰뚫고 나와 있고, 돛은 높이보다도 폭이 훨씬 넓은 모양을 하고 있다.

VI. 결 말

그들은 그 시기에 벌써 그런 큰 배와 선진적인 배를 가진 것을 보면 그들의 진취성과 경쟁심, 또 바다의 중요성을 알았다는 것을 충분히 볼 수가 있다. 바로 그들은 그런 지혜로써 세상에 많은 기적들을 창조할 수 있었고 인류역사의 한 페이지에 남게 되었다.

우리는 그런 역사와 인물들의 토대 위에서 자라나고 있다. 그때 그들도 자신들을 높은 곳으로 향상시키려고 하는데 지금은 큰 발전 궤도에 있는 우리가 여기에서 그냥 멈춰 있을 수는 없다. 그때에도 그렇듯이 지금도 바다는 역시 재부와 발전의 도화선이다. 때문에 우리는 열심히 자기 자신의 전문지식의 자긍심을 가지고 열심히 배우고 힘내야 한다.

냉동의 역사와 선박에서의 활용

5기 기관학과 윤문걸

1. 서론

해양사 과목을 배우면서 전에 배우지 못했던 다양한 지식들을 배우게 되었다. 이제는 한 가지만 가지고 살 수 없는 세상이다. 필자는 문희주 교수님의 강의에서 계시를 받고 넓은 바다에서 가슴을 펴고 떳떳이 서 있는 해원들에게 더욱 아름다운 환경을 가져다주고자 하는 뜻으로 필을 들게 되었다.

날씨가 더워지며 많은 음식물들이 쉽게 변질해 간다. 선원들은 바다에 하루 이틀을 있는 것이 아니라 몇 달씩 걸릴 때도 있다. '그러면 이들은 어떻게 먹고사는가?' 하는 물음을 넓은 바다에 던져본다. 선원들에게도 많은 것들을 냉동하는 것이 필요하다. 필자도 선원으로서 선박에서 선원들의 생활환경과 업무에 필요한 냉동에 대해 관심을 가지고 여러 가지 자료들을 찾고 나의 생각들을 적어본다.

2. 냉동의 기원(기원전 – 19세기)

[1]. 자연을 이용한 냉동

경남 밀양군 산내면의 천황산 기슭에 있는 '얼음골'이라는 곳에서는 한여름에도 얼음이 언다. 이러한 전천후 자연 냉장고가 세계 여러 군데에 산재되어 있었다면 고대 냉동의 역사기록은 달라졌을 것이다.

그러나 이러한 자연적인 냉장고를 갖지 못하고 토굴에서 생활한 석기시대 때의 선조들도 그들 자신의 체험으로부터 겨울의 차가운 공기, 얼음이나 눈의 효과(예를 들면 동물을 사냥하여 거주지까지 운반하거나 보관할 때 미치는 저온의 역할 등)에 대해서는 여러 가지로 경험해서 알고 있었을 것이나 이를 식품의 저장에 이용하였다는 기록은 보이지 않는다.

이러한 자연 냉동의 이용은 오래전에 중국인들이 음료수의 냉각을 위해 이용하였다는 기록을 고대 중국의 역사에서 비로소 찾아볼 수 있다. 중국의 고대 시집 『Shi ching』에 의하면 기원전 1000년경에 겨울에 생산되는 얼음을 풀이나 흙으로 싸서 빙고에 보관하였다가 여름에 사용하였다는 내용이 실려 있다. 그리스와 로마에서도 설고를 만들고 얼음을 풀, 흙 등으로 방온하여 여기에 저장하였다고 한다. 이와 같이 수세기 동안에 걸쳐 자연빙과 눈이 냉동의 수단으로 사용되어 왔다.

그러나 인도에서는 냉수를 얻기 위해서 다공질토기 속에 물을 넣고 이를 땅속에 시켰다. 고대 이집트 사람들은 증발작용이 냉각을 한다는 것을 발견하였다. 그들은 술이나 음료수를 다공질토기로 된 용기 속에 넣어 일몰 후에 옥상에 두면 밤의 시원한 바람이 항아리의 다공질을 통하여 스며 나온 수분을 증발시킴으로 항아리 속에 있는 음료수를 냉각시킬 수 있음을 알았다. 한국에서도 사기에 의하면 신라시대 지증왕 6년(A. D. 505년)에 이미 돌로 만든 석빙고에 얼음을 저장하였다는 기록이 있다.

조선시대에는 일반 평민에게도 지급할 수 있을 만큼 많은 양의 얼음을 저장하였다. 지금도 남아 있는 석빙고-경주(보물 66호), 안동(보물 305호), 청도(보물 32호), 창녕(보물 323호), 영산(사적 69호) -등이 이를 뒷받침하고 있다. 또한 서울의 동빙고, 서빙고 등의 지명도 얼음을 저장하여 관리하였다는 사실을 잘 말해 주고 있는 것으로 이와 같은 것은 우리의 찬란했던 냉동사의 일면을 보여주고 있다고 할 수 있는데 세계의 냉동사에서도 보기 드문 예라 할 수 있다.

[2]. 식품 보장을 위한 최초의 실험

신라시대와 고려시대(충렬왕, 1297년)의 석빙고는 얼음의 융해열을 식품의 저장에 이용한 시초라고 짐작되며, 서구에서는 1626년 Francis Bacon이 닭고기를 눈 속에 저장한 것이 식품저장에 냉동을 이용한 것으로는 최초인 것 같다.

1683년 네덜란드 사람인 Anton van Leeuwenhke가 현미경을 발견하였는데, 이 현미경을 통해 물방울 속에 수백만 개의 생명체(오늘날의 미생물)가 있다는 것을 발견한 것이 산업을 완전히 새로운 과

학적인 세계로 유도하는 계기가 되었다. 과학자들은 이러한 미생물들이 따뜻하거나 수분이 많은 조건(일반적인 식품에 주어지는 조건과 같다.)에서는 아주 빠르게 증식한다는 것을 알았고, 이러한 미생물의 증식이 식품부패의 주된 원인이라는 것도 알았다. 반면에 같은 형태의 미생물이라도 10도 이하에서는 전연 증식하지 않음도(당시의 관찰 결과로) 알게 되었다. 이러한 과학적인 근거로부터 신선한 식품을 10도 이하에서는 안전하게 보존할 수 있다는 것이 명백하게 되었다.

그 후 냉동을 식품의 저장수단으로서 적극적으로 이용하게 되었다. 냉동을 대규모 상행위에 이용한 것은 Frederic Tudor가 시초였다. 그는 1806년 130톤의 빙과를 화물선에 싣고 저장 능력도 없는 Martinique의 St. Pierre항구에 입항했다. 이로 인하여 선주 F. Tudor는 3500달러의 손해를 보았으나 수년 후에 그는 St. Pierre에 빙고를 건립하여 큰 이익을 취하게 되었다.

뿐만 아니라 그는 호수, 하천에서 얻은 얼음을 남미, 페르시아, 인도 등지에 수송하게 되었으며, 1894년에 그가 수송한 얼음은 15만 톤에 달하였고 1864년에는 세계 53개소의 항구에 얼음을 수송하게 되었다. Tudor의 이러한 사업으로 말미암아 세계 각국 사람들의 식생활습성이 크게 변화되었으며, 1880년에 인조빙이 제조될 때까지 이러한 사업이 계속되었다.

3. 인공 냉동의 발명(19세기 - 20세기)

19세기 초기에는 기계에 의한 산업냉동이 시작되어 식육가공업, 정육점, 양조업 및 여러 산업에서 기계적 냉동을 사용하게 되었다.

냉동기의 특허는 1790년에 영국의 Thomas Harris와John Long에게 처음으로 발급되었으나 실제적인 제빙장치의 특허는 1834년 영국에 살고 있던 미국인 기술자 Jacob perkins에게 최초로 주어졌다. 이 장치는 에테르를 냉매로 사용하고 손으로 압축기를 운전하며 수냉응축기, 액체냉각기 속에 들어 있는 증발기로 구성하였으며 식육가공공장에서 성공적으로 사용되었다. 그 후 1859년에 미국의 James Harrison은 Jacob Perkins의 냉동장치를 개량하여 스팀엔진 구동식 냉동기를 완성하였다.

19세기에는 이 외에도 많은 냉동계 선구자들이 연구로 인하여 그 후 50년 이내에 많은 제빙기들이 미국, 프랑스, 독일, 등에서 생산되기 시작하였다. 또 같은 시기에 약 3000건의 냉동장치에 대한 특허가 미국에 출원되었는데, 1851년에 Dr. John Gorrie가 미국에서는 최초로 냉동기의 특허를 받았으며, 냉매로서는 압축공기를 사용하였다. A. C Twining 교수도 Gorrie보다 먼저 Sulfuri cether기계를 개량하였으며, 호주의 Dr. James Harrison이 Sulfuric ether기계를 발전시켰으며, 1860년에 세계 최초로 맥주 공장에 냉동장치를 설치하였다. 그리고 Rison의 증기원동기는 1861년에 영국의DR. Alexandar Kirk가 Gorrie의 제빙기를 개량 발전 시켰으며 이 장치는 4lb의 얼음을 생산하는 데 1lb의 석탄을 소비하였다고 한다. 한편, 1810년에 스코틀랜드의 John Leslie가 최초로 흡수식 냉동기를 제작한 이후 프랑스의 Fer dinand Carr가 연속식 흡수냉동기를 개발하였다. 1896년에는 미국에서 특허를 얻었다. 최초로 가열방식을 사용하였으며 암모니아-물 흡수식 냉동장치는 증발기, 응축기, 발생기, 펌프 그리고 흡수기로 구성되어 있다.

19세기에 접어들면서 공업용과 가정용으로 얼음의 용도는 나날이 증가하게 되었으나 당시에는 냉동의 응용이 일상생활에 크게 필요함에도 불구하고 기계적인 냉동에 관해서는 생각조차 하지 못하고 있었다. 그러나 1876년 냉동공업 분야에 있어서 가장 선구적인 연구라 할 수 있는 것이 독일의 DR. H. Meidinger에 의해 이루어졌다.

1890년 초에 증기분자식 냉동장치와 기계적 냉동장치가 보급되고, 흡수식 냉동장치가 널리 사용됨에 따라 비로소 인공적인 냉동이 등장하기 시작하였다. 1900년까지는 상당한 공업시설이 자연빙을 인조빙으로 전환하는 데 사용하였는데 19세기 말까지는 증기원동기로 운전되는 압축기를 사용하였으며, 큰 장치에서는 회전속도가 50rpm 이내였다.

4. 인공냉동의 발전(20세기 - 현재)

[1] 20세기 초, 미국에서는 냉동공법이 급격히 발전하여 아이스크림 제조가 공업화되었으며 인공 스케이트장, 피혁저장, 음료수 냉각, 카메라 필름제조 및 제과공장 등에까지 응용되기 시작하였다.

또한 450톤 용량의 냉방장치가 1904년에 뉴욕의 증권거래소에 설치되었으며 독일에서도 극장 등에서 이와 비슷한 장치가 이용되었다. 1905년 미국의 Gradner T. Voorhees가 다효압축기의 특허를 취득하였는데, 이것은 각각 압력이 다른 2개의 증발기로부터 냉매가스를 흡입하여 1개의 기통으로 압축하는 것이었다. 그러나 이 특허는 약 40년이 지나서야 비로소 실용화되었다. 이러한 장치들은 1911년까지 압축기 모터의 회전속도가 100~300rmp로 증가되었고, 1915년에는 최초로 근대식 2단 압축기가 운전되었다.

제1차 세계대전 후 회전식 압축기와 증기분사장치가 실용화되었고, 정유공업에서도 냉동을 일반적으로 사용하게 되었다. 저온냉동에서는 2단 압축식과 3단 압축식 냉동기의 실용성이 검토되었다. 그러나 당시 1919년까지도 미국 냉동 기술자 회원들은 가정용 냉장고의 실용성을 인정하지 않았기 때문에 가정용 냉장고조차 실용화되지 않았다.

[2] 오늘날의 냉동

냉동공법 발전의 선도적 역할을 한 미국에서는 전 냉동장치의 용량은 이미 1940년에 약 680만 마력에 이르렀다. 이것은 미국 전체에서 공업 분야에 소요된 총 동력의 13%에 해당하는 것으로 급속한 발달을 한 것이다. 그리고 20세기 전기산업의 발달과 함께 가정용 냉장고가 점전 일반화되었다. 이로서 얼음이 필요한 곳에서는 계절에 관계없이 언제든지 공급할 수 있게 되었다. 1960년에는 미국 가정의 98%가 냉장고를 보유하게 되었다.

오늘날 냉동은 일반 가정에서도 식품저장에 사용될 뿐만 아니라, 식품의 상업적 저장이 냉동응용의 가장 중요한 것 중의 하나가 되었다. 최근에는 우리들의 식탁에 오르는 식품의 대부분이 냉동 process를 거친 것이며 국가나 지역, 계절에 관계없이 모든 종류의 과일, 채소들을 즐길 수 있게 되었을 정도로 식품의 상업적 저장과 수송이 너무 일반화되어 냉동이 없었던 시대는 상상도 할 수 없게 되었다.

또한 제2차 세계대전 후 석유화학, 섬유공업 등의 기초산업에서부터 컴퓨터 관련 산업 등의 첨단산업의 공정에 이르기까지 냉동을 응용하게 됨에 따라 냉동 관련 산업이 급속히 성장하여 왔다. 오늘날에는 우리나라를 비롯한 캐나다, 일본, 서독, 영국, 프랑스, 멕시코 등에서도 냉동 공존의 사용이 급격히 늘고 있다. 개발도상국에서도 성장을 계속하여 곧 미국의 수준까지 그 사용량이 증대할 것으로 보인다.

지금까지는 냉동을 주로 식품의 보전적인 면에서만 이야기하였으나 이것은 그중의 일부에 지나지 않는다. 예를 들면 냉동의 응용 분야 중의 하나인 공기조화는 가정, 사무실, 호텔, 아파트, 빌딩, 병원 등의 건물에서는 물론이고, 자동차 버스, 트럭, 선박, 잠수함 그리고 항공기 등의 모든 교통수단에서도 안전과 안락함을 제공해 주고 있다.

이것은 인류가 정신적, 육체적으로 보다 즐겁고 편안한 생활을 영위하기 위해 끊임없이 노력하여 왔기 때문에 공기조화도 이러한 시대의 흐름 속에서 변모하여 인간의 신체적 환경을 보다 쾌적하게 하거나 물품의 생산이나 저장을 위하여 주위 공기의 온습도를 보다 그 목적에 맞도록 제어하여 온 결과라고 할 수 있다.

이러한 공기조화는 고대 원시인들이 토굴 속에서 생활할 때 화로에 불을 피워 난방 한 것이 시초라 생각되며 앞에서 이미 이야기한 것과 같이 이집트나 인도에서 시작되었다. 오늘날 이용되는 직접난방 방식은 17세기의 산업혁명시대에 보일러에서 생성된 증기나 온수를 실내에 배치된 배관으로 보내 난방 한 것이 그 시초라 볼 수 있으나 근대적 공기조화의 원리는 1902년 미국의 W. H. Carrier에 의해 개발되었다.

그는 자기가 근무하고 있던 인쇄공장의 공기습도를 조절하기 위하여 공기 가열부에 냉수를 통과시켜 그 주위를 통과하는 공기를 냉각시킴으로 공기 중의 수증기를 응축 제습시켰다. 이와 같은 공기의 냉각감습법이 근대 공기조화 기술의 기본이 된 것이다. 나아가서 Carrier는 1904년에 공기청정기를 발명하였고, 1911년에는 이 원리를 근본으로 습공기 선도를 만들었다. 오늘날 널리 사용하고 있는 공기조화 열원기의 주요 구성 중의 하나인 터보냉동기도 1921년 Carrier가 발명한 것이다.

또 최근 에너지 유효이용의 측면에서 각광을 받고 있는 Heat pump(냉동기의 다른 표현 일반적으로 냉동기는 냉동장치의 저온 측을 이용하는 의미로 사용되며, Heat pump는 냉동장치의 고온측을 이용하는 말로 사용된다)는 열역학의 시조라고도 말할 수 있는 Carnot가 1824년 그 이론을 처음으로 제안하였고, 1854년에 Lord Kelvin이 그 이론을 더욱 발전시켰으나, 사실상 실용학가 제안된 것은 1926년경으로서 A. R. Stea; venson에 의한 것이다. heat pump장치가 처음 제작된 것은 1927년 영국의 Haldane에 의해서였다.

이 장치는 외기를 열원으로 하고, 냉매로는 암모니아를 사용하여 난방에 필요한 열을 공급한 것이었다. 그러나 heat pump는 1930년경에 미국에서 실용화가 시작되었다. 가정용 공기열원 heat pump 장치의 공식 생산은 1960년대 초에 처음으로 미국에서 시작되어 오늘날에 이르고 있다. 또한 heat pump는 에너지 유효이용 및 지구환경 보존이라는 인류생존적 측면에서도 금후 그 이용이 반드시 확대되어야 할 분야인데 최근 유럽, 미국, 일본을 중심으로 세계 각국에서 정부 차원으로 heat pump의 이론 및 응용에 대해 적극적으로 연구검토하고 있다.

이상과 같은 냉동공조 분야의 발전을 뒷받침하는 세계적인 학협회로서는 미국 난방공조 기술 협회(ASHVE)가 1894년에 설립되었고, 1903년에는 미국 냉동기협회가 형성되었는데, 이것이 1904년에는 미국 냉동기 기술자 협회(ASRE)로 설립되었으며, 1959년에는 ASHVE와 ASRE가 합병되어 오늘날의 미국 난방공기조화 기술자 협회(ASHRAE)가 되었다. 또한 세계 각국의 냉동 기술자 모임인 국제냉동협회(IIR)는 1909년에 본부를 프랑스 파리에 두고 설립하였다.

일본에서는 1917년에 현재의 공기조화위생공학회의 전신인 난방냉장협회가 설립되었고, 1925년에는 일본 냉동 협회가 설립되었다. 한국에서는 1963년에 현 대한냉동 협회가 창립되었고, 1971년에는 현재의 공기조화냉동공학회의 전신인 공기조화위생공학회가 창립되었다. 그 외 영국, 호주 등 세계 각국에서도 냉동 관련 학협회가 있다. 이러한 학협회에서의 연구활동과 생활 수준의 향상에 따른 쾌적 환경의 요구, 노동환경의 정비, 유통체계 근대화에 따른 생선냉동식품의 보급, 약품, 전자, 기계공업 등의 범용 plant의 process를 중심으로 하여 냉동공조의 응용과 기술은 날로 발전하여 나갈 것으로 예상된다.

한국은 1950, 60년대에 딱딱한 얼음과자인 소위 '아이스케키'가 보온통 덕분에 농촌 지방까지 불과 20~30년 사이 거의 모든 가정에 보급되었고 가정용 냉장고는 필수품화되었다. 분리형 가정용 공조기의 보급도 해마다 급증하고 있다. 따라서 각종 첨단산업에 도전하고 있는 한국은 냉동을 보다 적극적으로 응용하여야 할 것이다. 머지않아 한국의 모든 냉동 관련 산업도 미국 수준에 도달할 것이다.

5. 선박에서의 냉동활용

오늘날 우리들의 일상생활에 혹은 과학공업에 있어서 냉동의 응용은 그 범위가 매우 넓으며, 그 주요한 것으로서 다음과 같은 것을 들 수 있다.

(1) 식료품 저장

(2) 일반 술이나 맥주, 아이스크림, 청량음료, 과자 등의 제조

(3) 약품, 화약, 염료, 사진재료 유지 등의 제조

(4) 인쇄, 제지, 비누, 담배, 방적 등 각 공업에 있어서의 응용

(5) 세빙공장, 아이스 스케이드징 등에 있어서의 응용

(6) 병원, 극장, 식당 등에 있어서의 냉방장치

한편 선박에 있어서도 식품이나 어획물의 저장에서부터 최근에 와서는 선내에 공기조화법(에어컨디셔닝이라고 함)이 채용되었다. 선객이나 선원에게 쾌적감을 갖게 함과 동시에 선원의 노동조건 향상에 큰 구실을 하고 있다.

냉방, 냉장, 냉각 등 이와 같은 방법들은 모두 물체의 온도를 내리는 것이며 일반적으로 어떤 물질의 온도를 주위 온도보다 낮게 인위적으로 유지시키는 방법을 넓은 의미에서의 냉동이라 말한다. 한편 좁은 의미의 냉동이란 어떤 물질을 얼리는 것을 뜻한다.

오늘날 선박에서 많은 냉동방법들을 활용하여 기계공작과 수명에 필요한 열 교환을 하고 또한 화물선에서는 음식물, 약품 같은 것들을 저장하여 변질하지 않게 상업주와 예정한 시간에 수송해야 하므로 냉동이 없어서는 안 될 한 가지 중요한 부분이 되었다.

현재 많은 냉동장치가 있는데 그것들로는 증기압축식 냉동기, 흡수식 냉동기, 증기분자식 냉동기, 공기팽창식 냉동기 등이 있다. 이 중에서 선박에 공기 팽창식 냉동기가 널리 사용되고 있다.

시장에서 물건을 사려고 하는 사람이 있으면 물건을 파는 사람이 있어야 하며 사람이 밥을 먹으면 배출해야 하는 것과 같이 모든 것이 상대적이므로 선박에서 쉽게 변질하는 물건을 운송하려면 여러 부분에 냉동이 필요하므로 냉동이 자연적으로 선박에 널리 사용된다.

6. 결론

필자는 냉동에 대해서 그냥 물을 냉동창고에 넣으면 얼음이 된다. 이 정도로만 인식하고 끝났는데 해양사 주제별 논문을 통해 새롭게 냉동에 대해 조금이나마 알게 되었으며 더 많은 냉동에 관한 자료들을 찾아보려는 생각을 가지게 되었다. 앞으로 선박에서 사용하고 있는 냉동장치를 다루는 데 도움이 될 것이라 확신한다. 여러 모로 저의 글을 쓰도록 인도해 주신 문희주 교수님께 감사를 드리며 선박에서 어떻게 하면 더 좋은 냉동설비로 선원들에게 기쁨과 작업의 즐거움을 가져다줄 수 있을까 하는 질문을 가지며 필을 놓는다.

발전기의 발명과 선박에서의 이용

5기 기관학과 함철관

Ⅰ. 서론

인류의 문명은 옛날부터 발전이 빨랐지만 전기가 생긴 다음 문명은 더욱더 발전을 가져왔다. 전기가 생겨서부터 사람들은 거기에 대해 무엇인가를 덧붙여서 발명도 하고 인류를 위해 봉사할 수 있었던 것이다. 에디슨의 전등의 발명도 전기라는 토대 위에서 보이지 않는 물질에 의하여 발명이 가능하였던 것이다. 만약 이 세상에 전기 발명이 없었다면 아무도 상상할 수 없는 원시사회 속에서 살아가고 있을 것이다.

이른바 발전기는 지금 각종 분야에 사용되고 또 예전에도 사용되었을 것이다. 공업상에서도 전기가 없으면 기계를 돌리지 못하고 전차가 달리자 하여도 전기가 있어야 한다. 필자는 본 소고를 통하여 발전기의 발명과 종류에 대해서 알아보고 나아가서 선박 발전기의 구조와 선박에서의 발전기 응용에 대해서 살펴본 뒤 최근 발전기의 변화되는 동향에 대해서 결론적으로 제시하고자 한다.

II. 발전기의 발명과 종류

발전기란, 즉 기계적 에너지를 전자기 유도작용에 의해 전기에너지로 변환시켜 전력을 얻는 전기기계, 즉 다시 말해서 다른 에너지를 가지고 전기를 발생하면 모두 발전기이다.

발전기에는 수력발전기, 풍력발전기, 화력발전기, 조력발전기 또 종류에 따라 직류와 교류로 얻어진다. 또 유도발전기도 있다. 다른 동력 예컨대 석유, 석탄 등에 비해서도 가장 효율이 높은 이점을 가지고 있으며 소비율이 점점 늘어나고 있어 여러 가지 방식으로 발전이 많이 되고 있다.

인류역사상 제일 처음으로 발명된 발전기는 피키스의 발전기(1832년경)로 66만 kw의 출력을 가진 증기터빈 발전기이다. 현존하는 세계 최초의 발전기로 당시에는 전력 발생원리라기보다는 물리실험기계에 지나지 않았다.

발전기의 원리는 자기 속력 속을 가로 질러서 운동하는 도체에는 플레밍의 오른손법칙에 의해 유도전압이 발생한다. 이 원리를 이용하여 발전기가 제작되고 있다.

직류발전기는 전기자 코일에 발생하는 전압은 교류이므로 정류자를 통하여 교류를 일정방향의 전압으로 만들면 맥동은 있으나 직류를 얻을 수 있다. 전기자 코일과 정류자의 수를 증가시키면 전압의 높은 곳만은 사용할 수 있게 되어 맥동이 작은 직류를 얻을 수 있다.

직류발전기에서도 장자석에는 전자석을 사용하게 되는데, 여자방법에 따라 타여자식과 자여자식이 있으며 자여자식에는 또 직권발전기, 분권발전기 등이 있다. 직권발전기는 단독 발전용으로 사용되는 경우가 거의 없으며, 회로에 직렬로 연결하여 부하의 변동에 대해서 전압 변화를 작게 하는 보상용의 증감압기로 사용된다. 분권, 복권발전기는 부하의 증감에 대해 단자전업의 변동이 작으므로 일반적인 발전기로 사용된다.

Ⅲ. 발전기의 구조

발전기의 구조는 같은 동기발전기에서도 원동기의 종류나 특성에 따라 달라진다. 산업용 발전기에서는 수차, 증기터빈, 내연기관 등이 원동기로 사용되고 있다. 수차발전기는 수력발전소에서 수차에 의해 구동되는 발전기로서 1분당 100~500회전 정도의 비교적 낮은 속도로 운전되기 때문에 극수가 많고, 급격한 전기부하의 변동으로 수차가 단독적인 속도변화를 일으키지 않도록 플라이휠(관성바퀴) 효과를 크게 하고 있다.

최근의 양수발전소용 발전기에는 양수 시에는 발전기를 전동기로 동작시켜서 그 동력으로 수차를 펌프로 사용하여 아래쪽 저수지의 물을 퍼 올리고, 발전 시에는 위쪽 저수지의 물을 퍼 올리고, 발전시에는 위쪽 저수지의 물을 아래쪽 저수지로 떨어뜨리면서 수차발전기를 동작시키게 된다.

화력발전소나 원자력 발전소에서 사용하는 터빈발전기는 50hz 또는 60hz용으로 각각 1분당 3000 또는 1500회전, 3600 또는 1800회전으로 고속회전하기 때문에 원심력에 지탱할 수 있도록 하기 위하여 길고 비교적 지름이 작은 장자석코일을 쓴 원통형 회전타를 사용하고 있다.

왕복운동형 내연기관으로 구동되는 발전기는 토크의 변화에 대해서도 안정된 동작을 할 수 있도록 큰 플라이휠이 부가되어 있다. 발전기는 어떤 방식이든 마찬가지로 전기기계인 동시에 기계적 회전체이므로 축변형 비틀림 등의 기계진동의 고유진동수가 전기회로 쪽에서 여진되는 일이 없도록 특별한 배려가 필요하다.

발전기의 전압은 장자석의 자기연선속 밀도에 비례하므로 근래에 와서는 높은 자기력선속을 얻을 수 있는 초전도 전자석을 사용한 초전도발전 개발이 진척되고 있다.

사람들은 이런 방식으로 과학을 탐구하고 또 우연하게 전기를 알게 되고 또 그것에 연구를 더 했을 것이다. 또 현재에 와서도 발전기를 수요로 하지 않는 곳이 없다. 그러면 선박에서의 즉 배에서의 발전기의 사용과 그 역사를 알아보자.

Ⅳ. 선박에서의 발전기의 응용

현재 기선(汽船)이라고 하는 명칭은 종류에 관계없이 모두 기계력에 의해 추진되는 동력선의 뜻으로 사용되지만 좁은 뜻의 기선은 증기력으로 작동하는 왕복운동기관이나 증기터빈기관을 가지는 배를 가리키며 가솔린기관, 흡입가스기관, 흐트벨브기관, 디젤기관을 가지는 내연기선은 기선(機船)이라고 하여 구별한다.

이 두 종류 외에 전기추진선이 있는데 그 발전기에 따라 디젤전기추진선, 터빈전기추진선의 두 가지로 구별한다. 이 두 종류의 기선에는 주로 발전기를 이용하여 배를 추진시킨다. 다들 아는 타이타닉호에서의 발전기의 역할을 보기로 하자.

배가 추진하는 데도 엔진이 필요하다. 그러나 소형선박에서는 기관이 돌아감에 일부분의 힘이 발전기축과 연결되어 발전기를 돌려서 전기를 생산하거나, 벨트를 연결해서 전기를 생산하기도 하였다. 그러나 최근의 중·대형선에서는 독립된 내연기관 발전기를 주기 좌우로 2대씩 배치하며 갑판상에는 비상발전기를 배치하고 있다.

그래서 「타이타닉호」영화에서 보면 기관실이 이미 잠겼는데도 전깃불을 밝히다가 배가 완전히 침몰직전까지 불이 꺼지는 것도 비상발전기가 그만큼 높은 곳에 위치해 있음을 알 수 있다. 또 그 전기들은 축전지에 저축되어 배가 정박했을 때 전기를 공급할 수 있게끔 저축되는 것이다.

V. 결론

인류사회가 발전함에 따라 발전기의 종류도 많아지고 그 발전기가 발전할 수 있는 그 양도 많아지고 그로 말미암아 인류도 발전기의 중요성을 더욱 알게 되었다. 물이 없으면 사람이 살 수 없는 것처럼 전기가 없어도 살 수 없는 그런 인류문명이 발전한 이후에 발전기도 발전을 가져올 것이다.

최근에는 많은 경비가 소요되고 환경을 오염시키는 석탄에너지를 생산하는 발전기에서 점차적으로 풍력, 태양열, 조력 등을 이용한 발전이 이루어지고 있다. 그런데 선진국에서는 이미 태양열 자동차가 발명되듯이 2001년 4월의 뉴스에 따르면 호주에서는 태양열을 이용한 태양전지 에너지로 인한 선박이 선박추진과 선내전기를 공급하기까지 발전하였다.

해양사 시간을 통해서 선박 발전기에 대해서 새롭게 인식을 가지게 된 것을 정말 좋은 계기가 되었다고 본다.

해양기상의 측정과 일기도의 역사

5기 항해학과 최일(B)

Ⅰ. 서론

기상은 인간의 생활에 밀접한 관계를 가지고 있다. 그러나 육상에서보다도 해상에서의 기상의 변화는 곧 생명과 직결되는 것이다. 선박 항해의 발달은 선박제조기술의 발달, 추진장치의 발달, 항해기구의 발달과 더불어 해양기상관측과 장비의 발달에 있으므로 이에 대하여 알아보고 이러한 장비의 역사와 현황 그리고 발달과정에 대하여 기술하고자 한다.

또한 본 소고에서는 이러한 기상관측의 발달이 해양과 선박에 미치는 영향 등에 대하여서도 기술하고자 한다. 그러나 가능한 해양과 항해에 관계된 부분에 한하여 기술을 제한하고자 하며 앞으로 해양기상 관측의 발전을 전망해 보고자 한다.

Ⅱ. 해양기상 관측의 장비

해양의 기상 실황 파악과 예보 정확도 향상은 관측 자료의 수 및 그 질에 의해 좌우된다. 현재 근해 및 원해 해양기상 정보는 주로 선박, 위성, 레이더, 부이, 기타 해양자료관측시스템(ODAS: Ocean Data Acquisition system)에 의해 생산되며, 각 시스템으로 생산한 정보를 상호 보완할 때 더 가치 있는 정보를 획득할 수 있다.

선박은 세계기상감시(WWW)세계기후연구계획(WCRP: Word Climate Research Program) 등과 같은 전 지구의 관측프로그램 활동의 기본이 되는 관측 장비이다. 그러나 선박 관측 자료는 항로상에 집중되며, 승선 인원의 감축으로 기상 관측을 유지하기가 점점 어려워지고 있는 추세이다.

또한 관측 요원의 교육과 장비의 유지보수가 잘 이루어지지 않아 자료 질이 낮아지고 있으며, 기상 자료가 가장 필요한 악천후 상태에서는 선박 관측 자료를 얻을 수 없는 단점이 있다.

위성 영상은 넓은 지역의 전반적인 기상 상태를 파악하는 데 매우 도움이 된다.

그러나 위성의 기능과 위성이 위치한 지역의 기상 상태 등에 따라 단점이 있다. 그래도 위성은 선박, 부이 등 다른 관측 장비에 의해 생산된 정보와 상호 보완할 때 매우 유용한 자료를 생산하며 넓은 지역을 동시에 관측할 수 있기 때문에 계속 발전할 해양기상 관측장비의 하나다.

해안 레이더는 육지로 접근하는 강수 현상과 악기상을 관측하는데 매우 유용한 장비이다. 그러나 레이더의 관측 범위에 제한이 있고 지형, 지물에 의해 시야가 가려지므로 활용이 제한된다.

부이(Buoy)는 관측 자료가 없는 해상과 악천후로 관측이 불가능한 지역에서도 관측이 가능하여 기상분석과 예보에 매우 유용한 정보를 생산하는 장비이다.

계류 부이(Moored buoy)는 장비설치 및 운영비가 다소 비싼 면이 있지만 정점에서 기상 및 해양 자료를 연속적으로 관측할 수 있는 장점이 있다.

표류부이(Drifting buoy)는 해류에 따라 이동하며 관측 자료를 송신하고 소형이 가격이 싼 장점이 있다.

부이는 현재 현업 기상뿐만 아니라 TOGA(tropical Ocean and Global Atmosphere), WOCE(World Ocean Ciculation Experiment)와 같은 연수 수행에서도 중요한 역할을 하며, 해운, 수산업, 레저 등에 유용한 자료를 생산함으로 활용이 계속 늘어나고 있다.

Ⅲ. 해양기상부이의 역사

해양기상부이는 1940년대에 US Coat and Geodetic Survey에서 처음 개발되어 조류 관측 자료를 무선 송신하였다. 그 후 US Navy에서 처음 개발되어 조류 관측 자료를 무선 송신하였다. 그 후 US Navy에서 4m 길이의 배영 알루미늄 부이를 개발하여 기상관측장비를 부착하였고 관측자료를 자동 무선 송신하였다.

그러나 4m 부이는 계류선 및 부이 자체를 지탱할 부력이 부족하여 6m 부이로 개조되는 등 보완되어 현재의 NOMAD(Navy Oceanographic Meteorological Automatic Device)부이가 되었다. 1950년대에 20대의 NOMAD 부이를 제작하였는데, 전원 공급원으로 초기에는 축전기를 사용하다가 1960년대 중반에 핵발전 엔진을 사용하였다.

1962년에 Hurrucane Carla가 NOMAD부이가 설치된 지점은 통과하였는데 부착된 기상관측장비들은 모두 파괴되었지만 헐은 무사할 정도로 험한 바다에 적합한 부이로 인정받았다. 현재는 NDBC(US National Data Buoy Center)에서 제작, 운영하고 있다.

원반형 부이는 60년대 초에 미국의 Office of Navy Research)에서 연구용으로 제작 사용되었다. 15개 형태의 다양한 부이가 시험 제작되었고, 그중 지름 12m 부이가 해양 및 기상 관측에 가장 적합한 것으로 결론지어졌다. 후에 제작비용 감소 때문에 10m 헐이 제작되었고, 비록 몇 개가 뒤집어지기도 했지만 폭풍에서도 견딜 수 있고 관측 자료에도 문제가 없는 것으로 밝혀졌다.

현업용 10m원방형 부이는 1974년에 철로 제작되었고, 초기에는 4행정 엔진으로 전력을 생산하였으며, HF 또는 UHF로 자료 송신하였다. 후에 NDBC는 전자 및 전원 공급 기술 발달과 제작비용 감소 요구에 따라 WOOD Hole Oceabigraphic Institule에서 최초 설계한 3m 원반형 부이를 개발하였다. 현재 미국은 60대의 부이를 현업 운영하고 있다.

캐나다는 미국 NDBC의 기술 지원을 받아 33개의 부이 관측망을 구축한 후 현업 운영하고 있다. JMA(Japan Meteorological Agency)는 1968년부터 해양기상부이계획을 시작하였다.

1968년과 1969년에 각각 3.5m 원반형 부이 2대를 제작하여 1972년까지 한국 동해에서 시험 운영하였다. 그 후 10m 원반형 부이를 제작하였으며 현재 4대의 부이를 보유하고 3곳에서 정규 운영하고 있다.

영국, 노르웨이, 덴마크, 독일, 아이슬란드, 아일랜드, 네덜란드, 스웨덴, 핀란드, 오스트레일리아 등도 부이 자체 또는 공동 개발하여 현업 운영하고 있다.

현재 전 세계에 운영되고 있는 부이의 수량은 정확하게 파악되지 않고 있으나, 1998년 1월 첫 2주 동안에 GTS송신 등록을 한 부이 수는 모두 1106대이며 실제 자료 송신을 한 부이 수는 599대이다.

Ⅳ. 한국 해양기상부이의 현황

한국기상연구소는 1988년 OECF 차관 자금으로 연구용 부이를 도입 추진하여 수차례의 계류, 시험 운영 및 손실을 경험하였다. 이제는 부품 구입 후 자체 조립 및 계류, 운영할 수 있는 기술 수준에 이르렀다.

한국 기상청 기후정책과 1994년부터 해양기상부이 관측망 구축을 추진하였다. 기상청은 한반도 주변 바다를 서해 중부 / 남부, 남해 서부 / 동부, 동해 중부 / 남부와 같이 모두 6개 해역으로 나누어 예보함으로써 각 해역에 1대의 해양기상부이를 운영할 계획이다.

1940년대에 첫 부이가 개발된 이후 전자장치, 전원공급, 관측기기, 위성통신 등 부이 관련 기술의 발달로 부이가 소형화, 자동화되고 가격이 싸지며 부이 안정성과 자료 신뢰도가 증가하였다.

또한 해상활동, 해안지역 거주 및 생산시설 증가에 따라 해양기상 정보 수요도 급속히 증가하였다. 따라서 해양기상부이 관측망이 급속이 확충되고 있으며 앞으로도 계속 확충될 예정이다.

부이 기술이 급속하게 발전되고 그 수도 꾸준히 증가하고 있지만, 해양이란 험한 환경에서 고장 없이 자동으로 꾸준하게 자료 생산 및 송신이 이루어지려면 여전히 많은 문제들이 해결되어야 한다. 특히 다음 사항들이 이루어져야 한다.

* 모든 부이 부품의 신뢰도가 더욱 향상되어야 함
* 해양 환경에 적합한 관측기기들이 계속 개발되어야 함
* 관측기기, 특히 풍향풍속계를 이중으로 설치하여 지속적 관측, 자료 질 향상, 비용 절감이 이루어져야 함
* 부이 관측자료의 활용 분야를 확대하고 사용자들이 가치 있게 사용할 수 있도록 교육함
* 실시간 및 준실시간 자료처리환경의 QC기능을 더욱 보강하여 양질의 정보를 생산, 분배함
* 관측자료 및 부이 기술의 국제 교류에 힘씀
* 관측기기 설치 위치, sampling방법, 주기, 기간 등 관측 기술을 국제표준화 함

Ⅴ. 일기도의 역사

일기도는 19세기 초에 독일의 물리학자 H. W. 브란데스에 의해서 만들어졌으나, 당시에는 전신(電信)이 발달되지 않아 만들어 졌으나 당시 일기도는 25년 이상 지난 1783년 3월 6일의 것이었다. 1840년대에 접어들어 전신이 급속도로 보급되지 매일의 일기도를 빨리 만들 수 있게 되었다.

그러나 전신에 의해서 처음으로 각 지방의 일기 실황이 수집되어 이것이 신문에 게재되게 된 것은 1848년의 일이었다. 이것을 시도한 것은 영국의 '데일리 뉴스'지였으나 관측결과를 일람표로 만들어 게재했을 뿐, 일기도가 만들어진 것은 아니었다.

다음 해 미국의 물리학자 J. 헨리가 각 전신국의 협력을 얻어 기상자료를 수집하였고 1958년 세계 최초로 이와 같은 방법으로 만든 일기도에 의한 일기예보를 발표하게 되었다. 영국과 미국에서는 기상사업이 민간사업으로 시작되었으나, 이 무렵 프랑스에서는 이것을 국가 사업으로 추진하였다.

이런 계기를 만든 것은 1954년 11월 14일 크림반도를 휩쓴 큰 폭풍이었다. 이 폭풍에 의해서 크림 전쟁에 참가하고 있던 영 불 연합함대가 크림반도의 발라클라바에서 큰 피해를 받았으며 그중 프랑스 기함 헨리4세호는 침몰되고 말았다. 이와 같은 큰 피해로 인해 프랑스에서는 이러한 피해를 사전에 예방할 수 없을까 하는 데 관심을 가지게 되었다.

이 일을 육군사령관의 자문에 따라 착수한 것은 파리 천문대장이었던 U. J. J르베리에였다. 르베리에는 조수 E. 리아스와 함께 유럽의 각 관측소로부터 약 250통의 기상기록을 모아 조사해 본 결과 폭풍이 에스파냐 부근으로부터 지중해를 거쳐 흑해로 진행에 온 것임을 알았다.

이 결과는 1955년 1월 과학 아카데미에 발표되었으며 이것이 루이 나폴레옹의 인정을 받아 폭풍경보를 내기 위한 광대한 기상관측망(氣象觀測網)을 만드는 계획으로 급속히 진행되었다. 58년에는 프랑스 국내는 물론 외국으로부터도 기상전보(氣象電報)를 입수할 수 있게 되었다. 이 자료에 의해서 1963년 세계 최초의 일일 일기도가 르베리에에 의해서 간행되었다. 그 후 세계 여러 나라에서도 차례로 일기도가 간행되었다.

Ⅵ. 결론

본 소고의 내용에서 보았듯이 해양활동의 발전과 해양기상관측의 발전은 밀접한 관계가 있음을 알 수 있다. 해양기상관측의 발전 없이는 해양활동의 발전은 없다.

기상 관측 및 예보 자료의 필요성 증대에 따라 세계기상기구(wmo)를 주축으로 한 세계기상감시망(WWW.WorldWeathcrWatch)이 계속 확충되며 자료의 질도 향상되고 있다. 그러나 기상관측지점이 북반구에 집중되었으며 그 대부분이 육지에 있다. 지구 순환계의 해양역할과 해상 활동, 해안 지역 주거 및 산업시설 증가 등을 고려할 때 해상 관측 자료가 확충되어야 하며, 해양 국가를 중심으로 계속 확충되고 있다.

본 소고를 통해서 필자는 다시 한 번 해양기상관측에 대한 새로운 이해를 할 수 있었으며 이러한 선배들의 노력이 오늘날 안전한 항해를 가능케 하고 있음을 알 수 있었다.

아울러 필자도 해기사의 한 사람으로서 해양기상과 관측을 잘 앎으로써 안전항해를 이루어 나가야 하겠다는 의식을 새롭게 가지게 되었다.

해양의 개발과 이용

5기 기관학과 박수철

Ⅰ. 서론

필자는 본 소고를 통하여 해양개발과 이용에 대하여 각 분야별 고찰을 한 뒤에 해양의 각 분야별 이용에 대하여 살펴보고자 한다. 해양개발이 곧 사람들이 과학을 탐구하고자 하는 정신이며 해양개발에서 보다 더욱 우리 인류에게 필요한 자연자원들을 찾고, 우리가 시대를 더욱 멋있게 변화시켜 줄 것이다. 그럼 어떤 것들로 해양을 개발하였는가. 어떤 면으로 해양의 자원을 탐구해 왔는지 알아보기로 하자.

결론적으로는 해양개발을 통해 우리가 얻는 것과 이를 위한 우리의 노력 등을 기술하고자 한다. 해양개발과 이용은 무궁무진하므로 여기에서 다 기술할 수는 없으므로 Ⅱ. 해양개발과 분야별 고찰에서 개론적으로 언급하고 Ⅵ~Ⅲ 해양에 대한 이용을 4가지 방면에 관하여 기술하고자 함을 밝혀두는 바이다.

Ⅱ. 해양의 개발에 대하여

해양과학, 해양조사 등을 기초로 수산자원 에너지 자원, 광물 자원 등의 해양자원을 개발하여 이용하고자 하는 인류의 활동, 지구 표면적의 약 70%를 차지하고 있는 바다의 방대한 분량의 물과 공간 그 자체는 모두 유용한 자원이다. 해수와 해저에는 생물자원을 비롯한 각종 광물과 에너지 자원 등이 대량으로 부존되어 있다.

해양자원에는 해양생물 해수의 성분을 비롯하여 해저에 부존되어 있는 석유, 천연가스 고체광물 자원과 각종 에너지 자원, 현재 또는 가장 가까운 장래에 이용 가능한 자원으로는 해저나 해저지반속의 광물자원, 해저석유, 가스자원, 수산자원 등 해수에 의존하는 광물자원, 해류, 조석, 해수온도 등의 에너지 자원의 마지막 보고로 각광받게 되었다.

세계 각국은 당면한 식량자원과 주요 광물자원, 에너지 자원 문제를 아직 미개발 상태인 바다에서 해결하고자 해양개발에 관련하고 있다. 유엔의 유네스코에 바다와 바다의 자원에 관한 지식을 각국이 협력하여 증진시킬 목적으로 정부 간 해양학심의회가 설치되어 각 인접국들은 상호협력하여 합동조사를 벌이게 되었다.

1967년 몰타의 유엔대사 파르도가 당시 주목받기 시작한 해저의

망간단과를 일부 선진국이 독점 개발할 우려가 있다는 요지의 연설로 문제를 제기하여 1970년에는 그 요지가 유엔의 결의로 채택되었다. 또 1973년에는 영해, 대륙붕, 경제수역, 심해저자원 등에 관하여 새로운 해양질서를 수립하기 위한 제3차 유엔해양법회의가 개최되었다. 이 토의 기간 동안 연안국가들은 수산업 및 해저석유, 가스의 개발을 활발히 추진하였다.

이것이 유엔해양법회의 토론에 반영되어 각국은 자국의 연안 200해리 수역 내의 자원에 대한 관할권을 주장하기 시작하였다. 각국은 유엔해양법회의 결말을 기다리지 않고 자국 주변 연안 200해리까지의 어업전관수역을 설정하는 국내법을 제정하는 나라가 잇달았다.

82년에는 광구의 설정, 경제적 부담 기술이전 의무 등에서 개발자에게 큰 부담을 주는 내용의 법안이 유엔해양법회의에서 채택되어 새로운 해양질서가 세워지면서 해양 분할 영토화 시대가 시작되고 해양자원의 학보를 둘러싼 경쟁이 치열해지기 시작하였다.

해양개발의 종류를 각 분야별로 구분해 보면 해양공간의 이용, 해저광물자원의 이용, 해양에너지의 이용, 바닷물을 직접 이용하는 방법 등으로 분류할 수 있다.

Ⅲ. 해양공간의 이용

해상교통, 해면공간의 이용 등 해양공간 이용이 있다. 해상교통은 항로로 이용한 역사는 매우 오래되어 통나무배의 세대로 거슬러 올라간다. 당시 인류에게는 바다를 이용한다는 의식은 없었을 터이다. 현대인의 결과적인 판단에 지나지 않으나 고대인이 식민지를 찾아 혹은 교역을 목적으로 새 항로의 개척에 뛰어들기 시작한 무렵부터 해양의 이용 개발이라는 의식이 싹트기 시작했을 것이다.

현재 해양공간의 해상교통이용 면에서 개발할 여지가 있는 양극 지역의 빙해, 특기 북서항로 북동항로의 실용화가 이루어지고 있다. 소련은 원자력선의 북극해 운항이 실용화되었으며, 미국의 잠수함 노틸러스호 매머드 탱크의 맨해튼호도 실험항해에 성공하였다.

또한 스웨덴이나 미국에서 구상하고 있는 반 잠수식 대형 쇄빙화물선 등의 향후 운항은 해상교통을 통한 해양의 새로운 이용이라고 할 수 있다.

해양공간의 이용 중 가장 대규모적인 해면의 이용은 간척인데, 네덜란드의 조이데르 해안 간척은 그 좋은 예라 할 수 있다. 국토가 좁은 네덜란드에서는 국토의 중앙부에 깊게 만입하는 조이데르해 간척사업이 19세기에 이미 구상되어 그 계획이 수진되고 있었다.

1918년 조이데르해 간척 법이 의회를 통과하여 1920년에 공사가 시작되었다. 위링어메르 폴더의 간척이 먼저 완성되고, 이어서 이곳과 맞은쪽 해안을 연결하는 폐쇄 둑이 축조되어, 조이데르해는 북해에서 분리되어 에이셀로가 되었다. 그 후에도 1600㎞ 정도의 간척사업이 실시되고 있다. 또한 델타플랜이라는 라인강 하구의 제방건설, 공업용지 조성, 담수 확보를 위한 대규모 프로젝트도 추진하고 있다.

Ⅳ. 해저광물자원의 이용

현재는 석유가 중심이지만 그 밖의 해저광물자원으로서 석탄, 망강, 코발트, 사백금, 사금, 사철, 사석, 티탄광석, 모나자이트, 지르콘, 금홍석, 다이아몬드, 황, 자갈, 모래 등이 있다. 사금, 사철 등은 얕은 바다에 있지만, 품위가 낮거나 조사가 불완전하기 때문에 개발이 진행되지 않는 경유가 많다. 그 밖의 것도 개발과 위험성과 채산성이 장애가 되어 개발이 늦어지고 있다.

해양석유는 대륙붕의 해저에서 굴착하는데 역사는 비교적 짧다. 초기에는 해저탄전과 마찬가지로 육상으로부터 경사지게 굴착하거나 해안에 간단한 작업대를 시설하여 채취하였다. 앞바다의 멕시코 만에서 목재 플랫폼을 구축한 것이 최초로 현재, 육상 기존유전의 매장량에는 한계가 있고, 유전의 심도가 깊어져서 평균 약 1만㎞에 달하여 탐사 굴착 비용도 거액이 소요되는 등 난문제가 있다.

한편 육상 기존유전의 개발이 최근의 해양 공학발달에 힘입어 육상심층유전에 비해 채산성이 좋아 크게 각광을 받기 시작하였다. 1945년 9월 미국의 트루먼 대통령은 대륙붕 선언에서 대륙붕의 지하 및 해상의 천연자원에 관한 미국의 권리를 명백히 주장했다. 대륙붕 지하자원의 관할권에 관하여 다른 나라들도 앞 다투어 주장하였으며 이를 계기로 대륙붕에서의 석유탐광 개발이 본격화되었다.

V. 해양 에너지의 이용

조력, 파력, 해류, 해양온도 차, 염분의 농도 차, 등 바다의 잠재적으로 갖고 있는 에너지는 양적으로도 크고 영속적이며 보편적이지만 개발은 조력발전을 제외하고는 착수단계에 있을 뿐이다. 조력발전은 조차가 큰 곳에 댐을 쌓아 발전소를 건설하는 것이다. 조석의 위치 에너지, 운동 에너지, 전기에너지로 변환하는 시스템이다. 세계에서 최대의 조차를 보이는 곳은 캐나다 동해안 펀디만 안쪽이며 그 조차는 20m에 이른다.

조차가 13.5m에는 프랑스 북서부 생말로만 부근 랑스강 하구에 세계 최초의 실용적 조력 발전소 건설이 1961년에 시작되어 1966년부터 공개운전을 실시, 1년간의 시운전을 거쳐 이듬해인 67년 정규 가동을 시작, 조석의 왕복류를 이용하여 연간 544KWH를 발전하고 있다.

실험적인 조력 발전소는 러시아 공화국 바렌트해 연안 블다강 하구 키즐라르에 있다. 1983년 현재 계획이 전해지고 있는 곳으로는 프랑스의 몽생미셸란, 영국의 세번강 하구, 소련의 북해로 흘러드는 메제난 등이 있다. 조력발전은 수력발전과 마찬가지로 한 번 건설하면 연료가 필요 없다는 이점이 있으나, 경제성에는 아직도 문제가 있다.

Ⅵ. 해수의 직접 이용

수자원으로서의 이용과 광물자원의 이용 - 물 자체의 이용과 오존 광물자원의 이용이라는 2가지 면이 있다. 수자원으로서의 이용 - 물 자체의 이용은 바닷물 그대로의 이용과 담수화로 나누어진다. 바닷물 그대로의 이용은 공업용수로의 이용인데 90% 이상이 냉각수용이다. 이 경우 온 배수의 자연환경에 대한 영향이 고려되어야 한다. 담수화는 질 좋은 담수의 입수가 곤란한 중근동의 석유 산출국, 서인도 제도 등지에서 1960년대 중반부터 활발히 진행되고 있다.

도시 상수도의 수요 증가나 공업화에 따른 공업용수의 필요 때문이다. 현재 전 세계에서 1000기 가까운 해수 담수화 플랜트가 가동 중이라고 한다. 현재 이동되는 담수화의 방법으로는 증발법, 막법, 냉동법이 있는데 대부분은 증발법이다. 바닷물을 증발시킨 증기에는 전혀 소금기를 포함하지 않으므로 이것을 응축시키면 증류수가 된다.

가열열원으로는 증기를 사용한다. 화력발전 터빈의 배압증기가 이 목적에 적당하므로 담수화 플랜트를 발전 플랜트와 결합시키면 더 효율적이다. 이와 같은 이중목적 플랜트는 연료를 입수하기 쉽고 값이 싼 중근동에 많이 건설되고 있다.

해양이 급진적으로 발전함으로써 세계와 나라 사이의 경쟁도 날로 악화되어 가고 있다. 그러나 지나친 해양개발을 실시한다면 해양환경을 오염하게 되고 또 여러 가지 나쁜 현상들도 우리가 살고 있는 이 지구를 오염시키게 된다. 우리는 반드시 이 면에서 중시를 돌려야 한다.

Ⅶ. 결론

동지나해와 남지나해로 둘러싸여 있고 자원이 부족한 중국에 있어서 해양의 개발과 보전은 중요한 과제이다. 우리의 해양개발은 200마일 경제수역과 같은 연안 관할권의 확대추세에 적절히 대처하고 사회 경제 발전에 불가결한 해양자원, 에너지, 공간의 이용을 강력히 추진하되, 이와 일체적인 문제로서의 환경보전을 충분히 배려하면서 해양조사를 종합적으로 확대시켜야 한다.

인류의 마지막 자원의 원천이며 낙원이라 할 수 있는 해양의 자연환경 보전을 강조하고 환경과의 정합성이 항상 고려되어야 한다. 그런 의미에서 국제간의 해양개발과 협조가 절실히 요구되고 있는 것이 당면한 현실이라 하겠다. 우리는 바다를 잘 개발, 이용하여 인류의 행복을 위해 유용하게 활용해 나갈 것인가, 아니면 눈앞의 이익에만 얽매여 이 귀중한 천해의 보고를 오염시킬 것인가는 해양개발에 종사하는 사람뿐만 아니라 전 인류의 마음에 달려 있다고 하겠다.

그러나 너무나 과분하게 개발하면 그것이 환경을 오염시킬 뿐만 아니라 우리의 유일한 해양자원이 망가져 버릴 수 있다. 그러기에 우리는 해양의 모든 생물들을 사랑해야 되고 바다를 아껴야 한다. 비록 바다는 클지라도 우리가 사소한 것으로 바다를 망쳐 버린다면 우리의 유일한 희망은 곧 없어질 것이다. 미래의 해양인이 될 우리들은 해양개발을 중시할 뿐 아니라 우리가 하는 일로 어떤 결과를 초래할 수 있는가를 항상 명기하고 인류의 행복을 위하여 뛰어야 한다.

V

교수 특강자료

국제시장경제체제에 대한 적응훈련

문 희 주

I. 서론

본 특강의 목적은 국제적 개념을 이해하고 인식하여 국제사회 속에서 이루어지는 경제활동의 모습을 살펴보고 이해할 뿐만 아니라 국제사회 속의 한 사람으로서 적응해 나가는 훈련을 쌓는 것을 목적으로 한다.

본 특강의 범위는 중국이라는 상황에 대한 기초적인 이해보다는 세계적인 관점에서 살펴보고자 한다. 특히 연변해양학생들이 나가야 할 방향을 그 범위로 제한코자 한다.

Ⅱ. 국제와 경제에 대한 개념

1. 국제에 관한 개념

국제라고 하는 말은 영어에서는 international이라고 한다. 이 말은 나라와 나라관계에 쓰이는 말이다. 예를 들자면 경제발전에 따른 에너지 소비량의 급증으로 아시아 지역에 에너지위기의 파가 높아지고 있다. "산유국에서 원유 수입국으로 돌아선 중국은 가파른 경제성장이 지속될 것으로 전망되는 가운데 한국과 일본 등의 원유소비가 줄어들 가능성은 희박해 보인다. 따라서 향후 아시아 국가끼리의 원유 확보 경쟁이 치열해지고 그러한 경쟁이 아시아의 정세불안을 불러일으킬 가능성도 매우 높다." (WIN 1996. 5월호 중앙일보사 p.152)

이러한 에너지 위기를 타개하기 위한 국제적인 노력은 미국의 기업가 정신, 일본의 자본과 조직력이 양국의 장점이다. 미, 일 두 나라와 중국 국제주의 세력은 근대적인 방식으로 중국의 세계정치 및 경제무대로의 진출을 도모해야 할 분명한 공통의 이해관계를 가지고 있다. 이러한 국제원조는 중국원유개발의 수준을 높일 수 있다. 그래서 현재 폐광위기에 몰린 유전지대의 원유개발과 내륙 신장 지방의 타림(Tarim)유전에서 원유를 생산할 수도 있다. 그리고 미국, 일본, 한국 또는 소련이나 북한과 같은 국가는 장거리 파이프라인으로 송유받을 수도 있을 것이다. 뿐만 아니라 해양시추와 딤사를 통하여 중국이 기구의 참여와 영향력을 기대하고 있다(상계서 p.157).

국제라는 말의 쓰임새를 보면 국제법, 국제경제, 국제무역, 국제사회, 국제연합, 국제규범, 국제관례, 국제기호, 국제주의, 국제회의 등 다양하게 쓰인다. 위의 예를 통해서 볼 때 중국을 비롯한 4개국과 내륙으로는 구소련과 북한 그리고 해양개발이나 해양유전개발 등에는 해양에 접한 월남, 필리핀 등도 참여하게 될 것이다.

그러기 위해서는 국제관계에 따라 국제회의를 열고 국제(아시아)경제를 위한 가칭 아시아 에너지 기구와 같은 국제(아시아)기구를 만들어야 할 것이다. 그리고 생산을 위한 여러 나라들 간(국제간)의 기술과 자본과 노동력이 투여될 것이다. 그리고 생산된 산물에 대한 판매를 위해서 국제무역이 이루어질 것이다. 이것이 나라와 나라 사이를 말하는 국제의 개념이다.

2. 경제에 대한 개념

경제라는 말의 영어 이코노미(economy)는 헬라어의 '오이코노미'아에서 왔는데 영어의 '이코너미'는 헬라어의 오이코노미아를 음역한 것이다. '오이코노미아에스네'는 여성명사로서, 집안을 다스리고 관리함(themanagement of a household)이나 책무(a stewardship)를 뜻한다. 이 단어는 (오이코스: 집)과 (네모:다스리다, 행정하다)의 합성어로 된 것이다.

위의 개념을 정리해 보면 경제라는 개념은 집을 다스리고, 관리하는 책무를 뜻하고 있다. 이러한 의미에서 볼 때 한 가정의 살림살이를 가정경제라고 한다면 한 나라의 살림은 국가경제요, 나라와 나라 사이의 사고파는 살림을 국제경제라고 하면 쉽게 이해할 수 있을 것이다.

21세기는 한 나라가 모든 것을 책임지어 먹여 살리는 우리식 시장경제라는 것이 존재하지 않는다. 그러므로 누구든지 자국의 문을 닫고 살아갈 수 없기 때문에 나라와 나라 사이에 서로 사고파는 것이 이루어질 수밖에 없게 되었다. 이것이 곧 국제경제의 모습인 것이다.

3. 국제경제개념의 변화

국제경제개념은 시대에 따라서 변하여 왔다. 과거에는 지역적 의미에서 각 나라 간에 무역의 개념으로 이해되었다. 그래서 그 의미 또한 폐쇄적 입장을 보여 왔다. 서로의 국가 간에 높은 관계세(관세)와 금지품목을 정하기도 하였다. 그러나 현대에 이르러서는 이익집단의 단위로서 개방적 입장을 보인다. 그 결과 다국적 기업의 출현으로 국가존재 의미보다 이익집단화되는 경향이 짙다. 즉 경제적인 이익을 위해서는 국가를 초월하여 탈국가적인 다국적 기업이 존재하게 된 것이다.

미래학자인 앨빈 토플러는 「제3의 물결」이라는 책에서 제1의 물결이 농경(1차산업)사회라면 제2의 물결은 산업화(제2차 산업) 사회라 하고 제3의 물결은 정보화(제3차 산업) 사회로 보았다. 이러한 개념을 도입해 보면 제1의 물결은 지역국가 단위로 발전하였다면 제2의 물결은 국제단위로서 부역의 개념으로 쓰였다. 그리고 제3의 물결은 탈국가적인 개념으로서 다국적 기업의 출현을 말할 수 있을 것이다.

21세기에 있어서 국제경제개념은 위에서 본 것처럼 한 나라의 문제가 아님을 알 수 있다. 그러므로 우리 연변해양대학 사관생들은 국제경제의 개념을 어떻게 파악해야 할까를 생각해 보아야 한다. 여러분은 중국의 국적자지만 여러분이 승선할 선박은 중국선적의 배가 아니라 제3국적의 배이고 제3국적의 사람들과 승선하여 제3국적의 화객을 싣고 제3국적의 바다와 항구를 항해하고 정박하게 된다. 여러분은 이러한 상황에서 지켜야 할 다국간의 경제체계들에 대한 바른 이해가 있어야 한다. 그리고 이러한 국제시장경제체제에 대한 올바른 개념을 파악해야 할 것이다.

Ⅲ. 시장경재에 대한 이해

1. 시장에 대한 이해

시장은 상품교환의 장소이다. 이러한 의미에서 "상품교환의 장소는 장마당, 상점, 교역소, 점방, 소시장, 도매시장" 등이 있다 또한 교역상품의 법위에 따라서 상품시장, 금융시장, 노역시장으로 구분하고 교역의 지구를 구분할 때는 농촌시장, 도시시장, 국내시장, 국외시장 몇 나라의 공동시장, 세계시장 등으로 구분한다(상계서 p.573).

또한 상품경제 범주에서 보면 사회적 분업과 상품생산이 있는 곳에는 모두 시장이 있다 시장의 시작은 원시사회 말기부터 사회적 분업과 상품생산이 발전되므로 점차 확대하기 시작하였다. 자본주의 사회 이전에는 자연경제가 주요한 위치를 차지하므로 시장발전이 더 뎠으나 자본주의 사회에 이르러서 상품경제는 고도화되었다. 아울러 노동의 생산물뿐만 아니라 노동자체도 상품화되기 시작하였다. 따라서 시장은 자본주의가 존재하고 발전하는 데 전제조건이기도 하다 (상계서 p.573).

그리고 사회주의와 시장경제 입장에서 볼 때 사회주의에서도 상품생산과 상품교환이 존재하며 시장이 여전히 사회적 재생산의 필요한 조건이 되고 있다. 그러나 "생산수단에 대한 사적 소유와 고용노동제도가 폐지됨에 따라 노역시장이 이미 존재하지 않는다." (상계서 p.573)고 하지만 최근에 이르러서 중국 사회는 사회주의 체제하에서 시장경제체제를 도입함으로 하여서 자유롭게 시장이 형성되고 있음을 본다.

예를 들어서 연길시의 경우에 서시장, 동시장, 1백화-5백화상점, 국제무역청사가 있다. 그리고 고용노동제도의 모습으로 여러 곳에 인력시장이 있음을 본다. 또한 우리 학교의 존재이유와 존재가치는 국제노역시장에 노역의 상품으로서, 기술상품으로 자신이 존재하고 있음을 알아야 한다. 즉 이것이 국제노역시장에 있어서 기술의 상품화이다.

2. 경제개념에 대한 이해

사회주의적 개념(상계서p.573)에서 경제는 일정한 사회적 생산력에 수용하는 사회적 생산관계의 총체나 제도를 말한다. 개인적으로는 물질적 향리품의 생산 및 그에 상응하는 교환, 분배, 소비 등의 활동을 말한다. 또는 국가적으로 볼 때는 한나라 국민경제의 총칭 또는 농업 등의 국민경제의 각 부분을 말한다. 일반적으로는 일상생활의 용어, 절약하고 아껴 쓰는 것, 개인, 가정의 수입, 지출의 형편 등의 개념으로 쓰인다.

전통적인 경제활동의 출발은 자원의 희소성과 자연의 인색함에서 생겨났다. 자원의 희소성은 구입해야 할 물건은 적은 데 비해 화폐가 너무 많은 인플레이션이나 그 반대의 디플레이션의 경우이다.

그리고 또 하나의 경우는 자연의 인색함이다. 자연의 인색함은 자연으로부터 억지로 열매를 짜내는 힘들고 고통스러운 자연과의 투쟁방법이다. 이 투쟁에 사용되는 도구가 폭력적인 결과를 초래하여 양쪽 모두에게 깊은 상처를 입힌다. 이것이 약탈과, 강탈과 투쟁과 전쟁의 불협화음과 부조화와 황폐화를 가져왔다.

이런 관점에서 볼 때 서구진영이든, 공산진영이든 경제활동의 기본적 토대는 희소성의 극복과 자연의 인색함에 대한 탈출이라 할 수 있다. 20세기의 위대한 경제학자인 존 메이나드 케인즈(John Maynard Keynes)는 그 성을 "경제적 결핍의 터널로부터 빠져나와서 풍부한 광명의 세계로 들어가려는 투쟁"으로 보았다.

경제활동의 성격에 대한 가장 합당한 견해는 하나님께서 인류에게 이 지구를 보호하고 이용하도록 위탁하셨다는 관점이다. 이러한 보호는 바로 에덴동산의 창조에서 시작되었다. 그때의 낙원의 상태가 오래도록 계속 되지는 않았으나 보호행위 자체는 비록 타락된 이후에도 계속되어 있다. 우리들에게 맡겨진 자원과, 그 자원에 대한 사용과 선택의 책임이 주어졌다는 것은 두렵고도 신명나는 일이다. 그 책임을 통해서 창조물이 찬양되면서, 동시에 이용되고, 보존되고 열매 맺게 되는 것이다.

3. 노동에 대한 올바른 이해

노동에 대한 바른 책무는 성경을 통해서는 달란트의 비유에서 잘 나타나 있다. 좋은 일꾼이 된다는 것은 신중하다고 되는 것이 아니다. 좋은 일꾼은 스스로 기회를 만들고 손해와 위험도 감수해야 한다. 이를 위해서는 기술을 개발하고 한정된 인간의 능력을 넘어서서 바른 방법을 활용하여 새롭고 보다 나은 절차들을 개발하는 게 필요하다.

또한 이러한 창조성과 더불어서 종으로서 봉사하는 봉사정신이 절실히 요구된다. 그때에 탐욕과 이기심과 오만과 착취와 물질적인 풍요로부터 오는 인간의 온갖 유혹과 오류에서부터 우리를 구원해 낼 수 있다. 그러므로 여러분은 모든 사람에게 칭찬받고 덕을 끼칠 수 있다. 이러한 정신이 오늘 세계경제의 인플레이션과 디플레이션, 실업과 낮은 생산성에서 탈출해 나갈 수 있다.

현재 연변해양대학생들의 입장에서 보면 우리는 사회적 생산력의 수용하는 제도 속에 살고 있다. 그리고 의식주를 통하여 소비활동에 참여하고 있으나 실제적 생산에 참여하고 있지는 못한다. 그러나 학생으로서 교육을 받고 있는 것은 곧 재생산을 위한 준비과정으로서 가장 중요한 생산과정의 일부분임을 기억해야 한다. 그리고 이를 통해서 중국의 국민경제를 이끌어 나갈 뿐 아니라 알맞은 규모의 경제활동을 통하여 앞날의 자신을 가꾸어 나가는 꿈을 바로 다져 나가야 할 것이다.

또한 우리는 항해사, 기능사라는 기능사로서 기술과 노무를 통하여 가정의 풍요와 국가발전에 이바지한다는 자부심을 가져야 한다. 그리고 우리의 소득이 또 다른 산업에 재투자되는 올바른 소비구조를 이룰 때 시장경제체제에 합당한 생활을 영위할 수 있을 것이다.

Ⅳ. 국제시장경제체제에 대한 적응력

1. 국제시장경제에 대한 이해

국제시장의 범위와 장소를 볼 때 국제시장이라는 것도 생각해 보면 시장의 더 넓은 지역적 의미로 이해할 수 있다. 그리고 국내시장에 대해서도 시장경제법이 있듯이 국제시장은 더 확실한 경제법에 따라서 움직여가고 있음을 상기해야 한다.

이러한 국제시장경제의 구조는 역사적으로는 각 나라 간의 경제이권에 따른 것이었다. 그러나 현시대는 이처럼 단순한 의미가 아니다. 오늘날의 국제시장경제는 나라와 나라의 의미가 아니라 상품과 상품, 회사와 회사, 사람과 사람, 기술과 기술, 자본과 자본의 대결이라는 복잡한 구조임을 알아야 한다.

이처럼 복잡한 구조 속에서 활동해야 하는 우리는 국제시장에 있어서 나의 기술상품의 정도는 어떠한 정도인가를 스스로 평가할 수 있어야 한다. 현시대의 국제시장은 이처럼 어려운 문제들이 산재해 있음을 알아야 한다.

2. 국제시장의 새로운 변화

이처럼 국제시장의 새로운 변화는 나라를 넘어서 국제적으로 블록화되고 있다는 점이다. 예를 들어서 E. C는 유럽공동시장, 아시아는 동남아 몇 개국이 아시아공동시장을 구성하고 있다. 그리고 N. P. T 는 북미시장을 말하고 아태시장은 아시아동부와 남미 북서부를 연결하는 대시장으로 발전하고 있다.

또 한 가지는 다국적 기업의 출현이 국제시장에 있어서 새로운 변화를 보이고 있다. 같은 상품으로 국가적인 경쟁상품회사가 새로 연합, 합병, 체인을 맺어서 거대한 회사로 자라고 있다. 그래서 앞으로의 세계는 지역적 나라의 개념이 아니라 기업적 다국가의 경쟁체제로 돌입하게 되었다. 그러므로 중국인과 또 다른 세계인의 기술전쟁이 아니라 나 개인과 또 다른 너의 치열한 기술경쟁 위치에 있음을 알아야 한다.

3. 국제시징에서의 노동의 괸점

노동에 대한 경제적 관점에서 우리는 너무 많은 노동을 원하지도 않으며, 또 노동이 전혀 없는 상태를 원하지도 않는다. 노동에 대한 부정적 시각은 인간이 타락에 기인한다. 노동을 오욕스럽게 여길 때 많은 문제를 야기하게 된다. 노동은 "인류가 그것을 위해서 하나님께로부터 이 땅에 부름받게 된 활동"임을 알아야 한다.

만약에 우리가 이러한 노동을 통해서 우리와 가족들을 부양할 수 있다면 우리는 크게 축복받은 것이다. 그러므로 가장 이상적인 개념은 우리가 살기 위해서 노동하는 것이 아니라 노동하기 위해서 산다는 의식이 필요하다. 이러한 올바른 의식이 국제기술시장에 있어서 중요한 상품요소임을 알아야 한다.

4. 국제시장경제체제에서의 적응력

우리가 국제노무시장에서 필승하기 위해서는 노동의 목표와 의미를 명확히 이해해야 한다. 그때 경제적 노동과, 사랑의 노동과, 믿음의 노동을 구별하게 된다. 화폐에 의한 노동의 정의는 노동대가를 받는 것이다. 그렇다면 나이트클럽에서 반라의 몸으로 춤추는 무용수나 자신의 몸을 파는 매춘부도 노동개념에 포함된다.

그러나 이때에 노동의 생산적, 도덕적 의미는 전혀 무시되어 버린다. 반대로 부모가 가정에서 자녀를 돌보는 일이나 고아나 과부를 돌보는 일은 G.N.P계산에 포함되지 않으므로 노동에 포함되지 않는다. 그렇다면 참된 노동의 가치는 돈에 있지 않고 그 노동의 가치와 대상자의 유익과 사회의 유익에 있음을 알게 될 것이다.

무가치한 노동은 이처럼 그 목적이 돈에 있고 또한 시장 경제적 의미에서 불필요한 것들이 될 것이다. 그러나 참된 노동의 의미는 인간의 봉사와 잠재력을 인식하는 데 있고 노동의 참된 목표는 하나님의 형상을 닮은 자들의 책임 있는 태도로 책임 있게 성장하여 자신을 나타내며 이 지구와 이웃을 돌보고 또 좋은 열매를 맺도록 하는 것이다. 즉 하나님이 문화명령을 성실하게 수행하는 것이다. 이것이 노동의 참된 의미요 참된 목표라 할 수 있다.

V. 결론

과거의 국제정치경제는 해양을 지배하는 나라의 것이었다.

그러나 제1. 제2차 세계전쟁을 치르면서 국제사회는 군대의 힘으로 평가되어 왔다. 이러한 상황은 동서긴장을 가져오게 되었고 핵무기로 무장하여 무력으로 국가의 힘을 따지게 되었다. 그러나 1980년대에 이르러서 베를린 장벽의 무너짐과 동시에 동유럽과 소련의 붕괴를 가져오게 되었다. 그리고 중국에는 시장경제체제로 전쟁과 무력이 없는 가운데 변화를 가져오게 되었다. 등소평의 이론은 실용주의를 주장한다. 그 예화로서 "검은 고양이든 흰 고양이든 쥐만 잡으면 된다."고 보았다.

우리가 가져야 할 국제노동시장에서의 자세는 청지기적 정신자세이다. 그것은 이웃과 정의, 지역과 사회, 모든 피조물들을 돌보는 것이다. 만약에 그것들로부터 고립된 경제시장은 무가치하고 무의미한 것이다.

만약에 우리가 이익과 효율만을 추구하고 정당화한다면 청지기정신의 위배요, 인본주의적 경제주의가 된다. 그러므로 하나님의 명령을 따르고, 자연과 인류에 봉사하고, 소명을 성실히 이행해 나가는 적응 훈련이 곧 국제시장경제체제에 가장 필요한 자세라고 본다.

21세기 열린 세계를 향해 나가는 젊은이

Ⅰ. 서론

필자는 본 소고에서 다가오는 새 시대 속에 21세기라는 시대성
속에서 바다를 통하여 열린 세계라는 공간속에 진출하려는 꿈을 가
지고 살아가야 할 젊은이라는 존재성에 대하여 그 의미를 알고 특성
을 이해하므로 새 시대에 열린 세계로 나가는 젊은이의 꿈의 진취성
을 전하고자 한다.

Ⅱ. 21세기라는 시대성

1. 시대의 의미를 알자

기상학적으로 보면 아침에 노을이 지면 날이 기울고 저녁에 노을
이 고우면 그다음 날 날씨가 좋다고 한다. 밤에 달무리가 좁으면 비

Ⅴ. 교수 특강자료 349

가 오지만 달무리 넓으면 날이 좋다고 한다. 사람들이 하루의 천기는 잘 구분하지만 한 시대를 바라본다는 것은 매우 어려운 일이라 생각된다. 그러나 꿈이 있는 사람은 시대를 볼 줄 안다. 앞서오는 시대를 볼 수 있는 사람만이 시대를 앞서갈 수 있다. 현재의 유명한 세계의 인사들은 다가오는 미래를 보는 눈을 가졌던 사람들이었다. 미국 대통령 클린턴은 학생시절부터 케네디 대통령을 존경하며 케네디 같은 대통령이 되려 했다고 한다. 한국의 김영삼 대통령도 아브라함 링컨 같은 훌륭한 대통령이 되리라는 꿈을 가지고 살아왔다고 한다.

필자는 18세기 이전시대를 자연시대라고 명하고 싶다. 그것은 자연에 순응하여 살아오던 때이기 때문이다. 바다를 항해함에 있어서도 돛을 달아서 바람의 힘을 이용하고 사람의 힘을 이용하여 노를 젓던 시대이다. 그러나 18세기에 이르러 증기기관이 발명되고부터 기계화 시대를 열었다. 증기기관은 자동차와 기차뿐 아니라 바다의 기선도 증기기관을 이용하게 되었다. 세계는 기선을 이용하여 새로운 항로를 개척해 나가게 되었다.

21세기, 즉 2천 년대라는 시대는 첨단시대라고 할 수 있다. 그리고 에너지는 원자력 또는 자연 에너지 스피드는 제트, 로켓시대라할 수 있다. 공간적인 의미로 볼 때는 지상, 해상, 상공을 초월한 지중도시, 공중도시, 수중도시, 우주세계를 열어 가는 무한의 세계가 열리고 있다. 이렇게 변화하는 세계 속에서 나와, 세계와, 우주에 대한 시대적 의미를 바로 알아야 하겠다.

2. 21세기의 특성

기원전 2세기 '안티파토루스'라는 사람은 세계의 불가사의를 다음과 같이 꼽았다. 1. 이집트의 피라미드 2. 바벨론의 공중정원 3. 그리스 올림피아의 제우스 신상 4. 터키 에베소의 아르테미스 신전 5. 할리카르나소스의 마우솔로스 능묘 6. 로즈섬의 콜로루스 거상 7. 알렉산드리아의 파로스 등대라고 했다.

그런데 최근의 영국 시사잡지 '이코노미스트'는 신 7대 불가사의를 다음과 같이 제시하였다. 1. 1971년 미국 인텔사의 테드호프가 발명한 마이크로프로세서 2. 1951년 멕시코시티 신텍스사의 젊은 연구원이 발명하여서 9천만 세계여성이 사용하는 피임약 3. 1876년 알렉산더 그레험 벨이 발명한 전화 4. 한 번에 570명 탈 수 있는 점보 제트기 5. 해상 석유채굴 시설 6. 1950년대 미국에서 처음으로 실험한 바 있는 수소폭탄-이것은 지구와 인류를 파멸시킬 수 있는 공포의 에너지다. 7. 1969년 7월 20일 오후 10시 18분 미국 우주인 암스트롱과 올드린이 아폴로 11호로 달에 첫발을 내디디므로 달기지의 꿈을 실현해 나가게 된 것이라고 하였다.

그러나 이러한 물질문명의 발전이 모두가 아니라는 사실을 알아야한다. G.N.P 25000불이나 되는 중동의 쿠웨이트는 병이 나면 국가가 고쳐주고, 늙으면 국가가 책임지고 먹여준다고 한다. 그런데 오히려이들은 섬이나 산속에 별장을 가지고 주말이나 휴가를 별장에서 지낸다고 한다. 그런데 그 별장에는 전기, TV는 물론 수도도 없다고한다. 맨발로 다니고, 멀리서 물을 길어오고, 나무를 때서 밥을 해먹는다고 한다. 즉 원시적인 삶으로 돌아가고자 하는 것이다. 그렇다면 인간이 추구하고자 하는 것이란 무엇이겠는가, 우리가 찾고자 하는 것은 무엇인가?

3. 21세기를 바라보며

지난 10세기 이전 제1차 세계는 중동과 북아프리카가 중심이었던 세계이다. 그 후 10세기 동안은 유럽이 제2의 세계화, 그리고 새 세계 아메리카대륙은 제3세계화이다. 1910년 스코틀랜드 에든버러에서 열렸던 세계회의는 전 세계의 평화가 금세기에 이루어진 낙관주의가 서양을 중심으로 펴져 나갔었다. 그러나 제1차, 제2차 세계대전을 치르는 동안 이러한 꿈은 산산이 조각나 버렸다.

서양 산업기술문명이 인간의 편리를 위함보다 오히려 파멸의 무기가 되었던 것이다. 인간의 불의한 정치, 경제, 권력에 의해서 사람의 자유와 권리가 무참히 짓밟히게 됨을 알게 되었다. 동양에서는 일본에 의해서 저질러졌다. 그리고 중국, 한국, 필리핀, 동남아, 각국들이 수십 년을 고통스럽게 하였던 역사가 있었다.

또한 현대산업과 그 정책의 결과는 자연을 돌이킬 수 없을 정도로 부서지게 하였다. 눈 깜짝 할 사이에 지구를 망칠 수 있는 무서운 전쟁무기들, 특히 핵무기와 핵발전소들이 인류의 장래와 생존을 위협하고 있다. 몇 년 전 구소련이 체르노빌 원자력 발전소 사고가 이러한 사실들을 우리에게 잘 증명해 주고 있다.

이러한 상황하에서 21세기가 맞게 될 문제들은 사회가 다원화, 전

문화되면서 사람들이 지나치게 개별화되는 경향이 심화되고 있는 점이다. 또한 분리적이고 개인주의적, 집단이기주의적 경향이 있다. 그러나 해양세계는 하나의 선박에 공동체적인 질서만이 평안과 이익이 있음을 알아야 한다. 그리고 나 개인이 아닌 세계 속에 여러 나라 사람들과 공존하여 생활하고 발전해 나가야 한다는 의식을 저버리지 말아야 한다.

Ⅲ. 열린 세계라는 공간성

1. 열린 세계의 의미

19세기 말 구한국시대에 고종황제의 아버지인 흥선 대원군은 항구를 개방하기 위하여 강화도 앞바다와 대동강을 거슬러 올라오는 미국과 프랑스 군대와 상선에 대하여 함포사격을 가하여 대적하였다. 그러나 일본은 오히려 나가사키항구를 개항함으로써 서양의 앞선 문물을 받아들여 열린 세계로 먼저 나가게 되었다.

이처럼 열린 세계를 자발적으로 나가는 대처능력의 부실함으로 인하여 한국은 일본에 의하여 강제침략을 당하고 문호를 열게 되었을 뿐 아니라 식민지화되는 결과를 낳았다. 중국 또한 청일전쟁의 수모를 당한 것도 열린 세계에 대한 대처능력의 부실함에 있었다고 볼 수 있다.

20세기 말기인 과거 80년 중반까지의 세계는 사회주의 대 민주주의라는 사상적인 동서긴장과 경제적으로는 공산주의 대 자본주의라는 남북의 빈부문제로 갈등관계에 있었다. 그러나 소련의 몰락과 동구의 변신, 중국의 개방은 새로운 세계를 열어 놓게 되었다. 그래서 철의 장막이라는 소련, 콘크리트 장벽이라는 독일, 죽의 장막이라던 중국도 열린 세계의 일원이 되므로 세계의 사람들이 들어오고 나가게 되었다.

다가오는 21세기는 총과 칼이 싸움도, 사상적 이데올로기 대립도 아닌 서로의 삶을 위해 서로가 시장을 열어 팔고 사는 시대 속에 살게 되었다. 누가 적게 사고 많이 파는가에 따라서 일본과 같은 경제 흑자국이 될 수도 있고 알젠틴, 브라질, 콜롬비아, 멕시코 등의 남미국가처럼 일등국의 문턱에서 도중하차할 수도 있다. 이것이 지난 반세기 동안에 국제시장경제의 모습들이다.

그러나 아직도 북한은 "우리식 사회주의를 고수하고 자본주의를 배격하자 자본주의의 최대 피해자는 청년들이 될 것이다."고 김정일은 말하고 있다(1996년 8월 27일 청년절담화에서 KBS사회교육방송). 그러면서도 한편으로는 미국이나 일본 등과 같은 열린 세계의 일원이 되기 위해 애쓰는 이중 구조적인 모습을 볼 수 있다.

한국은 유럽의 300년 미국의 200년 일본의 100년 이상이 걸린 경제적 격차를 30여 년 동안에 따라잡게 되었다. 이러한 한국의 열린 세계의 진출은 또한 중국에 있어서 많은 격려가 되고 있다. 중국은 이제 열린 세계로 진출하는 데 10년이 안 되어 GDP수준으로 볼 때 세계 10위권을 바라보게 되었다. 이것이 곧 중국 개방화의 실적이다.

2. 바다를 향한 진출력

세계열강들의 진출 통로는 철로나 도로로 통하는 방법이 있다. 그러나 차단된 국경을 우회하는 데는 더 이상의 방법이 없다. 예를 들어서 일본은 도로나 철로를 이용하여 대륙진출로를 찾기 위하여 한반도를 강제 점령하게 된 동기가 되었다. 또한 오늘날 한국은 휴전선이 막힘으로 하여서 통할 수 있음에도 불구하고 북한이 폐쇄성으로 인하여 두절되어 있다. 만약에 북한이 열린 사회라고 한다면 한국과 일본이 중국과 소련 유럽의 진출과 교류를 통한 철로나 도로 운송이용 삶으로도 엄청난 외화를 얻을 수 있을 것이다.

중국의 훈춘시는 두만강을 진출하는 최적의 조선공업의 발전과 해상로기 때문이다. 필자는 한국이 오늘날 세계 최상의 조선공업의 발전과 해상로의 발전과 원양수산업의 발전을 가져오게 된 데는 더 이상 도로나 철도를 이용할 수 없었기 때문이라고 말하고 싶다.

해상 진출의 역사를 본다면 BC 6세기경 중동이 페니키아가 필두라 볼 수 있다. 이들은 지중해 일대를 항해하여 중동과 유럽과 북아프리카 일대 해운항로를 열어 놓았다. 그 후 헬라에 의하여 해운항로는 북아프리카에 알렉산더 대왕의 이름을 기념하는 알렉산드리아가 오늘날까지 존재하고 콘스탄틴황제를 기념하는 콘스탄티노플(오늘날 터키의 이스탄불)항구 등이 헬라 문화의 창구 역할을 담당했었다.

헬라문화의 쇠퇴는 로마제국에 의하여 모든 세계를 로마로 통하게 하는 새로운 제국으로 성장하였다. 그러나 로마제국의 쇠퇴로 인하여 해양세력은 스페인과 포르투갈에 의해서 극대화되기 시작하였다.

스페인과 포르투갈은 마젤란, 콜럼버스, 바스코다가마, 아메리고 등의 유명한 항해가들을 배출하여서 세계일주, 신대륙 발견, 식민지 개척에 나서게 되었다. 그러나 스페인 무적함대가 영국에 의해 격침됨으로 하여서 일단락되었다. 이후 영국은 북아메리카와 호주, 뉴질랜드, 태평양일대 인도양일대에 식민지를 개척해 나가게 되었다.

지난 몇 세기 동안 서구 제국주의의 해양항로는 열린 세계를 식민지화에 급급하였었다. 그러나 21세기는 항공로의 발달에도 불구하고 바다로 향한 진출은 열린 세계로 나가는 출구의 역사가 계속되리라고 본다.

3. 열린 세계로 나가려면

열린 세계로 나가기 위해서는 나가야 할 출구가 있어야 한다. 그 출구는 육로와 항로를 들 수 있을 것이다. 중국과 같은 경우 육로는 일찍이 당나라시대에 세계 각지로 실크로드라고 하는 육로가 개척되었다. 중동과 유럽의 상인들은 이 길을 따라서 서양의 문물을 중국으로 전해 왔고 중국의 비단과 각종 문물을 서양으로 가지고 갔다. 실크로드는 낙타와 말을 이용하여 초원과 사막과 강을 건너고 높은 산을 넘어가는 천신만고의 고통을 겪었다. 해상실크로드 또한 주로 무동력선에 의하여 항해하는 것이었으므로 결코 쉬운 일이 아니었다. 해상로에는 태풍과 암초 등의 어려운 여건이 있었기 때문이다.

문헌상으로 볼 때 중국인들은 실크나 무명을 전매품으로 특별 관리하여 생산하고 팔았으나 그 중계무역상들은 아라비아를 중심한 회교도들이었다. 중국인들은 자신을 세계의 중심으로 보았으며 주위의 있는 나라는 남만, 북적, 동의, 서오라고 하였다. 또한 중국에 없는 것은 세계에 없다는 말과 같이 풍부한 산물로 인하여 부족함이 없었다. 그래서 국외에 나가서 물건을 팔거나 사올 필요성이 없었으리라 본다. 육로 실크로드가 아라비아 상인들의 주축이었다면 해상무역의 주축은 해상왕 장보고와 같은 신라인에 의하여 주축이 되었다.

이와 같이 중국은 풍부한 산물로 무역의 필요성이 없었다는 점과 자국을 세계 중심으로 보았기 때문에 무역항로나 기술이 필요치 않았다는 점이다. 이것이 필자가 보는 열린 세계로 나가는 데 있어서 중국이 낙후하게 된 까닭으로 본다. 이것은 충분한 산물이 없었던 영국이나 일본과 같은 나라 아라비아와 중동과 같은 닫힌 세계를 열어 놓게 된 동기로 볼 수 있을 것이다. 그러므로 열린 세계로 나감에 있어서는 항상 자신의 부족함과 결핍함을 신속히 알아차리는 것이다. 그리고 이를 극복하려는 노력이 곧 닫힌 세계를 열고 나가게 되는 동기가 되리라고 본다.

Ⅳ. 젊음이라는 존재성

1. 젊음의 의미

젊은이란 나이가 젊은 사람 young man, 혈기가 왕성한 사람 Vigorous, 20-30세 안팎의 청년을 일컫고 있다. 다른 이는 그 나이를 14-15세경에서 24-25세경까지도 분류하는데 이와 같은 연령에 의한 명확한 구획은 안 된다고 한다. 이 시기는 계절에 비유하면 봄에 해당된 때라고 할 수 있을 것이다. 봄은 씨를 뿌리는 시기일 뿐만 아니라. 겨우내 잠자던 나무가 움을 틔우고 꽃을 피우는 시기이다. 봄은 꽃이나, 나무가 제일 화려하게 자신을 나타내는 시기이지만 꽃 자체가 모두 열매 맺히는 것은 아니다. 그 꽃이 수정을 하고, 태양 빛과 알맞은 우로를 맞고 정해진 기일이 될 때 열매 맺고 추수하게 되는 것처럼 청년의 시기 역시 그렇다 함을 알아야 한다.

젊음이란 국어사전에 나타나 있듯이 젊은 시기에 있는 사람이다. 이러한 젊은 시기는 언제까지 있는 것이 아니고 잠깐의 기간에 지나지 않는다. 이 짧은 기간에 농부가 씨를 뿌리고 심듯이 우리는 평생의 꿈을 이때 심어야 한다. 그리고 그것을 위해 준비하는 기간이 되어야 한다. 이러한 젊음의 의미를 알고 존재성을 깨닫는 사람만이 젊음을 바르고 값지게 살 수 있다.

이 시기는 다른 말로는 사춘기라고 한다. 이 말을 인생의 봄에 해당되는 시기로서 인생을 생각해 보는 시기이다. "그 인생의 봄을 어떻게 설계할 것인가?" 이것이 곧 젊음의 존재성에 대한 자기질문이 되어야 한다.

2. 젊음의 특성

젊음의 특성은 자기의식이 확충하고, 성의식이 발동하고, 가치의식이 약동하는 시기이다. 그래서 인생의 위기를 형성하며 교육상 중요한 문제를 제기하므로 심리적 성장변화 및 그에 따른 적응문제 등이 대두하게 된다. 그리고 종교적인 각성에 의해서 자아의식이 싹트게 된다. 생리적으로는 체모가 생기기 시작하고 여자에 있어서는 월경이 시작되고, 가슴이 나오게 되고 남자는 성대가 변화된다.

또한 이 시기는 추상적, 논리적 사고를 강화하게 되고 이성에 대한 관심이 깊어지게 된다. 이와 같은 육체적 변화를 차츰 내적으로 지적으로, 깊이 있게 자기를 갈고 닦는 일은 매우 중요한 일이다. 그리고 인간의 내면에서부터 점차 국제적이고, 우주적인 관심을 가지므로 열린 세계에 대한 관심을 돌리게 된다면 우리의 사고에 폭은 더 크고 넓어질 것이다. 심리학자인 M. Mead(미이드)는 사람의 사회적, 풍토적, 생육환경 등의 변화가 곧 문화 환경의 소산임을 말한다. 그러므로 우리는 이러한 젊음의 특성을 좀 더 높은 차원으로 승화함이 필요하다.

이러한 젊음의 특성을 바로 이해하지 못하고 술과, 기름진 음식과 여색에 사로잡혀 살았던 사람들이 있다. 중국의 진시황제는 그러면서도 불로장생하는 불로초를 캐기 위해 제주도 한라산까지 선남선녀 3천을 보냈지만 젊은 나이게 죽었다. 세계 대부분의 왕들이 이처럼 허랑방탕하게 살아서 2/3 이상은 청년기를 넘기지 못했고 제일 장수한 왕이라고 해야 60을 넘기지 못할 정도였다.

3. 꿈을 이뤄가는 젊은이

이조 조선시대에 20대의 소년 장군이 있었던 남이장군은 이러한 시를 쓴 일이 있다. '白頭山石 馬道進, 豆滿江流 飮馬無, 男兒二十

未平國, 後世首稱 大丈夫', "백두산의 돌은 칼을 갈아 다 하고 두만 강의 물은 말이 마셔 마르니 사나이 나이 스물에 나라를 평정 못 하면 후세에 누가 대장부라 말하리."라고 하였다. 그는 비록 이 시가 원인이 되어 간신배에 의해 죽음을 당했으나 이 시는 그의 젊은 기 상을 엿볼 수 있다.

이스라엘 역사에 요셉이라고 하는 청년이 있었다. 그는 국가최고 의 통지자의 꿈을 꾼 뒤에 이 꿈을 형제들에게 이야기함으로 하여서 형들에 의해 이집트 노예로 팔려가게 되었다. 그러나 그는 결코 형 제를 원망하지 않고 꾸준히 노예로서 주어진 일을 다 하였다. 그러 다가 그는 다시 주인여자의 동침을 거절하므로 옥에 갇히게 된다. 그렇지만 꿈을 잃지 않고 그곳에서도 그는 최선을 다한다. 그리고 왕의 꿈을 해석해 줌으로 이집트 총리에까지 오르게 된다.

바벨로니아 왕궁에 다니엘이라는 청년이 있었다. 그는 왕에게 뽑혀 온 다른 청년처럼 고기를 먹지 않고 채소만을 먹고 자랐지만 건강을 유지하였다. 하루에 세 번씩 문을 열고 고국과 하나님께 기도하였다. 그는 간신들의 모략으로 사자 굴에 던져졌으나 사자가 그를 물지 못 했다고 한다. 그는 왕이 총애를 사고 꿈을 해석하며 총리 자리에까지 이르게 된다.

꿈을 이뤄가는 젊은이는 이처럼 뜻을 세워 굽히지 않고 낙망하지 않고, 주어진 일에 최선을 다하며 자신의 삶을 경건히 지켜 나가는 것이 곧 꿈을 이뤄 나가는 참된 젊은이 모습이다.

V. 결론

이 시대는 다원화되고, 다변화되고 전문화된 시대이다. 우리는 우리에게 주어진 이 새 시대에 중국이라고 하는 공간 속에서 결코 문을 닫고 살 수 없다. 필자는 그래서 이 시대를 열린 세계라고 말하여 왔다. 하늘을 열고, 바다를 열고 우리는 열린 세계 속에 일원으로 살아야 한다.

그러기 위해서는 세계인과 공존하는 방법을 배워야 한다. 그리고 그 속에서 결코 낙후되지 않고 앞을 향해 나가는 젊은이로서 진취성이 있어야 한다. 그럼으로써 작게는 부모 형제와 이웃에게 덕을 끼치고 크게는 중국과 세계 속에서 봉사함으로 민족과 국가의 위상을 높이고 세계 속에 평화를 심고 신을 두려워할 줄 아는 젊은이가 되어야 하겠다.

VI

해양사 수업 개선을 위한 연구 보고서

문희주 교수

Ⅰ. 서론

본 교수는 금번 200×학년도 봄학기에 4학년(항해학과, 기관학과) 수업을 마치고 강의계획서 설문조사서에 따라서 설문을 받았다. 본 교수가 애초에 설문조사를 가지고 수업한 것이 아니었지만 학생들에게 비쳐질 본 교수의 학습방법이나 학생들의 반응에 대한 피드백을 받음으로써 이후 본 교수의 수업 또는 타 교수들의 수업에도 참고가 되기를 바라는 마음에서 실시했다.

본 강의 개선을 위한 설문조사지는 한국 한동대학교의 것을 인터넷을 통하여 다운받고 시행한 것이며 그 대상은 4학년(항해, 기관)에 한하며 그 과목은 해양사에 한한다. 본 보고서를 통하여 설문지에 따른 학생들의 입장을 분석해 보고 본 교수의 입장을 피력하고자 한다.

Ⅱ. 설문조사를 위한 기본자료 분석

1. 설문지의 출처

본 설문지는 한국 포항시 소재 한동대학교에서 실시하는 설문조사의 내용을 90% 이상 수용하여 설문조사서를 작성하였다. 물론 본교의 입장과 다소 차이가 있다고 생각되지만 연구자의 입장에서는 객관적인 설문내용을 고려하여서 가능한 본 설문내용을 수용하여 실시하였다.

2. 설문지 조사방법

본 설문지는 수업 종강일에 실시했으며 설문지 연구를 위하여 미리 언급한 바는 없다. 또한 본교에서는 수업연구를 위해서 설문지를 배포하거나 이에 대한 연구결과는 최초임을 밝혀둔다.

설문조사를 위해서 약 오 분간 설문지에 대한 이해를 돕기 위해서 설명하였으며 설문지 내용 중에 모르는 외래어 등에 대하여 설명하여 주었다. 이곳(본교) 학생들은 한국에서 보편적으로 사용하는 외래어에 대해서도 생소하므로 이해를 돕기 위해서는 설명이 필요한 형편이다.

3. 설문조사 참가대상

본 설문에 참가한 학생들은 금번 수업에 참여한 항해학과 19명 기관학과 17명이다. 이에 대하여 아래의 표를 참고하기 바란다.

구 분	수업참가 수	설문참가 수	설문참가율
항해학과	19명	17명	88.2%
기관학과	17명	17명	100%
합 계	26명	22명	94%

4. 설문조사의 내용(도표)

강의 개선을 위한 설문 조사

과목명: 해양사(항해·기관학과)　　　　　　　　담당교수명: 문회주

연 번	항 목	아주 그러함	그러함	보 통	그렇지 않음	아주 그렇지 않음
1	배포된 강의계획서의 내용이 충실하여 학업에 도움이 되었는가?					
2	강사는 성적평가 기준을 제시하였는가?					
3	수업의 출석관리는 엄정하였는가?					
4	강사는 수업시간을 준수하였는가?(휴강 시 보강을 하였는가?)					
5	강사는 강의를 매번 성실하게 준비한다고 느꼈는가?					
6	강의실 혹은 실습환경은 수업진행을 위해 잘 준비 되었는가?					
7	강사의 설명 혹은 표현은 명료하였는가?					
8	강사는 질문을 장려하고 질문에 성실하게 답하였는가?(대형강의의 경우 질의응답이 불충분하게 될 경우가 있음 고려)					
9	과제물의 처리(시점, 피드백 등)는 적절하였는가?					
10	강사는 학습효과의 증진을 위하여 다양한 방법을 사용하였는가?					
11	이 강의내용이 해양대학생으로 국제적인 관점을 연관 지어 역사의식의 변화를 주었는가?					
12	전체적으로 수업이 유익하고 보람이 있었는가?					
13	이 과목을 수강하는데(내용의 이해, 과제물장서, 시험 준비 등) 주당 몇 시간을 사용하였는가?					
14	이 과제물을 적절히 이수하는데(내용의 이해, 과제물장성, 시험의 준비 등) 주당 몇 시간을 평균적으로 사용하여야 한다고 보는가?	5시간이상	4시간	3시간	2시간	1시간이하
15	강사 혹은 강의에 대하여 학생의 건의, 제안 또는 소견을 진솔히 기술하여 주시기 바랍니다.					

5. 강의 개선을 위한 설문조사 결과표

강의 개선을 위한 설문조사 결과표는 아래와 같다. 본 조사에 참여한 학생은 32명(항해학과 17명 88.2%. 기관학과 17명 100%)으로서 설문참가인원은 전체적으로 94%이다.

연번	항 목	아주 그러함			그러함			보 통			그렇지 않음			아주 그렇지 않음		
1	배포된 강의 계획서의 내용이 충실하여 학업에 도움이 되었는가?	2	7	28	9	28	41	8	2	31			0			
2	강사는 성적평가 기준을 제시하였는가?	15	17	100												
3	수업의 출석관리는 엄정하였는가?	15	17	100												
4	강사는 수업시간을 준수하였는가?(휴강 이 보강을 하였는가?)	1	4	16	4	4	25	10	19	59						
5	강사는 강의를 매번 성실하게 준비한다고 느꼈는가?	5	7	38	2	9	34	7	1	25						
6	강의실 혹은 실습실환경은 수업 진행을 위해 잘 준비되었는가?	3	6	28	5	7	38	6	3	28	1	1	6			
7	강사의 설명 혹은 표현은 보람이 있었는가?	5	8	41	2	6	25	6	3	28	2	0	6			
8	강사는 질문을 장려하고 질문에 성실하게 답하였는가?	6	5	34	1	8	28	5	3	25	3	1	13			
9	과제물 작성(시점, 피드백 등)은 적절하였는가?	4	6	31	11	11	69									
10	강사는 학습효과의 증진을 위하여 다양한 방법을 사용하였는가?	4	6	31	5	9	44	6	2	25						
11	이 강의 내용이 해양대학생으로 국제적인 관점을 연관 지어 역사의식의 변화를 주었는가?	4	6	31	3	8	38	4	3	22	4	0	13			
12	전체적으로 수업이 유익하고 바람이 있었는가?	2	8	31	4	6	31	5	2	22	3	0	9	1	1	6
	평균(%)	42.4%			30.7%			22%			3.9%			0.5%		

Ⅲ. 설문지에 따른 학생들의 견해분석

1. "배포된 강의계획서의 내용이 충실하여 학업에 도움이 되었는가?"

학칙상 강의계획서를 꼭 배포하기를 원하는 교수는 200×년 봄학기의 경우 4학년 해양사 과목과 경제개론뿐이었다. 물론 배포하기를 원하는 교수님들이 있었을 줄 알지만 교무처에서 모든 교수들의 강의계획서를 각 학생에게 나누어주기 위해서는 앞뒤 면으로 복사한다 해도 금번 4학년의 경우 15장 내외가 되므로 학교 측에서 무상으로 배포하기에 어려운 입장이다. 앞으로는 각 반별로 게시판에 부착이라도 하는 것이 바람직하다고 본다.

금번에 위 두 과목에 대해서 특별히 강의계획서를 배포한 것은 아직까지 합당한 교과서가 없거나 교재 편집에 어려움이 있어서 강의계획서를 배포한 것이다. 이번 본 강의 종강 시에 설문조사에서 보면 "다른 교수님들은 이렇게 강의계획서를 짜고 우리들의 수업에 유익하길 바랍니다."는 건의가 있었다. 모든 교수님들의 교무처에 강의계획서를 제출했으나 위와 같은 사정이 있었음을 알았으면 좋겠고 학생들에게 개별적으로 배포가 안 될 경우는 한 반에 한 부씩이라도 배포되도록 해야겠다.

2. "강사는 성적평가 기준을 제시하였는가?"

설문에 대하여 몇몇 학생들은 '그렇다, 보통이다'라고 대답한 학생들이 있었는데 이 점에 대해서는 배포한 강의계획서에 분명히 명시되어 있고 수차례 수업 중에도 계속해서 시험을 치르지 않고 조별 리포트, 개인별 리포트, 시청보고서와 출결상황에 따라 성적에 반영한다고 수차 말했는데 다른 대답이 있다면 교수에게 거짓 사실을 말하고 있음을 강의계획서를 보고 확인해야 할 것이다.

3. "수업의 출석관리는 엄정하였는가?"

설문에 대하여 간혹 "보통이다"라는 답을 한 사람이 있는데 이는 전혀 그렇지 않다는 것을 4학년 항해학과 기관학과 출석부를 보면 바로 알 수 있을 것이다. 본 교수는 전 교생의 출석부를 매월 체크하여 정확하게 1/4선에 이르게 되는 학생에게 게시판에 공고하고 있다.

또한 본 교수는 두 시간 수업 중 시작시간과 끝나는 시간에 출석을 불러서 출석을 부른 후에 온 학생은 지각으로 앞 시간에 출석했으나 마치는 시간에 없는 학생에게는 조퇴로 정확하게 필기하고 있음을 상기하기 바란다.

4. "강사는 수업시간을 준수하였는가(휴강 시 보강하였는가)?"

질문에 대하여 혹 의견에 대하여는 16주 수업 중 16주를 결강한 바가 없으며 1회 시간을 앞서 시작한 점과 1시 30분에 시작하는 수업을 3~4회에 걸쳐 1시에 일찍 시작했다는 것과 「비디오 시청자료」 시간 중에 1시간을 초과하여 오히려 다른 교수님에게 1시간을 빌려 쓴 것을 합쳐 3시간 정도를 초과한 점을 생각하면 다소 지나쳤다는 말을 들은 것 같다.

5. "강사는 강의를 매번 성실하게 준비한다고 느꼈는가?"

이 설문에 대하여서 본 교수는 1주일에 평균 10시간 이상을 강의 준비에 사용해야만 했었다. 왜냐하면 서울에서 최대 서점인 교보문고에 2~3차를 방문하여 해양사 관련 자료를 찾았으나 찾을 수 없었고 한국 해양대학(부산)에서도 한국해운사를 배우기는 하지만 국제해양사는 학과과정에 없었다. 그렇다고 중국 학생들에게 한국해운사를 가르칠 수 없는 일이고 국제해양사를 준비하는 데 너무나 고통이 많았다.

본 교수는 2년 전부터 각종 사전, 단행본, 두산동아백과CD, 브리태니커 세계사전CD, 인터넷 등을 망라하여서 모두 출력하여 300페이지에 달하는 두 권의 「해양사」 자료집을 만들어서 현재 국제 해양사를 집필 중이다. 그러나 본교에서 기관학과장, 교무처장, 부학장,

질량체계 관리자대표와, 내연기관 시간과 해양사 시간을 합하여 10시간의 수업을 진행하면서 교재 집필을 완성치 못하여 어려움이 많았음을 고백하는 바이다.

6. "강의실 혹은 실습환경은 수업진행을 위해 잘 준비되었는가?"

설문에 대해 본 교수는 칠판에서 강의한 경우는 2회(두 시간)에 한다. 그리고 오리엔테이션 1회(두 시간) 이고 3회는 해양사 과제를 시대적으로 (8시대)나누어서 8조를 만들고 각기 발표토록 하고 발표 후 한 조당 5~10분간 중심적인 요점을 정리해 주고 설명이 필요한 부분은 5~10분 동안을 활용하였다. 마지막 시간에 설문조사 시간 1회를 합쳐서 7회이고 나머지 7회는 비디오를 이용한 시청각 교육 시간이었다.

그중에 2회는 LAB실을 이용하였고 5회는 3층 전산실에서 프리젠테이션을 이용하여 비디오테이프를 시청하였다. 또한 시청교육 전에「시청보고서 자료」를 각 학생에게 7회에 걸쳐서 배포하였으며 시청 전에 직접 설명하기도 하지만 때로는 컴퓨터를 이용한 파워포인트로 자료설명을 하기도 했다. 물론 학생들의 반응은 매우 좋았지만 1회의 파워포인트 수업을 위해서는 10여 시간을 투자해야 하므로 어려움이 많았다. 본교에는 본 시설이 1개이지만 전산실 이용시간을 고려하여서 얼마든지 교수님들이 사용이 가능한 첨단시설이므로 열린 수업을 위하여 많이 이용하는 것이 좋겠다.

7. "강사의 설명 혹은 표현은 명료하였는가?"

본 설문에 대한 학생들의 설문은 매우 긍정적으로 보인다. 본 설문에 대하여 아주 그러함에 41%의 그러함에 25%로 긍정적 반응에 66%이고 보통이다에 28%인 반면 그렇지 않다는 부정적 반응은 2명으로 6.5인 점으로 이루어 볼 때 긍정적인 면이 많다고 본다.

본 강의는 강사의 직접적인 강의는 단 몇 회에 지나지 않았으며 학생들의 조별 발표를 통하여 발표된 내용을 짤막하게 핵심적인 점을 지적해 주었던 점과 특히 비디오 시청자료 등에 대한 짧은 내용의 설명밖에 없었던 점을 미루어 볼 때 학생들은 길게 설명해 주는 것보다 짧은 설명과 자신들의 눈으로 확인하는 시청각 교육과, 인터넷이나 도서 등을 이용하여 스스로 공부하는 열린 수업의 좋았던 것으로 사료된다.

8. "강사는 질문을 장려하고 질문에 성실하게 답하였는가?"

본 설문에 대하여 아주 그러함 34%, 그러함이 28%로 긍정적으로는 62%이고 보통이다 25%, 그렇지 않다는 부정적 답변은 4명으로 13%이다.

본 연구자는 8회에 걸쳐서 비디오 자료를 이용한 바 있는데 매번 시청 시마다 비디오 시청자료지를 배포 하였는데 본 보고서에 첨부된 자료에서 보듯이 매 자료에 10개의 큰 질문과 10개의 질문마다

2~4개 정도의 작은 질문을 제시하고 이에 대하여 답하도록 하였다. 그리고 이를 문장화시켜서 자신의 입장에서 이를 평가하도록 함으로써 학생들 내면에 내재된 생각들을 도출시키자 하였다. 이에 대하여 제출되는 자료들은 99%의 평가와 아울러 문제점을 제시하고 다시 제출토록 1-3회 정도의 수정을 가하였다. 그 결과 제출된 자료들을 본 보고서에 제본케 되었음을 밝힌다.

9. "과제물의 처리(피드백 등)는 적절하였는가?"

설문은 8번 질문에서 언급했듯이 99% 이상의 피드백이 이루어졌다고 본다. 본 연구자는 첫 시간에 과제물 처리에 대하여서 충분히 설명했을 뿐 아니라 매 시간 제출된 자료에 대하여 수정 및 첨가 사항들을 지적하고 재수정 탈고를 거쳐서 반듯이 한 편 이상의 자료를 제출토록 독려함으로써 본 보고서들을 「열린 수업의 실제」라는 이름의 책이 되었다.

10. "강사는 학습효과의 증진을 위하여 다양한
    방법을 사용하였는가?"

본 설문에 대한 학생들의 반응을 보면 아주 그러함 31% 그러함에 44%로 긍정도는 75%이며 보통이나 25%이며 부정도는 0이었다.
학생들의 설문에서 보이듯이 본 강의 준비를 위해서 연구자는 랩

(시청각)실 이용 3회, 프리젠테이션 이용 4회, 컴퓨터를 이용한 파워 포인터 수업 등을 실시한 바 있다. 또한 VTR 시청자료보고서, 독서보고서 개인별 주제보고서, 조별보고서를 제출케 하였으며 조사, 연구된 보고서는 강단에서 각자 나와서 발표하도록 하였다.

이처럼 본 수업은 강의, 시청각 조사(연구), 발표 등의 4원 수업으로 이루어졌음을 밝힌다. 앞으로 본교 학생들의 학습효과의 증진을 위하여 새로운 방법, 다양한 방법을 연구하고 실행해 나감으로써 학생들의 수업의욕(연구, 조사, 실험) 등을 고취시키는 열린 수업을 행하는 데 교수들의 각별한 노력이 요구된다.

11. "이 강의 내용이 해양대학생으로 구체적인 관점을 연관 지어 역사의식의 변화를 주었는가?"

본 설문에 대하여 아주 그러함에 31% 그러함에 34%로 긍정도는 65%이다. 보통이다는 22%인데 그렇지 않다에 항해학과 학생 4명 (13%)이 부정적 반응을 보였다.

이 점에 대하여 보통 또는 부정에 답이 있는 까닭은 한국자료 미국자료가 2편인 반면에 중국이나 기타 외국의 자료는 제시할 수 없었음에 본인도 미흡한 점을 느끼는 바이지만 알다시피 중국에서 제작된 해양자료를 구할 수 없는 한계점을 극복하고 한국, 미국 이외의 다양한 자료들을 준비하고 제시하는 데 힘써야 되리라 본다.

그러나 역사의식의 변화를 위해서는 수없이 지적하였는데 역사

(TEXT)를 파악하는 것, 그리고 그 역사와 오늘 나와의 관계(Context)를 찾을 뿐 아니라 역사의 오류를 분석하고 미래를 전망토록 특별히 강조하였다.

Ⅳ. 학생들의 제안에 따른 교수의 평가

위의 견해는 설문지 13, 14, 15에 대하여 분석한 결과와 학생들의 오해에 대한 해명이 필요한 것 같아서 분석, 해명 및 교수의 견해를 피력하고 앞으로 해양사 수업에 대한 방향을 새롭게 물색하고자 한다.

1. 설문 13에서 "이 과목을 수강하는 데(내용을 이해, 과제물 작성, 시험준비 등) 평균적으로 주당 몇 시간을 이용하는가?"

이 설문은 학생들이 본 수업을 수강하기 위하여 얼마의 시간이 사용되었는지에 대한 설문이다. 이에 대하여 설문은 5시간 이상, 4시간, 3시간, 2시간, 1시간 이하라는 5가지의 응답 중에서 5시간 이상이라고 답한 학생은 전체 32명 중에서 5명으로 16%이었다.

그러나 5명의 응답자 중에서 14번 질문에 주당 몇 시간을 이용해야 한다고 보는가에 대해서는 4시간이 필요하다고 보는 응답자가 2명, 2시간 사용해야 한다고 보는 응답자가 2명, 1시간 사용해야 한다고 보는 응답자가 1명이었다.

그런데 응답자의 강의평가 긍정도는 4시간 이상의 응답자는 85.83, 97.23이었고 2시간 이상의 응답자는 강의평가 긍정도가 70.26, 82.98이었고 이에 비해서 5시간 이상을 수강준비를 했다고 하면서 1시간 이하의 시간을 사용해야 된다는 응답자의 강의평가 긍정도가 65.19밖에 안된다는 것을 볼 때 강의 준비시간을 많이 사용한 사람일수록 강의평가에도 긍정적인 학생임을 아래 표를 보아 알 수 있다.

구 분	5시간 이상	4시간 이상	3시간 이상	2시간 이상	1시간	%
항해학과	1명×5시간 5시간	2명×4시간 8시간	5명×3시간 15시간	7명×2시간 14시간	0	42÷15명 2.8시간사용
기관학과	4명×5시간 20시간	4명×4시간 16시간	8명×3시간 24시간	1명×2시간 2시간	0	62÷17명 3.6시간사용
합 계	15.6%	18.7%	40.6%	25%	0	100% 3.2시간

2. 설문 14에서 "이 과목을 적절히 이수하는 데(내용의 이해, 과제물 작성, 시험의 준비 등) 주당 몇 시간을 평균적으로 사용하여야 한다고 보는가?"

본 설문은 "이 과목을 수강함에 있어서 주당 몇 시간을 사용해야 하는가?"라는 것을 앞서 13의 설문은 실제는 자기가 사용한 시간이고 14의 설문은 실제로 사용해야 될 시간을 묻는 질문이다. 이에 대하여 아래 표를 보면서 분석해 보자.

구 분	5시간 이상	4시간 이상	3시간 이상	2시간 이상	1시간	%
항해 학과	0	3명×4시간 12시간	8명×3시간 24시간	3명×2시간 6시간	1명×1시간 1시간	43÷15명 2.8시간사용
기관 학과	0	6명×4시간 24시간	7명×3시간 21시간	4명×2시간 8시간	0	53÷17명 3.1시간사용
합 계	0	28.1%	46.8%	21.8%	3.1%	2.95시간

몇 시간을 사용했느냐는 설문에 대하여 항해학과는 평균 2.8시간을 사용했다는데 사용해야 할 시간도 2.8시간이라고 답한 반면 기관학과는 3.1시간을 사용해야 한다고 보는데 실제로는 3.6시간을 사용함으로써 4.5시간을 더 사용한 것을 알 수 있다.

기관학과가 항해학과에 비하여 훨씬 더 학과준비 시간을 사용한 것처럼 실제로 과제물의 제출 숫자나 내용 면에서도 현저한 차이가 있음을 알 수 있는데 이에 대하여 금번 해양사 과목의 과제 제출과 내용에 따른 성적을 비교해 보면 알 수 있을 것이다.

구 분	재적수	시청 보고서	개인 보고서	과제점수율
항해학과	19명	13명 / 68.3%	13명 / 68.3%	68.3%
기관학과	17명	13명 / 76.3%	13명 / 84%	80.3%
합계(100%)	36명	27명 / 72.3%	25명 / 76.3%	74%

학생들이 타 과목에 비해서 비면허시험 과목일 뿐 아니라 면허시험의 중압감으로 인해서 다소 과목준비 시간이 적었던 것으로 사료되지만 면허과목으로 중압감을 갖고 있는 이들에게 해양사 과목은

쉼과 여유와 상식뿐 아니라 역사의식을 새롭게 하고자 하는 담당교
수의 입장에서는 3시간여의 수업준비 시간은 적당하다고 본다.

3. 15에서 "강사 혹은 강의에 대하여 학생의 건의, 제안 또는 소
감을 진솔히 기술하여 주시기 바랍니다."

설문에 기술한 학생은 아래와 같다.

구 분	긍정적 제언	중도적 제언	부정적 제언	소 계	무응답	계
항해학과	3명	2명	3명	8명	9명	17명
기관학과	4명	2명	0명	6명	9명	15명
합 계	7명 / 21%	4명 / 12.5%	3명 / 9.3%	14명 / 43.7%	18명 / 56.2%	32명 / 100%

위에서 보듯이 제안자는 긍정적으로 21% 중도적으로 12.5% 무응
답이 56.2%인 반면 부정적 제안자는 3명 9.3%이었다.

이 통계를 설문지의 전체적 통계에서 보건대 아주 그렇다 42.4%
그렇다 30.7%로 73.1%의 전체 긍정도와 보통이다 22%, 그렇지 않다
3.9%와 아주 그렇지 않다 0.5%를 합쳐서 전체 부정도 4.4보다 많았
다는 점이다. 그러나 이들의 부정도는 이후에 설명하기로 하겠다.

4. 긍정적 제안에 대하여

(1) "문 교수님의 학습방법에 찬성합니다. 다른 교수님들도 이렇게

강의계획서를 짜고 우리들의 수업에 유익하길 바랍니다."(긍정
도 92.5% 항해학과 학생)

(2) "이후에 더 많은 재료와 시청내용을 준비했으면 좋겠습니다."
(긍정도 70% 기관학과 학생)

(3) "해양사뿐만 아니라 다른 과목도 리포트와 논문을 쓰는 것을
강요했으면 좋겠습니다."(긍정도 79% 기관학과 학생)

(4) "교수님의 아이디어는 두말할 것 없이 훌륭하였습니다. 21세기
를 향한 우리들에게 절실히 필요한 수업이 되었습니다."(긍정
도 80% 기관학과 학생)

(5) "비디오자료와 인터넷 자료를 많이 사용하였으면 좋겠습니다."
(긍정도 97% 기관학과 학생)

(6) "총체적으로 놓고 보면 유리한 시간이었습니다. 해양역사를 다시
금 훑음으로 자신의 정체성을 찾고 해양의식을 가지는 데 많은
도움이 되었습니다. 1학년 때부터 배웠으면 좋았으련만 하는 생
각입니다."(긍정도 76% 항해학과 학생)

5. 중도적 의견에 대하여

(1) 어느 과나 편애하기보다 동등한 대우를……(긍정도 92% 항해
학과 학생)

(2) 기관학과 교수지만 항해학과 학생에게도 동일한 관심을 보여
주었으면 함(긍정도 92% 항해학과 학생)

(3) 활기 있고 유모아적으로 하시길……(긍정도 89% 항해학과 학생)

(4) 앞으로 교제가 더욱 있었으면 좋겠습니다.(긍정도 92% 항해학
   과 학생)

위에서 보면 모두 항해학과 학생들임을 알 수 있는데 조금 재미
있는 것은 기관학과 교수이기 때문에 기관학과 학생을 편애한다는
생각을 갖고 있다는 점이다.

항해학과 학생들은 기관개론 시간 이후 두 번째 만남이지만 기관
학과 학생들을 한 학기 평균 4시간 이상을 계속적으로 만났으므로
거의 대부분의 학생이름을 아는 반면 항해학과 학생들은 조금 낯선
점도 있었을 줄 안다.

일부러 항해학과 학생들을 모두 집으로 초대하여 식사까지 함께하
기도 하였는데 편애한다든지, 동일한 관심이라든지, 교제가 더욱 있
었으면 좋겠다는 것은 기관학과 학생을 기관학과 교수가 챙기는 것
에 비해 항해학과 교수님들과 항해학과 학생들과의 관계에 대해서
오히려 궁금한 생각이 든다. 어떻든 사랑받고 싶고, 더 친숙하고 싶
어 하는 마음으로 받아들이고 싶다.

6. 부정적 비판에 대하여

12명밖에 안 되는 제자들에게도 모두 인정함을 받지 못하고 그들의
입으로 고소를 당하고 결국 사형을 당한 성인도 있는데 미천한 연구
자가 모든 이에게 긍정적인 평가만을 받을 수는 없다고 본다. 아래
비판들에 대하여 살펴보고 이에 대하여 본 교수의 견해를 들어보자.

(1) "학생수준에 맞게 (강의)하는 것"(긍정도 75% 기관학과 학생)

(2) "학생들이 알아듣지도 못하는 명사를 삼가 주시기를 바라고 앞으로 해양사에 대한 흥취를 붙일 수 있는 계기들을 후배들에게 주었으면 합니다."(긍정도 62% 항해학과 학생)

앞에서도 밝힌 바 있듯이 교수의 강의는 오리엔테이션 1회와 2번의 강의 합하여 3회(21.6%) 정도이다. 그리고 외래어 등에 대하여서는 반드시 설명 후 사용하고 고유명사(인명, 지명) 등은 어쩔 수 없는 줄 안다. 무엇보다는 중요한 것은 강의를 하는 데는 두 가지 방법이 있는데 학생의 수준을 고려해서 낮추어 강의하는 소학교, 중학교식이 있고 학생의 수준을 일정수준까지 끌어올리는 고등교육이 있음을 인지시켜야 하겠다.

또한 본교생들은 선박승선을 목적하는 해기계(항해학과, 기관학과)나, 선박승선을 하지 않을지라도 선박과 관련된 해사, 무역업무를 다루는 해사계(전산, 무역) 학생 할 것 없이 중국인을 상대하거나 중국인과 근무하는 것이 아니라 한국인 또는 세계인을 상대하고 그들과 근무할 본교생들 입에서 알아듣지 못할 명사를 삼가 달라면 중국어로 강의하라는 것인가?

교수가 쓰고 있는 말이라면 당연히 보편적으로 외부 사회에서 쓰는 말일 것이고 모를 말이 있으면 질문하여 의문을 푸는 것이 당연한 처사라고 보는데 앞으로 이러한 학생들에 대하여 강의 전에 충분히 인지시킬 필요가 있다고 본다.

(3) "앞으로 이런 과목을 보려고 할 때" 먼저 학생들의 원하는지 원

하지 않는지 조사해서 확인한 후에 수업을 개시하도록(긍정도 60% 항해학과 학생)

(4) "전업에 연관 없는 수업들이 전업수업에 영향을 주어서 많이 피곤하였습니다."(긍정도 53%)

학생들의 의견도 일리는 있다고 본다. 그러나 이는 학생이 필수과목과 선택과목을 구별하지 못하는 바도 있고 면허시험이나 치르고 배나 타면 되지 않느냐는 생각이 그 머릿속을 채우고 있는 것 같다.

본 보고서 머리말에 밝히듯이 어느 학문이나 모두 그 학문에 따른 역사가 필수로 돼 있을 뿐만 아니라 한국해양대학이나 목표해양대학도 해운사를 필수로 다루고 있다. 이러한 소견이 나온다는 것은 오리엔테이션을 들지 않았음이라 사료되지만 다시 한 번 강의목표를 주지시켜야 할 필요가 있다고 본다. 본 교수는 목표를 정하고 제시했음에도 그런데 다른 과목들에 대하여서는 더 큰 문제가 있을 것 같다.

V. 결론

설문 12에서는 본 설문에 대한 결론적인 설문으로서 "전체적으로 수업이 유익하고 보람이 있었는가?"라는 설문에 대하여 응답자들은 아주 그러함에 항해학과 2명 기관학과 8명(31%), 그러함에 항해학과 4명, 기관학과 0명 9%로 긍정적인 평가는 40%이고 보통이다는 45%이고 아주 그렇지 않음에 항해학과 1명, 기관학과 1명, 6% 합하여 부정적 반응은 15%이다.

또한 전체적으로 1－12까지 설문에 대하여 종합적인 평가는 아주 그러함 42.4%, 그러함 30.7% 합하여 73.1%의 긍정도를 보이고 있으며 보통이다에는22% 중도적 입장을 보이며 그렇지 않음에는 3.9% 아주 그렇지 않음에는 0.5%로 합하여 4.4%의 부정적 입장을 보였다.

위 통계를 분석해 본 결과 항해학과와 기관학과의 긍정도는 담당한 교수들의 평가를 비교해 볼 수는 없겠지만 항해학과 학생들에 비하여 기관학과 학생들이 훨씬 더 긍정적인 점과 항해학과 학생들이 제안(Ⅳ.5)에서 보인 바처럼(편애하기보다 동등한 대우, 동일한 관심, 교제가 더욱 있었으면 좋겠다) 제안자 중 3명의 항해학과 학생들의 요청을 보건대 강의 평가의 긍정도에 작용은 교수와 학생 간의 인간적인 관계가 많이 작용하고 있음을 엿볼 수 있었다.

또 한 가지는 전 과목에 대한 강의 평가가 아니고 해양사 과목이라는 제한점을 두었음에도 불구하고 다른 과목 또는 다른 교수들에 대한 관계들이 많지는 않지만 다소 영향을 미치고 있다는 것을 설문 응답의 여러 모를 살펴볼 때 영향을 미치고 있음을 느낄 수 있었다. 그것은 앞서 학생들이 제안에서 보듯이(Ⅳ－4) 긍정적인 면도 부정적인 면도 유관함을 보여준다.

본 보고서가 밝히는 바와 같이 앞으로 다른 과목담당 교강사들도 강의 계획서의 사용, 강의방법의 새로운 시도(VTR, O. H. P프리젠테이션, 컴퓨터 등)와 다양한 자료 이용, 리포트와 논문에 내한 요구와 지도 등에 각별한 노력이 필요하다고 본다. 이러한 점에서 본 보고서가 본교의 많은 교강사들에게 도전의 계기가 되기를 바라는 바이다.

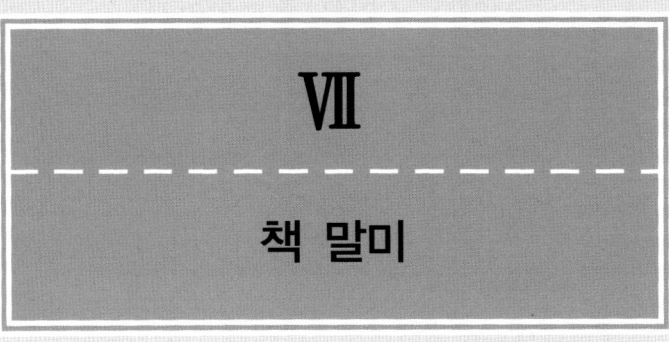

VII

책 말미

해양사 수업을 총설하면서
우정

해양사 수업을 총결하면서

담당교수 문희주

해양사는 해양의 생성과정을 말하는 것이 아니다. 해양사는 바다와 함께 살아온 사람들의 역사이다. 그 속에는 바다와 인간과의 관계 속에서 이루어져 온 어로사, 선박사, 조선사, 항해사, 해전사, 해운사 등을 포함하는 광범위한 역사이다.

본 수업을 위하여 서울에서 많은 서점을 다 뒤져보았지만 참고될 만한 자료는 고작 몇 편의 책뿐이었다. 아쉬운 것은 조금 더 시간적인 여유를 가져서 좀 더 자료를 연구할 수 있기를 바랐지만 기회를 가질 수 없어서 한계를 느낄 수밖에 없었다. 그래서 본 강의를 열린 수업방식으로 처음 시도하면서 본 교수는 해양사 수업을 염두에 두고서 시청자료를 만들기 위하여 6-7년간 직접 한국방송국에서 방영하는 해양에 대한 자료들을 녹화하여 만들었다.

더구나 강의의 형식을 강의 계획서에서 보면 알 수 있듯이 강의는 첫 시간 오리엔테이션 시간에서 강의 방법에 대하여 자세히 소개하였는데 크게 나누어 보면 VTR시청과 시청보고서 작성 및 토론과 발표로 이루어졌다.

첫째로 VTR시청을 위해서는 본 교수가 미리 작성한 시청보고서를 설명하거나 또는 컴퓨터(프리젠테이션)를 통해서 파워액셀 방법으로 학생들에게 신선한 화면을 통해서 설명을 한 뒤에 VTR을 시청하였으며 시청하면서 자신들의 생각(또는 의견) 등을 발표토록 하였다. VTR의 내용에 대하여서는 시청보고서를 통해서 직접 살펴볼 수 있을 것이다.

둘째로 본 교수는 개인별 주제 보고서 작성을 위하여 본교 도서관이나, 기타 도서관, 또는 본교 교수들이 가지고 있는 여러 자료들을 총망라하여 두 권의 해양사 자료집을 만들었고 학생들이 이 자료집을 이용할 수 있도록 하였다. 그러나 본교생들에게 보고서 작성은 이것이 처음이며 마지막이라서 본 교수가 바라는 정도의 수준에는 미치지 못하지만 이들에게는 참고할 만한 책이 없다는 것이 제일 큰 문제점이었다. 그러나 인터넷 등을 이용하여 나름대로 많은 시간을 투자하여 최선을 다한 것으로 본다.

셋째로 조별 보고서 작성을 위해서는 각 조를 미리 나누었는데 두 과(항해학과, 기관학과)를 합쳐서 조를 구성하여서 두 과에서 각기 조장(항해학과) 부조장(기관학과), 조장(기관학과) 부조장(항해학과)으로 8개조를 나누어서 자료를 제공한 후 각기 조별 토론, 연구시간을 부여하여 보고서를 작성토록 하였다. 그리고 3회에 설쳐서(6시간) 조원 중 한 사람이 발표토록 한 후 본 교수가 짧은 시간에 중요한 내용을 간단하게 요약하여 설명하여 주었다.

여기 본 보고서에는 이 세 가지 보고서들을 한데 묶어서 「열린 수업의 실제」라는 한 권의 책을 엮었다. 본서를 통해서 학생들에게는 학창의 추억이 되고 후배들에게는 연구방법이 길잡이가 되기를 바란다. 또한 본서를 통해서 부족한 부분들은 다시 연구자료로 삼고자 하는 것이 부족한 교수의 심정이며 부끄러우나 이로써 본 강의의 총결을 삼고자 한다.

200×년 7월 10일

연변해양대학 교수 문 희 주

우정

1. 오 사랑하는 친구 즐거웠던 날들
   꽃 피고 지는 학원 꿈같이 지났네.
   세월은 흘러가고 작별의 날은 왔네.
   젊은새처럼 높이 다 같이 날으자.

   우리들의 우정을 깊이 간직하자.
   행운을 빌며 안녕, 친구여 안녕.

2. 바람이 몰아치고 파도가 밀려와도
   마음을 가다듬고 가슴을 펴다오.
   추운 겨울이 오면 봄이 가깝다오.
   검은 구름 위에도 태양이 빛난다오.

   우리들의 우정을 깊이 간직하자.
   행운을 빌며 안녕, 친구여 안녕.

· 저자 ·

문희주
(文熙周)
교수

•약 력•

· 濟州道 出生
· 영남대학, 장신대학원 졸업
· 외항선 1등기관사로 다년간 외국항해
· 중국 연변해양대학 기관학과 교수, 교무처장, 부학장, ISO관리자대표 역임
· 경주문예대학에서 문학수련
· 한국[문학21] 신인상 수상(詩) 등단
· 제주문인협회 회원, 재중한인문인협회원, 연변시인협회회원

•주요논저•

『저서』

· 새 선원 기초교육
· 국제윤리
· 프리칭 훈련
· 열린 수업의 실제
· 국제 해양사(집필 중)

『시집』

· 유채고장 피민 삼월이우다
· 갈매기의 꿈
· 당신의 바다
· 열리는 새날에(출판준비 중)
· 실크로드 순례자(출판준비 중)

『수필집』

· 두만강변의 슬픔
· 내 사랑 중국

· 기타 다수의 저서와 논문집 등이 있음
· 카페주소/ http://cafe.daum.net/mooncafe
· E-mail/ ybmhj@hanmail.net

200×년 해양사 수업
열린 수업의 실제

초판인쇄 | 2009년 1월 5일
초판발행 | 2009년 1월 5일

지은이 | 문희주
펴낸이 | 채종준
펴낸곳 | 한국학술정보㈜
주　소 | 경기도 파주시 교하읍 문발리 513-5 파주출판문화정보산업단지
전　화 | 031) 908-3181(대표)
팩　스 | 031) 908-3189
홈페이지 | http://www.kstudy.com
E-mail | 출판사업부　publish@kstudy.com

등　록 | 제일산 115호(2000.6.19)
가　격 　35,000원

ISBN 978-89-534-0794-7 93370(Paper Book)
　　　978-89-534-0798-5 98370(e-Book)